뿌리민족의 혼 3

생활의 도(道), 자유인이 되기 위하여

뿌리민족의 혼 3

생활의 도(道), 자유인이 되기 위하여

© 오경, 2016

1판 1쇄 인쇄__2016년 12월 20일
1판 1쇄 발행__2016년 12월 30일

지은이__오경
펴낸이__이종엽
펴낸곳__글모아출판
     등록__제324-2005-42호

공급처__(주)글로벌콘텐츠출판그룹
     대표__홍정표
     이사__양정섭
     디자인편집__김미미   **기획·마케팅**__노경민
     주소__서울특별시 강동구 천중로 196 정일빌딩 401호
     전화__02) 488-3280 **팩스**__02) 488-3281
     홈페이지__http://www.gcbook.co.kr
     이메일__edit@gcbook.co.kr

값 17,000원
ISBN 978-89-94626-53-6 03100

뿌리민족의 혼 ❸

생활의 도(道), 자유인이 되기 위하여

오 경 지음

글모아출판

차례

육생량(肉生量): 선천적 질량으로서 형이하학의 과학이라고 해야 할까. 육 건사와 편리 제공을 위해 주어진 모든 것들로서 먹고, 입고, 보여지고 만져지는 외형적 물질적 전문적인 방면으로서, 나를 위한 것에서 비롯하였으니 나를 위한 것들이라고 해야 할 것 같다. 육생량으로 육신을 건사하고 나서야 정신량을 운운하는 법이므로 육생량을 1안의 외면(外面)으로 본다면 정신량은 2안의 내면(內面)이라고 하겠다.

1안의 육생량은 나를 위한 육생, 물질, 겉, 사랑, 신앙, 지식, 생각, 이기

2안의 정신량은 너를 위한 인생, 정신, 속, 행복, 종교, 지혜, 마음, 이타

정신량(精神量): 후천적 질량으로서 형이상학의 철학이라고 해야 할 듯싶다. 물론 서양철학과 동양철학의 농도는 내외(內外)로서 그 깊이가 다르다. 즉, 받아온 1안의 육생량의 인프라에 초점을 두었다고 한다면 2안의 정신량의 인프라는 육생량의 토대 위에 만들어 나가야 하는 차원이다. 이기의 인간으로 태어났으니 이타의 사람으로 승화는 육생량의 토대 위에 정신량을 마련하여 부가시켜 나갈 때 가능한 일이다. 내 앞의 인연은 나 하기 나름이라 '덕 되게 사니 득이 되더라', '무덕하니 무익하더라', '해 하니 독이 되더라'와 같은 작용반작용의 법칙 상대성원리에 의해 저마다의 행위가 드러나는 만큼 보이지 않는 소통질량을 귀로 청취하고 축척하여 너와 함께하기 위함에 있으니 너를 위한 것들이다. 즉, 정신량은 육생량을 인생량으로 연결시키는 교가다.

인생량(人生量): 내 앞의 인연과 하나 되어 살아가는 차원이다. 즉, 사랑을 통해 행복을 영위하는 차원으로서 화합을 위한 합의를 이루느냐 못 이루느냐 운용주체 하기 나름이라고 할까. 아쉬운 육생량은 이로운 정신량을 찾게 되어 있으니 운용주체는 그만한 소통의 질량을 머금고 있어야 한다. 만족은 육생량만으로도 얼마든지 느낄 수 있지만 행복은 내 앞의 인연과 하나 되어 나갈 때 영위하는 차원으로서 '사랑을 한다고 하나 행복하지 못하면' 다시 생각해볼 일이다. 또한 인공지능에 의해 1안의 육생량은 잠식당해도 2안의 정신량은 인간(영혼)의 고유권한이라 영원한 것이다.

활동주체(活動主體): 부분을 관장하는 을(乙)의 입장이라고 해야 할 것이며, 타고난 선천적 질량이다. 즉, 육생량이든 정신량이든 아쉬워서 찾아다니는 이들이라고 할 것인데. 분명 어느 자리에선 운용주체가 되기도 한다.

운용주체(運用主體): 전체를 주관하는 갑(甲)의 입장이라고 해야 할 것이며, 육생량이든 정신량이든 선천적 질량을 더 많이 가진 이들로서 맞이하는 입장인데, 때에 따라서 활동주체가 되기도 한다. '아쉬워서 찾아오는 자가 활동주체요, 이로워서 맞이하는 자가 운용주체라' 하나 되어 나가느냐 못 나가느냐는 이들 하기 나름에 달렸다.

업그레이드(upgrade) 시대: 1안의 육생의 인프라가 구축된 시기이자 컴퓨터가 보편적으로 공급이 이루어지기 시작한 1988년도 전후를 가리키고, 동서양(東西洋)이 하나 되어나가는 유무상통(有無相通) 시대를 뜻한다. 정신량은 육생량이 마련된 시점에서나 창출이 가능한지라 서양의 육생물질문명이 서울올림픽을 계기로 해 돋는 땅 한반도로 밀려들기 시작하였다. 지정학적으로 해양세력과 대륙세력 사이에 위치한 반도는 1안의 육생자원은 턱 없이 부족하지만 보이지 않는 정신량을 머금은지라 한류열풍으로 다문화가정이 자리하기 시작하였다. 이는 정신량으로 육생량을 품어 안을 때임을 시사하고 있음을 알아야 한다.

프롤로그

　왕왕 필자의 행색을 보고는 도사가 아니냐고 묻곤 한다. 그리고 한결같이 신수를 봐달라는 소리를 하는데, 왜 도사(道士)는 신수(身數)나 봐줘야 하는 자로 돌변한 것일까. 물론, 도술(道術)을 구(求)한 듯싶어 하는 소리이겠지만 분명 역술원이 자리하는 만큼 신수는 점바치에게 보는 것이 아닌가 싶고, 삶의 향로(向路)는 도사라고 일컫는 자들에게 구해야 하는 것이 아닌가 싶다. 그렇다면 분명 도사는 도(道)를 통하여 신(神)이 들어온 경지를 넘어선 자들을 가리키는 소리여야 하지 않을까. 허나 신(神)의 술(術)에 놀아나는 바람에 신수나 봐주며 액운을 물리쳐주는 짓거리가 고작이다보니 도사는 곧 점바치라는 관념이 성립한 모양이다. 머물면 멈추는 바라, 술(術)의 경지를 넘지 못하여 법(法)에까지 이르지 못하여 선비(士)에 멈추어 버린 도사(道士)일 수밖에. 그 너머의 삶을 가르치는 스승(師)의 반열에 오르지 못하여 선지자 도사(道師)의 반열에 오르지 못하고 있다. 만에 하나 술의 차원을 넘어선다면 저마다 더럽혀진 신수에 대한 원인까지도 알 수 있을 터, 머물다보니 어려워진 원인과 이유를 무시하고 빌어서 모면할 심산뿐이라 더 이상의 발전을 도모하지 못하는 것이다. 더럽혀진 신수, 그 이유와 원인을 알기 위해 노력한다면 머무름이 없다하겠으니 물질문화가 발전하는 만큼 정신문화도 진화해야 하겠지만 거기에 그렇게 머물렀으니 기복이 만연하여 물질문화 양의 기운 육생량(肉生量)만 발전시켰을 뿐 정신문화 음의 기운 정신량(精神量)은 수천 년 동안 그대로 머물러야 했다. 양의 기운 술(術)을 통하여 음의 기운 법(法)에까지 이르지 못하면 양양(陽陽)이 상충하여 겉으로 피멍들 것이요, 음의 기운만 자리한다면 음음(陰陰)이 상극하여 속으로 골병들 것이라, 어려워진 이유와 원인을 무시하고 기복에 매달리다 쫄딱 망하는 이유가 여기에 있다.

필자는 점바치도 아니요 도사도 아니다. 단지 어려워진 이유와 원인을 아는 자라고나 할까. 실패는 성공하고 났을 때 겪는 일이라면 좌절은 성공을 위해 맛보는 차원이므로 실패와 좌절의 원리를 안다면 머무는 일은 없을 것이라는 필자의 견해다.

하나같이 오르려고만 하다 보니 오른 후에 무엇을 어찌해야 할지 몰라 곤혹을 치르다가 떨어지는데, 오르는 일이 주어진 걸 찾는 선천적인 행위라면 오른 후에 일은 화합과 소통을 위해 내가 만들어 나가는 후천적인 행위다. 즉, 받아온 경로를 찾는 행위는 나를 위한 육생행위이므로 찾았다면 너를 위한 인생행위가 뒤따라야 한다는 것이다. 내 욕심에서 기인하여 나를 위해 이루어가는 것이 육생량이다. 이루었다면 지금부터의 행보는 너를 위한 것이어야 하므로 이를 위해 필요한 질량이 너와 나를 하나로 연결시켜줄 정신량이라는 것이다. 이를 누가 많이 머금었느냐에 따라 화합을 위한 합의의 질량이 달리 나타나듯이, 사랑으로 행복을 영위해 나가는 차원도 달리 나타난다. 이를테면 나를 위해 살아왔으니 너를 위해 살아가야 한다는 것인데, 너를 위한 행위는 육생량에 정신량이 부가되지 않고서는 참으로 행하기 어려운 일이라는 것이다. 왜 그럴까. 후천질량은 순수 내가 만들어 나가야 하는 차원으로서 나밖에 모른다면 상극상충이 일어날 것이고, 나를 우선한다면 반쪽반생이 일어날 것이라, 너를 위할 때 일어나는 일이 상호상생이기 때문이다. 문제는 나를 위한 행위를 가지고 너를 위한 행위로 알고 있다는 데 있다. 사달은 다들 너를 위한다는 행위를 하다가 일어나는데 이는 필경 상극상충일 터, 이쯤 되면 너를 위한 행위가 아니었다는 결론에 도달하지 않을까. 진정으로 너를 위한 행위가 무엇이냐는 것이다. 어떻게 해야 너와 내가 하나 되어 살아갈 수 있느냐는 것이다. 이 문제가 해결이 가능하다면 정신량을 머금었다고 하겠으니 하나 되어 살아가는 차원은 인생량으로서 행복을 만끽하는 일만 남았다. 행복하지 못한 것은 사랑하지 못해서가 아니라 사랑할 줄을 모르기 때문이다. 태반이 사랑을 한다고 하나 너보다는 나를 위한 사랑이라, 행복한 추억보다는 아픈 기억만이 남는데, 이루지 못한 첫사랑이 추억 속에 아스라이 떠오르는 것은 혹시나 하는 기대감에서가 아닐까. 언제나 양의 기운은 활동주체로서 겉으로 드러나고 위로 오르는 기운이며, 음의 기운은 운용주체로서 안으로 잠재하고 밑으로 가라앉는 성정이라, 부부지간에서도 보이는 육생량이 위로 치솟는 만큼 보이지 않는 정신량으로 밑으로 가라앉힐 때 하나 되는 것이다. 아울러 개척해야 할 양의 기운 선천질량은 창출해야 할 음의 기운 후천질량을 위한 것이므로, 내가 만들어 나가는 차원이란 바로 음양화합을 이루기 위한 사랑의 차원으로서 이는 각자의 몫이라는 것이다.

내 뜻대로 안될 때 차오르는 양의 기운이 화(火)의 때 인지라 육생량으로 다스리기에는 역부족이다. 내 뜻을 받아주겠다는 음의 기운 정신량이 자리할 때 가능하므로 요점은 너와 나를 위한 행위가 무엇인지 알아야 하는데 있다. 나밖에 모른다면 네가 발끈할 것이요, 너밖에 모른다면 내가 발끈할 것이라, 도(道)를 알고자 한다면 덕(德)이 무엇인지를 알면 된다. 그런데 덕이란 무엇일까. 어린 시절은 너를 위해 살고 싶어도 살 수 없는 나를 위한 육생시절이요, 21세 성인 시절은 너를 위해 살아가야 하는 인생시절이라는 점이다. 30세 전에 음양화합(결혼)을 이루어 행의 현장(사회)으로 진출해야 하는 시기로서 상호상생 덕 된 행위를 모른다면 선천의 기본 자리에 오르기도 전에 실의, 낙담에 빠질 것이요, 어렵사리 오른다 하더라도 후천의 행위를 찾지 못하여 실패할 것이라, 하나 되는 인생(人生)을 살아보기도 전에 나밖에 모르는 한 많은 삶, 육생(肉生)에서 불행하게 생을 마감해야 한다. 어려움은 너를 위해 살아가야 할 때인데도 불구하고 나를 위해 살아가다 겪는 고통이다. 그런데 다들 그게 아니라는 듯이 오기와 독선과 자만이 가득하다면 어떻게 될까.

제 자신은 아무런 잘못이 없는데 실패를 어느 날 갑자기 주어지는 고통쯤으로 받아들인다면 재기는 어렵다. 고통스럽다는 것은 자유롭지 못한 것을 반증하고 자유롭지 못함은 생활의 어려움이 대변한다. 그 어려움은 언제나 내 앞의 인연과 부딪침에서 비롯된다 하겠으며 원인은 화합을 위한 합의를 이루지 못하는데 있다하겠으니 진정한 자유인은 그야말로 내 앞의 인연과 하나 되어 살아가는 이들이다. 지식으로 육 건사를 위한 보이는 육생량을 개척한다면, 지혜는 보이지 않는 화합을 위한 합의의 정신량을 창출한다. 사랑은 행복을 위해 하는 것이듯 만약 사랑을 한다고 하나 행복하지 못하면 다시 생각해봐야 한다. 이기와 이기가 만나 사랑을 하게 되는 것이므로 언제나 사랑을 통해 행복을 위한 공부는 내 앞에서 벌어지고 있다. 합의의 질량이야말로 이기와 이기가 빚어낸 이타, 그 사랑의 질량이 아닐까 싶은데 화합하려거든, 행복을 영위하려거든 자신을 관조해야 하듯 내 앞에서 벌어지는 일도 관조해야 한다. 기쁜 일도, 성낼 일도, 슬픈 일도, 즐거운 일도 내 앞의 인연으로부터 비롯되기에 소통이 거침없는 자야말로 자유인이라는 것이다. 너를 위해 살아가는 이들이 자유인이라는 것이다.

1. 도(道), 그 길을 묻다

도(道)의 궁극까지는 아니더라도, 유·불·선(儒佛仙)에 관심을 보이는 이들에게 도를 물어봐도 의견이 분분하다. 형이상학 또는 무형(無形)의 실체는 그렇다 치더라도 형이하학 또는 유형(有形)의 실체조차 분별치 못하는 터라, 듣고 읽고 체험한 그대로를 여과 없이 받아들인 자기 사고(思考)가 고스란히 자리하고 있기 때문이 아닐까. 2,500년을 넘어 5,000년 그 이상의 도를 닦아온 배달의 민족이건만 여전히 닦는 데에만 급급한 나머지 변함없이 자기 셈법을 들이미는데 아마도 우리 민족의 고유 수행법을 잊어버려서 그럴지도 모른다.

고조선(古朝鮮, B.C. 2333~B.C. 108)시대 이전의 신시(新市) 배달국(倍達國)에 이은 환국(桓國)시대가 있었다고 하지만 고조선 건국마저 신화적 해석이 전부인지라, 홍익인간(弘益人間) 이화세계(理化世界), 즉 '이치대로' '널리 인간세상을 이롭게 하자'는 건국이념을 어떻게 받아들이고 있는지 몹시 궁금하다. 중국의 역사에는 '천지와 인간은' 하나라는 천인상관(天人相關)이 자리하며, 일본의 역사에는 '천신의 손자가 내려왔다'는 천손강림(天孫降臨)이 자리하고 있음을 볼 때 역시 동북아 삼국은 떼래야 뗄 수 없는 관계임을 알 수 있다. 인간의 세상은 천·지·인(天·地·人) 세(三) 개(個)의 차원으로 나뉘어 운행되어 불리는 이름인 만치 역시 유형(有形)의 이 세상 3차원은 물론이요 무형(無形)의 저 세상 4차원마저도 주인은 인간이라는 것이다.

지구 또한 육·해·공(陸·海·空) 세 개의 차원으로 나뉘어 운행되듯이, 해 돋는 땅 동쪽에 가까울수록 천·지·인(天·地·人) 삼위일체 삼신사상이 자리하였고, 해가 중천에 뜬 중쪽 땅에 가까울수록 불·법·승(佛·法·僧) 삼위일체 삼신사상이 자리하였으며, 해 지는 서쪽 땅에 가까울수록 성부(聖父)·성자(聖子)·성신(聖神)의 삼위일체 삼신사상이 자리하였다. 기독교에서 성부·성자·성신 모두 하나님이라고 지칭하는 걸로 봐서는 천에 따른 불과 성부는 하늘을 공경하는 천기(天氣)의 질량일 터, 그렇다면 지에 따른 법과 성자는 만물을 사랑하는 지기(地氣)의 질량일 터이고, 인에 따른 승은 성신으로 세상을 널리 이롭게 하는 인기(人氣)의 질량을 가리키는 것이 아닐까 싶다.

한편 약 2,500년 전후로 시작된 중국의 제자백가 시대는 춘추전국시대(B.C. 770~B.C. 221)로서 중국사상의 개화결실시대였다고 한다. 공교롭게도 싯다르타(석가, B.C. 563?~B.C. 483?)의 출생연대와도 맞물렸는데, 춘추시대(B.C. 770~B.C. 403)는 공자(孔子, B.C. 551~B.C. 479)가 엮은 노나라(魯, B.C. 1046~B.C. 256)의 역사서인 ≪춘추(春秋)≫의 이름에서 비롯되었고, 전국시대(B.C. 403~B.C. 221)는 한나라(漢, B.C. 206~A.D. 220)의 유향(劉向, B.C. 77~B.C. 6)이 쓴 ≪전국책(戰國策)≫에서 유래되었다고 한다. 500년이 지난 기원전 108년 즈음에 고조선이 패망하면서 홍익인간의 기치를 품어 안고 삼천리금수강산으로 들어왔으나 팔도로 구획되어진 열국시대부터 열어가서 그런지는 몰라도 빛이 바래지기 시작하였다. 이채롭게 예수(Jesus, B.C. 7?~A.D. 23?)의 탄생연대도 이 무렵쯤이었고, 두 번째 밀레니엄 시대를 맞이하기 50여 년 앞둔 1948.8.15 대한민국 정부를 수립하면서 홍익인간 기치를 건국이념이자 교육이념으로 삼았다. 그야말로 2,000년 만에 똑같은 민족적 과제가 주어졌다. 분명한 이유가 있을 텐데 관심을 두지 않는 것 같다.

이치대로 인간세상을 널리 이롭게 해야 한다는 '이화세계 홍익인간', 즉 이치대로의 이화세계가 도(道)를 가리키는 것이라면, 널리 인간세상을 이롭게 하자는 홍익인간은 덕(德)으로 살아가는 세상을 뜻하고 있다. 이쯤에서 '이치' 혹은 '순리'에 대하여 생각해보자. 이를 자연의 섭리, 순환, 질서 혹은 만물의 상생의 법이라고도 하지만, 되돌아보면 인간의 역사는 피를 부른 전쟁의 역사만큼이나 혹여 이치가 약육강식에 있지 않나 싶어 힘의 논리에 빠져보기도 했었다. 물론 약육강식 힘의 논리는 육생(肉生)의 이치로서 동물의 세계의 생존방법이다. 하지만 개인주체의 존엄성을 가진 인간은 하나하나가 사회구성원으로서 육생의 이치에 인생의 도리(道理)를 더해 살아가야 하기 때문에 그렇지 않다는 것이다. 마음의 질량이 없는 동물은 생각차원이 미흡하고 언어능력마저 극히 미진한 바람에 감성의 분별보다 감정의 본능에 의지하여 살아간다고 할까.

언어능력이 뛰어나 사회를 이루고 살아가는 만큼 생각과 감정과 지식이 나의 주체로 자리한다면 마음은 지혜와 분별의 에너지로 자리함에 따라 도(道)로써 이치를 찾고 덕(德)으로써 도리에 벗어나지 않도록 부단히 노력한다는 것이다. 초식동물들이야 육(肉)을 건사할 초근목피만 있으면 싸워야 할 이유가 없듯이 지천에 초근목피가 깔린 만큼 육식동물들의 영역관리는 순환의 이치다. 때론 자신의 영역을 침범하는 동족과는 피를 보며 생존을 위해 싸워 물리쳐야 하는 것도 소통의 언어량이 부족한 동물의 세계이기에 그 모습이 이치대로 살아가는 법이 아닐까. 하지만 소통의 언어량이 뛰어난 인간은 다르다. 하나 된 삶을 위한 선천자원이라 입으로 육의 양식을 섭취하고 귀로는 소통의 양식을 청취하여 정신량(보이지 않는 음의 소통질량)을 반드시 창출해야 한다. 이를 위해 십 수 년 동안 나름의 교육을 받고 자라나지만 예나 지금이나 육 건사를 위한 육생량(보이는 양의 물질질량)에 매달리다보니 힘의 논리는 여전하다. 무엇보다 언어의 소통량이 극히 미흡한 관계로 종족번식을 위한 육 건사 육생(肉生)행위가 전부이겠지만, 인간은 소통량이 뛰어난 만큼 그 너머의 인생(人生)을 살아가야 하므로 선천적 육생량을 방편으로 화합을 위한 합의의 수단 정신량을 후천적으로 마련해야 한다.

그러고 보면 어린 시절은 너를 위해 살고 싶어도 살 수 없는 나를 위한 육생시절이었으며, 성인 시절은 나를 위해 살아왔던 만큼 너를 위해 살아가야 하는 인생시절이다. 성인 시절 무렵부터 싸우고, 충돌하고, 부딪치는 일들이 빈번한데 왜 그런 것일까. 나를 위할 때가 부모품인지라 막무가내 때를 쓰면 불가능도 가능했지만 너를 위할 때인데도 때를 쓴다면 어떻게 될까. 해결은 본인의 몫인데 나만 손해 아닌가. 이치에 벗어날 때마다 주어지는 표적의 진정성은 나를 위해 살아왔으니 너를 위해 살아가야 한다는 것에 있다. 아울러 육생은 본능이라 나를 위한 것이고 인생은 분별로서 너를 위한 것이어야 한다. 즉, 나를 위한 본능차원의 생각이 부분의 지식을 습득하여 이기(利己)의 육생량을 추구해 나간다면 너를 위한 분별차원의 마음은 하나 되는 지혜의 질량으로서 이타(利他)의 정신량을 마련하는 데 쓰인다는 것이다.

이처럼 이치는 덕으로서 섭리를 거스르지 않고 부분이 모여 전체가 되어가듯이 도는 순리대로 하나 되어 나가는 이치를 밝혀내는 과정이라고 하겠다. 동물처럼 각자도생(各自圖生)의 육생을 살아간다면 모를까. 내 안에는 나를 위한 생각과 너를 위한 마음이 공존하기에 동물처럼 삶이 단순하지 않고 매우 복잡 미묘하게 전개되어 진다. 선악(善惡)을 거론하려는 것이 아니다. 언제나 충돌은 나를 위할 때와 너를 위할 때를 분별하지 못하여 일어나고 있지 않은가. 아쉬워서 찾아가는 것이나 득 될 성 싶을 때 만나는 것이나, 내 앞의 인연은 나 하기 나름이라 네게 이로웠다면 내게도 이로울 것인데 되레 해코지한다면 이롭지 않았다는 뜻에서 받아야 했던 표적이라는 사실이다. 아쉬워서 찾아가는 것도 이기요 득 될 성 싶을 때 만나는 것도 이기라, 이기의 육생량을 통해 이기와 이기의 만남에 있어 이타의 정신량이 없다면 결속은 어렵다. 누가 이타가 되어야 하느냐에 대한 문제는 아쉬워서 찾아가는 이보다 이로워서 맞이하는 이어야 한다는 것이다. 도와주기 위해 찾아가는 이는 없다. 있다고 한다면 분명 자기 명(名)을 내고자 하는 일일 터 도와주기 위해 찾기보다는 득 볼 심산으로 찾아갔다는 것이다. 언제나 아쉬운 자는 이로운 자를 찾아다니기 마련인지라, 그리하여 아쉬워서 찾아가는 자는 활동주체 을(乙)의 입장이요 이로워서 맞이하는 자는 운용주체 갑(甲)의 입장이다. 물론 이로울 듯싶은 운용주체 갑도 이기요, 아쉬워서 찾아간 활동주체 을도 이기다. 이때 맞이하는 운용주체 이익부터 챙기려 한다면 아쉬워서 찾아간 활동주체가 반기를 들 터이니 충돌은 따 놓은 당상이 아닐까 싶다. 이처럼 내면에는 너를 위한 차원과 나를 위한 차원이 공존하므로 인간생활 깊숙이 나 하기 나름에 달리 나타나는 작용반작용의 법칙 상대성원리가 적용되고 있지만 우연으로 치부하는 바람에 상극상충의 표적임을 모르고 있다.

'덕 되게 사니 득이 되더라', '해 하니 독이 되더라', '무덕하니 무익하더라'는 선순환 법은 상생·상극·상충에 대한 표적인바, 복잡 미묘한 인간관계에서 일으키는 충돌에 대한 해석을 이 방식에 대입해 보면 얼마든지 설명 가능하다는 것이다. 나를 위한 이기의 질량은 선천적 육생량 양의 기운이요, 너를 위한 이타의 질량은 후천적 정신량 음의 기운으로서, 기실 사주(四柱)는 무형(無形)의 사(四)차원에서 받아오는 육생의 기본금이라는 것이다. 즉, 유형(有形)의 삼(三)차원의 삶을 위한 무형(無形)의 사(四)차원 저 세상에서 받아온 육생량은 기본금으로서 저 세상으로 돌아갈 때는 아무 것도 가지고 갈 것이 없다는 것이다. 무형의 저 세상에서 유형의 이 세상을 위한 기본금을 누가 더 많이 받아가지고 왔느냐에 따라 이로워서 맞이하는 운용주체가 되기도 하고, 아쉬워서 찾아가는 활동주체가 되기도 한다. 물론 경우에 따라 활동주체가 되기도 하고 운용주체가 되기도 하지만, 하나 되어 살아가는 데 있어 지위고하는 언제든지 바뀔 수 있는데, 이는 하나 되기 위한 표적의 일환으로 벌어지는 일이다. 극소수이기는 하나 정신량을 받아오기도 하지만 쓰임을 다하지 못하면 육생량만도 못한 것이 되고 만다. 이렇듯 쓰임에 따라 운용주체의 위상이 달리 나타나는 것이므로, 어린 시절의 교육은 인연을 맞이해야 하는 성인 시절을 위한 것인 만큼, 부분의 육생량에 국한되어서는 안 된다. 육생량은 활동주체를 위한 것이자 받아온 기본금으로서 노력하고 때가 되면 얼마든지 올라갈 수 있는 자리다. 교육이 부분의 육생량에 국한되었기에 기본의 자리에 오르고 나서 전체화를 요하는 데 미치지 못해 어려움을 겪게 되는 이유를 여기에서 찾아볼 수 있다. 실패와 좌절과 고통도 나를 위한 자리, 즉 선천적 육생의 기본 자리에 오르고 벌어지는 일로써 하나 되어 나가는 후천적 정신량을 마련하지 못해 받아야 하는 표적이다. 이로운 운용주체는 아쉬움을 맞이하는 전체적인 질량이다. 아쉬워 찾아오는 부분의 활동주체와 하나 되어 나간다면 승승장구하지만 그렇지 못해 망하는 때도 이때다.

오늘날 행의 현장(사회)에서 살아남지 못하면 죽는다는 경쟁심리가 형성된 것도 어린 시절 부분의 육생교육에 전념한 결과이고 보면, 후천적 정신량이 배재된 선천적 육생량 교육은 이기심을 촉발시킬 뿐만 아니라 결국에는 상극상충 쏠림만 심화시킨다. 게다가 육생량은 받아온 이기의 소산물로서 너와 내가 이를 통해 만났다면 화합을 위한 합의는 이타의 발로(發露) 정신량을 부가시킬 때서나 가능하다. 아쉬움의 육생량은 만남의 방편이요 이로움의 정신량은 하나 되기 위한 수단인지라, 양의 기운 육생량과 육생량의 만남은 양양상충(陽陽相沖)을 일으킬 것이며, 음의 기운 정신량과 정신량의 만남은 음음상극(陰陰相剋)을 일으킬 것이라 선천적 육생량과 후천적 정신량이 조화를 이루지 못하면 어떠한 경로를 통해서든 상극상충을 일으키게 되어 있다. 아울러 육 건사를 위해 육의 양식을 섭취했다면 하나 되기 위한 소통의 양식도 반드시 청취해야 한다는 것이다.

이타의 양식 정신량을 수급하지 못하면 나를 위한 생각차원의 셈법을 들이밀기 십상이라 부딪침의 불똥이 튀기 마련이다. 정신량을 머금었다면 생각 너머 마음에서 순화시키겠지만, 화합을 위한 합의의 질량은 이처럼 생각 너머 마음에 다다랐을 때나 가능하다. 입으로 섭취한 육생량은 오장육부에서 소화시켜 육 건사 이후에 변으로 배출, 육의 양식을 생성시키듯이, 귀로 흡수한 소통량을 1차 생각의 정제기관을 거쳐 2차 마음기관에서 순화시켜 입으로 사랑의 질량을 배출시킬 때 행복을 영위하게 된다는 것이다.

거의가 이기의 육생량을 이타의 정신량으로 오인하여 귀로 흡수한 소통량을 너를 위한 마음기관을 거치지 않고 나를 위한 생각기관에서 배출하여 이별, 작별, 결별 등의 아픔을 겪는다. 입으로는 선천적 육의 양식 육생량을 섭취하고 귀로는 후천적 소통의 양식 정신량을 청취하면 분명 육생 너머 인생을 알 수 있을 터, 이를 위해 생각 너머 마음을 보려한다면 지식 너머 지혜를 알 수 있을 터이고, 이쯤 되면 싸우고 충돌하고 부닥쳐서 불행해지는 분명한 이유를 알 수 있지 않을까.

그래서 그런 것인가. 도를 가리켜 욕심과 마음을 비우는 과정이라 말하는 이가 있는가 하면, 실체는 없지만 우주 생명의 역동적 질서라고 말하는 이도 있다. 인간의 본성에 따르는 것이라고 말하는 이가 있는가 하면, 진리에 대한 깨달음이라고 말하는 이도 있다. 혼자 살아갈 때는 필요 없지만, 너와 함께 살아가야 하기에 필요한 것이라고 말하는 이도 있는가 하면, 삶은 선택과 선택의 연속이라 바른 길을 찾기 위해 반드시 필요한 것이라고 말하는 이도 있다. 게다가 오고가는 길이 곧 삶이 아니겠느냐고 하면서 나는 나의 삶을 위해 너는 네 삶을 위해 배워가고 알아가는 것이야말로 도가 아니겠냐는 이도 있다. 하나같이 안다는 소리일까, 모른다는 소리일까. 어떻게 살아가야 하는 것이 사람답게 살아가는 것인지 이에 대한 구체적인 답변은 없고 추상적인 답뿐이니 도를 어이 바로 알겠는가.

육생량은 나에게서 비롯되어 육생물질문명은 장족의 발전을 이루어왔지만, 너를 위한 인생정신문명은 한 뜸도 나아감이 없기에 사랑의 허울로 피 흘리는 전쟁은 갈수록 잔악무도해지고 있다. 육생물질문명은 죽고 죽이는 전쟁으로 비롯되어 힘의 논리가 배어 있는 육생량에는 양양상충만이 자리할 뿐이라, 지극한 사랑으로 하나 되어 살아가기에는 어렵다. 총칼을 앞세우고 사랑을 강요하는 웃기는 모순 앞에 진정한 행복을 어찌 알 수 있을까. 혹여 육생량이 가져다주는 만족이라면 모를까. 도로써 이치를 찾고, 덕으로써 세상을 널리 이롭게 하지 않고서는 육생량을 통해 느끼는 만족을 정신량의 행복으로 왜곡하기 십상이다. 사랑은 행복하기 위한 것이므로 사랑을 한다고는 하나 행복하지 못하면 다시 생각해봐야 하지 않을까. 전체를 주관하는 정신량은 음의 기운 운용주체이며, 부분을 관장하는 육생량은 양의 기운 활동주체다. 그러니까 음의 기운 전체의 정신량이 양의 기운 부분의 육생량을 품어 안을 때 하나 된다고 하겠으니 파랑새는 이때서나 찾아들게 되어 있다는 것이다. 화합을 위한 합의에 힘이 가미되면 역행하는 처사라 쌍방에 해가 되면 되었지 이로울 것은 없다.

　나를 위한 육생량에 너를 위한 정신량이 미치지 못할 때마다 충돌은 불가피하므로 신(神)의 이름으로 전쟁도 불사했으며, 덜 익은 사상과 이념을 증명하기 위하여 총부리를 겨누어야 했던 것이다. 육생 너머 인생이듯, 생각 너머 마음이고, 지식 너머 지혜가 자리한다는 것은 육생량을 통해 정신량을 부각시키기 위한 것에 있다. 금강산도 식후경이라고 하지 않았나. 육 건사가 안정될 때 삶의 질을 거론하듯이, 나를 위한 육생의 인간으로 태어난 것은 너를 위한 인생의 사람으로 승화되고자 하는 것에 있다. 그리고 도는 이를 위해 닦아 왔던 것이다. 그러고 보면 생각은 나를 위해 쓰이고 마음은 너를 위할 때 쓰이듯이, 닦아서 비워야 할 것은 생각이지 마음이 아니라는 것이다. 즉, 에너지 차원의 마음은 지혜의 보고로서 나를 위해 쓰고자 할 때는 꿈적하지도 않는다. 그러나 개인주체(참나)에서 발산하는 생각은, 지식을 습득하여 나를 위해 쓰는 만큼 나를 위한 본능적 차원이 생각이라면, 분별은 너를 위한 마음차원에서 이루어진다는 것이다. 자기 생각 자기 욕심이 일을 그르치고서는 마음이 그런 것이라고 마음 타령을 해대는 이들이 마음을 비워보겠다고 쪼그리고 앉아있는 모양새가 그야말로 가관이다. 정녕 마음을 한번 써보기라도 했을까. 대략 B.C. 4세기경에 노자(老子, 미상)의 물아일체(物我一體)와 장자(壯者, 미상)의 물아일체(物我一體)까지 한몫 거들다보니 더더욱 그럴 수밖에 없다고 해야 할 성 싶다. "내 안에 부처"를 논한 싯다르타(석가모니) 이념은 여기에서는 접어두자. "도(道)를 도라 말하면 도가 아니라"고 노자가 말하자, "말로 설명하거나 배울 수 있는 도(道)는 진정한 도가 아니다"라고 장자가 가르쳤다. 사실, "아무것도 더하지 않은 있는 그대로의 본바탕 그 위를 떠나지 말라"고 역설한 '무위자연(無僞自然)'은 '노장사상(老莊思想)'의 핵심이다. 그리고 이대로 살아갈 수 있다면야 이보다 좋을 수는 없겠지마는 도와 덕의 진정성은 오간데 없고 온통 말과 글만 전해 오는 판국이라 이를 가지고 도를 바로 알기에는 역부족이다.

그렇다고 해서 허구나 허상이라는 소리가 아니다. 오로지 육(肉) 건사를 위해 힘을 우선해야 했던 육생량 개척시대(컴퓨터가 보편화되기 전)의 사상이라 업그레이드 시대(컴퓨터가 보편화되었고, 1안의 육생의 인프라 구축된 시대)의 당위성을 알기 전까지는 도를 바르게 드러내 보이기에는 역부족이라는 소리다. 당대에 진정성이 드러났더라도 진화중인 2,500년 전의 노장사상(老莊思想)이나, 5,000년 그 이전부터 내려오던 도가사상(道家思想)이나, 전면 그대로 수용할 수만은 없는 노릇이다. 1안의 육생살이 인프라를 구축한 시점에 육생량에 육생량을 부가시키는 만큼이나 정신량을 첨가하지 않으면 지구촌은 양양상충으로 환란의 골만 깊어갈 것이다. 우리 민족은 도와 덕으로 살아온 배달의 민족으로서 신선(神仙)과 풍류(風流)의 도가 흐르고 노자와 장자도 배달민족의 피가 내면 깊숙한 곳에서 흐르기에 무위자연을 부르짖고 도와 덕을 논할 수 있었던 것이다. 물론 유가사상(儒家思想)을 창시한 공자(孔子, B.C. 551~B.C. 479)나, 인의예지(仁義禮智) 성선설(性善說)의 맹자(孟子, B.C. 371~B.C. 289)나, 성악설(性惡說)의 순자(荀子, B.C. 298?~B.C. 238?)는 물론이요, 일대를 풍미했던 성인들에 있어서도 마찬가지다. 5,000년 전 고조선의 건국이념에서도 잘 나타난 바와 같이 홍익인간 사상을 공유하지 못하면 절대 논할 수 없다고 하겠으니, 신선과 풍류의 피가 흐르고 있었기에 가능했었다는 것이다. 육 건사가 우선이던 시대만큼이나 육생량 개척을 신(神)에 의지해야할 수밖에 없었을 터, 그만큼 흠향(歆饗)하며 살았기에 권선징악과 인과응보와 길흉화복이 자리하지 않았나 싶다. 물론 제자백가 시대부터 업그레이드 시대까지 2,500여 년이라는 시간의 차이는 있지만, 사람답게 살고자 하는 열망은 간절하기에 도를 닦았다. 또한 선천적 육생량을 개척하던 육생시대의 도는 법을 '찾는다'는 의미보다 도술을 '닦는' 것에 중점을 두었기에, 업그레이드 세상을 누가 감히 상상이나 했겠느냐만 찾아서 창출하는 차원이라 닦아서 마련했어도 가치는 미흡하다.

선천적 육생시대이건 후천적 인생시대이건, 내 앞의 인연과 하나 되어 나가는 방책을 구하고자 닦아왔던 도인데, 그 이치를 터득하기에 앞서 먼저 주어지는 도술에 빠지는 바람에 신비감을 더 해갔다. 육생 너머 인생, 생각 너머 마음, 지식 너머 지혜인 것처럼 도술(道術)을 넘어설 때 도법(道法)에 다다르게 되는 것이므로, '닦아서 구하는 것은 술법(術法)'이요 '찾아 마련해야 하는 것은 도법(道法)'이라는 것이다. 하나같이 어렵고, 힘들고, 고통스러운 일들이 벌어질 때마다 도술(기복: 祈福)에 의지하는 통에 '나 하기 나름에 달리 나타나는 작용반작용의 법칙'이 비나리에 묻히면서 신을 흠모하며 살아왔었다.

선택의 연속인 삶을 한번 생각해보자. 어려움은 너보다 나를 우선할 때마다 받는 표적인데 과연 신이 미워해서 내린 벌일까. 절대 그럴 리가 없다. 내 앞에서 일어난 일(선택)을 바르게 처리하지 못한 때가 쌓여 폭발한 것일 뿐이다. 만약 모든 일이 빌어서 해결될 문제였다면 자신들이 흠모하는 신의 우월성을 내세우며 싸우는 일은 없을 것이다. 아쉬워서 찾아온 이와 화합을 위한 합의를 이루지 못할 때마다 달구어진 화의 불씨가 번질 때마다 마장(魔障)이 났다고 하는데 육생논리(힘의 논리)를 바르게 이해하지 못하면 권선징악을 운운할 터, 이쯤 되면 도는 고사하고 덕 조차 육생량에 합리화시키려 든다. 물론 육생시대는 육생량을 개척해야했던 만큼 힘이 우선해야 했을 것이고, 도(道)로써 이치를 찾고 덕(德)으로써 세상을 이롭게 한다 한들 1안의 육생의 안(案)이 정립되기 전이라 치우칠 수밖에 없다. 이로운 행위는 치우쳤다는 사(邪)의 분별을 바로 가질 때나 가능한 일이므로, 도를 통해 바르다는 정(正)의 이치를 찾지 못하면 공염불이다. 그래서 언제나 도는 윤리강령이어야 할 것이고 덕은 행동강령이어야 할 것인데 도와 덕이 하나라는 것은 음양화합을 뜻함이요, 음양이 화합을 이루어 나간다는 것은 운용주체 무형의 저 세상과 활동주체 유형의 이 세상이 유무상통(有無相通)하는 것이라 하겠으니, 운용주체 도와 활동주체 덕은 둘이 아니라 하나라는 것이다.

업그레이드 시대는 양의 기운이 넘쳐나는 1안의 육생의 인프라가 구축된 시점이자, 음의 기운 정신량을 창출하여 2안의 인생의 인프라를 구축해 나가야 하는 기점이기도 하다. 즉, 선천적 육생량은 이기로서 행위에 대한 모든 원인을 제공하고, 후천적 정신량은 이타로서의 해결과정이며, 인생량은 하나 되어 살아가는 결과물로서 활동주체 육생량이 커가는 만큼 운용주체 정신량이 받쳐주지 못하면 인생량은 없는 바와도 같다. 그러니까 사랑은 하되 행복할 수 없다는 것으로서 육생물질문명이 앞서가고 정신량이 뒤처지면 양양상충으로 인간의 꼴은 흡사 동물과 별반 다를 바 없을 것이고, 정신량이 앞서가고 육생량이 뒤처지는 일은 있을 수도 없지만 있다고 한다면 음음상극으로 인간사는 말이 아닐 것이다. 이기의 소산물 유형의 육생량의 토대 위에 이타의 발로 무형의 정신량을 부가시켜 인생을 살아가는 것이야말로 무위자연 그 자체가 아닐까 싶은데 그 시기가 업그레이드 시대라는 것이다. 또 육생을 위해 운용주체 신에 의지해 왔던 개척시대는 힘의 논리가 자생한 육생시대였다. 인간으로 태어난 것은 사람으로 승화되어 사람답게 살아가기 위함이라 인생의 법도는 사람으로 승화를 위한 활동주체 인간이 마련해야 하는 것이므로, 업그레이드 시대가 음양이 하나 되어 살아가는 인생시대라는 것이다. 그러고 보면 육생 너머 인생을 살아가야 하는 인간만이 언어와 문자를 생성시켰으며, 그리고 생각을 담아내는 문자가 우수한 민족일수록 도를 닦아왔던 걸 보아하니, 역시 생각을 말로 표현하고 그 말을 글로 정확히 담아내는 민족일수록 운용주체 민족이라 그에 걸맞은 삶을 살아가야 한다는 것이다. 해가 지는 서쪽에서 해가 중천에 뜬 중쪽으로, 그 중쪽에서 다시 해 돋는 동쪽 땅으로 들어올수록 무르익은 언어의 깊이는 이루 말할 수 없고, 사람답게 살아가는 인생의 법도를 구하고자 닦아왔던 도이고 보면, 역으로 거슬러 올라가면 올라갈수록 언어가 얇아지는 만큼 육생의 도술에 의지한 기도와 예배를 드리며 살아왔음을 알 수 있다. 육생이 전부인 동물들에게 언어가 크게 필요치 않은 이유가 어디에 있을까. 서쪽에 가까울수록 육생량을 추구하는 이유와 동쪽에 가까울수록 정신량을 추구하는 이유에서 알 수 있지 않을까. 요컨대 동·서는 하나 되기 위하여 활동주체 양의 육생과 운용주체 음의 인생으로 나뉘어 살아왔다 할 수 있는데 양의 기운이 넘쳐나는 업그레이드 시대는 동서화합을 위한 유무상통시대를 맞이했다는 것이다.

◖ 물아(物我)의 분별

이쯤에서 노장사상(老莊思想)의 물아일체(物我一體)를 살짝만 들춰보자. 꿈속에서 장자가 나비 꿈을 꾸었는데 장자가 나비인지, 나비가 장자인지 분간하지 못했다는 그 유명한 호접지몽(胡蝶之夢)은, 물아(物我)의 구별을 잊고 만물(萬物)과 나(我)는 하나라는 데에서 나온 말이다. 자연과의 조화를 뜻하는 물아일체는 "나와 자연은 둘이 아니라 하나"라는 것인데 매우 그럴듯한 소리지만 진정성은 2,500년이 지난 업그레이드 시대에서 드러나게 되어 있다고 할까. 여기에다가 "도는 시작도 끝도 한계나 경계도 없다", "인생은 도의 영원한 변형에 따라 흘러간다"는 매우 의미심장한 말과 더불어 "말로 설명하거나 배울 수 있는 도는 진정한 도가 아니다"고 하는 무척 애매모호한 말까지 덧붙여왔다. 사실 이미 알고 온 0.3%, 스스로 알아가는 3%, 일깨워 줄때 받아들이는 30%, 그 30%가 열정적인 삶을 살아갈 때서야 나머지 약 70%가 받아들인다는 사실을 간과해 버리고 한 말이다. 또한 물아(物我)는 활동주체의 '육생량의 물(物)'과 운용주체의 '정신량의 나(我)'와 '둘이지만 본래는 하나'라는 것으로 아쉬워서 찾아온 너와 함께하고자 닦아온 도는 선택받은 자만이 하는 행위가 아니라는 것이다. 우리 모두 하나 되어 살아가는 길을 찾고자 떠났던 여정이 바로 도였다는 것이다. 내 처한 입장에 따라 네 처지가 달리 보이듯, 운용주체 자연의 아름다움도 활동주체 인간의 처지에 따라 달리 보일 수밖에 없듯이, 비바람이 거세게 몰아치는 날에는 되레 아름다운 자연 속에서 공포에 떨지도 모른다. 이처럼 이타의 자연 속에서 이기의 너와 내가 만나 하나 되어 살아가야 하므로, 내 안에는 나를 위한 생각과 너를 위한 마음이 공존하기 때문에 나를 우선한다면 성악설을 들먹일 터이고 너를 우선한다면 성선설을 들먹일 것이 아닌가. 이처럼 생각은 나를 위한 활동주체로서 육생량을 담당하고, 마음은 너를 위한 운용주체로서 정신량을 담당하므로 생각과 마음은 본래 물아(物我)와도 같아 둘이 아닌 하나라는 것이다.

인간이 아름다움을 발산할 때를 보면 둘이 하나 되어 나갈 때이고 아름답지 못할 때를 보면 너 따로 나 따로 놀 때가 아닌가 싶다.

인기(人氣)가 인육(人肉)을 쓰고 인간(人間)으로 살아가는 이승은 활동주체 유상의 세계로 최고의 가치가 아름다움이다. 그렇다면 인육을 벗어버리고 인기(영혼)로 살아가는 저승은 운용주체 무상의 세계인데 아름다움이 자리할까. 이기의 소산물 육생량에서 아름다움을 추구하려 든다면 이타의 발로 정신량의 아름다움을 모르는 바와도 같아 내 뜻대로 안 될 때마다 화를 낸다거나 남 탓이나 해대기 마련이다. 사실 이기의 육생량 앞에서는 나를 위한 행위를 해댈 수밖에 없지 않은가. 이때 너를 우선하지 않은 만큼 뜻대로 되는 일은 없을 것이라 나를 위해 살아가는 육생살이에 아름다움이 묻어날 리가 없다. 내 뜻을 받아주는 이를 우선하는 것도 나를 인정해 주었기 때문이라고 할 수 있는데 역시 아름다움은 너를 위할 때 발산되는 에너지라는 것이다. 기실 유형의 자연보다 아름다운 것이 무형의 인기였으나 탁해지는 바람에 인육을 쓰고 인간으로 육생을 살다보니 행위가 썩 아름다울 수만은 없다. 아름다움은 이기의 인간에서 이타의 사람으로 승화될 때, 육생량에 정신량이 첨가될 때서나 가능한 일로서 1안의 육의 양식으로 육신과 뇌의 용량을 키우는 동안 2안의 소통의 양식 정신량을 불어넣어야 한다. 21세 성인 이후에 삶이 아름답지 못한 것은 육생량에 빠진 탓이요, 빠졌다는 것은 나밖에 몰랐다는 뜻이요, 나밖에 몰랐다는 것은 정신량 부재로 살아왔기 때문이라는 것인데 이쯤 되면 삶이 매우 고통스럽게 전개되었을 것 같다. 네게 이로웠다면 내 모습을 아름답다 할 것이고, 이롭지 못해 원수가 아니 된 것이 다행이라 하겠으니 육생 너머 인생을 살아가고자 한다면 생각 너머 마음, 즉 나를 넘어 너에게 다가설 때나 가능하다는 것이다. 고통은 육생량 앞에서 끝없는 욕심을 드러내 보이다 받게 된다는 것이다. 고로 물아일체는 운용주체와 활동주체의 화합을 뜻하는 바라, 사랑을 통해 행복을 영위하고자 하는 행위나 화합을 위해 합의를 이루어야 하는 행위나 별반 다를 바 없다는 것이다.

간혹 물아일체(物我一體)가 가능하다면 무소유(無所有)의 삶이 가능한 것이냐고 묻곤 하는데, 운용주체 자연과 활동주체인 나와 하나이듯이 운용주체 정신량과 활동주체 육생량도 하나다. 아울러 양의 기운 육생량에 육생량만 부가시킨다면 양양상충을 일으킬 것이요, 음의 기운 정신량에 정신량만을 가미시킨다면 음음상극을 일으킬 것이므로, 육생의 기본금으로 사주가 왜 주어졌는지를 바로 알아야 한다. 육생으로부터 시작하여 인생을 살아가야 하는 것이므로 육생량은 가장 필요한 부분으로서 대소(大小)량에 따라 운용주체와 활동주체로 나뉜다. 아울러 아쉬워서 찾아가니 활동주체요, 이로워서 맞이하니 운용주체라 인연맞이는 예서부터 시작되는데 받아온 기본금 사주는 너와 나를 인연 짓는 방편이라는 사실이다. 그리하여 이로워서 맞이하는 자와 아쉬워서 찾아가는 자가 하나 되어 나갈 때가 물아일체로서, 손을 잡고 나갈 수 있는 능력을 부여받은 자가 이로워서 맞이하는 운용주체라는 것이다. 왜 그런 것인가. 아쉬워서 찾아가는 것이고 이로워서 맞이하는 것이라 받아들이고 안 받아들이고는 운용주체 몫인 만큼 받아들이고 그 책임을 다하지 못한다면 그에 상응하는 대가를 치르게 된다. 주어진 방편에 대한 쓰임에 다하지 못할 때마다 알게 모르게 표적을 받는다는 것인데, 받아온 기본금 육생량은 내가 아닌 너를 위해 써야 하는 자산이기 때문이라고 할까. 산속에서 홀로 사는 이라면 모를까, 이로움이 없는데 찾아가는 인연이 있을까. 외로움은 궁색함이요 궁색함은 미천함으로서 인간구실이나 할 수 있을까 이 말이다.

쓸 줄 몰라 **빼앗기면** 비렁뱅이 노숙자라, 나 하기 나름의 선순환 행위를 받아들이지 못한 본보기라 그러한 이들을 보고 바뀌지 않으면 나도 그리 될 수 있다는 사실을 알아야 한다. 아울러 무소유란 나를 위해 살아왔으니 너를 위해 살아가야 한다는 의미로서 기본의 육생량이 없다면 사실 이승의 삶도 끝났다. 사달은 있을 때 나듯 좌절도 있다가 없을 때 하는 것이라 사랑을 하려거든, 행복을 맛보려거든 쓰는 법을 배워야 한다는 것이다.

과연 쓰는 법을 바르게 알고 있는 이가 있을까. 그리고 누구에게 이로워야 하는 것일까.

나를 사랑함이 너를 사랑하는 것이라고 말하던 시대가 육 건사가 우선이었던 육생시대였다면, 너를 사랑함이 나를 사랑하는 시대는 정신량을 요하는 인생시대로서 이로운 행위는 그야말로 내 앞에 있는 너를 위하여 살아가는 일이다. 나밖에 모른다면 상충을 칠 것이요 너를 우선하면 상생을 일으킬 것이라, '덕이 되고 득이 되는' 선순환 행위가 이루어지지 않는다면 무소유의 진정성을 다시 생각해 봐야한다. 그리고 선행(善行)은 그저 착한 행위다. 즉, 반쪽반생을 유발하는 행위로서 상대방의 입장을 고려하기보다 자기 속 편차고 하는 행위거나 마지못해 하는 행위 혹은 어쩔 수 없이 하는 행위로서 상호 이로울 것이 없는 행위를 말한다. 여전히 착하게 살아야 복을 받는다 하고 그로 인해 낭패를 보는 이들이 심심치 않은데 누가 책임을 져야 하는 것인가. 본디 심성이 착하여 당하는 이들도 없지는 않겠지만, 선행마저도 나를 위한 생각기관에서 일으키는 내 욕심이라는 것이다. 돕겠다는 본능차원을 분별차원으로 넘겼다면 상호상생의 차원은 무르익지 않았을까. 본능의 생각은 나를 위한 차원이라 무덕무익(無德無益) 반쪽반생 행위가 전부일 수밖에 될 수 없고, 분별의 마음은 너를 위한 차원으로 유덕유익(有德有益) 상호상생 행위로 찾아들어 갈 터이니 선택과 결정은 본능 너머 분별에 다다를 때까지 유보시켜야 한다. 나를 위한 어린 육생시절은 너를 위해 살아가야 하는 성인 인생시절을 위한 것에 있듯이, 분별이 여물기 전의 어린 시절의 행위는 본능에 의지해야 하는 터라 행위가 착할 수밖에 없다.

그리고 착하게 살아야 복을 받는다는 소리에 길들여 있어서 그런 것일까. 다를 착하다는 본능의 육생차원에 머물러 바르다는 인생차원을 이해하지 못하니 무소유를 무일푼으로 살아가는 것쯤으로 알고 있는 이들이 적지 않다. 무소유를 이해하자면 작용반작용의 법칙 상대성원리를 바르게 알고 있어야 하는데, 이는 다음 장 「덕(德), 그 행위를 묻는다」에서 다루기로 하고, 우선 바르다는 정(正)과 어진행위 덕(德), 이득을 취했다는 득(得), 착하다는 선(善), 나쁘다는 악(惡), 해친다는 해(害), 독이 된다는 독(毒)의 상관관계부터 알고 넘어가야 하지 않을까 싶다. 선순환 행위가 막히면 상대성으로 주고받는 일들이다. 인간은 만물의 영장으로서 세 개의 차원으로 나뉘어 운행되는 세상의 열쇠를 쥐고 살아가는 만큼 생로병사(生老病死)와 희로애락(喜怒哀樂)을 순환의 표적으로 곁들여야 하는 이유는 다른 데 있지 않다. 이로움의 행위는 상호상생의 표상이라 생(生) 태어나서, 로(老) 늙는다는 것은, 사(死)의 죽음을 맞이함을 뜻하는 바라, 자다가 평안한 죽음을 맞이하기보다 하필이면 병(病)들어 고통스럽게 죽어야 하느냐는 것이다. 물론 단명하는 것보다야 낫겠지만, 명을 다한들 편안한 죽음을 맞이하기보다 병으로 고통스럽게 죽어야 한다면 저승에서 받아온 육생의 기본금을 이승에서 바르게 쓰지 못해 돌아갈 때 받는 표적이라는 것이다. 긴병에 효자 없다고 이를 함께하는 가족의 고통은 얼마나 클까. 희로애락 또한 내 앞의 인연에게 받게 되는 선순환의 대가로서 기쁨을 가져다주는 희(喜)와 즐거움을 가져다주는 락(樂)은 이로웠을 때 받게 되는 유덕유익(有德有益) 상호상생의 표적이라면 득이 되지 않아 성을 낸다는 노(怒)와 함께하지 못해 슬픔의 애(哀)는 무덕무익(無德無益) 반쪽반생의 표적이다.

동물도 표적을 받지 않는 것은 아니나 인간하기에 달려있으며 희로애락과 생로병사의 차원이기보다 종족번식을 위한 육 건사의 행위차원으로서 그 질량은 매우 얇다. 이처럼 소임을 잃어버린 자에겐 자연조차 이롭게 다가서지 않는 법이다. 제 소임을 다하는 이들에 한해서 자연은 아름답게 비춰지고 있다.

한편, 무위자연도 하나 되어 나가기 위한 상생의 열쇠요, 물아일체도 하나 되어 나가자는 상생의 열쇠이고, 무소유도 하나 되기 위한 상생의 열쇠로서 받아온 육생의 기본금을 이롭게 쓰지 못하면 무용지물이라는 것이다. 선천질량으로 살아가는 육생시대는 육 건사를 위한 육생량 개척시대이므로 무위자연도, 물아일체도, 무소유도 기껏 해봐야 1안의 육생 안(案)에서 비춰질 뿐이다. 음양화합의 이론만 즐비할 뿐 운용주체와 활동주체, 마음과 생각, 지혜와 지식, 정신량과 육생량 등이 밝혀지기 전이라는 것은 창출되어야 할 후천질량으로서 인생시대를 열어갈 업그레이드 시대 즈음에서나 밝혀질 부분이라 그렇다는 것이다.

굳이 있다고 한다면 나를 위한 육생의 대안이 아닐까 싶은데 특수한 명을 부여받은 몇몇 이들에게나 국한된 사항이다. 선천질량에 의지하던 시대였던 만큼 하나 되는 정신량의 법을 찾기 위한 도(道)이기보다는 육생량의 도술을 얻기 위해 닦아야 했던 도였기에 시대상에 그대로 반영되었다. 이를테면 선천질량을 위해 닦아야 했던 도는 후천질량을 위한 과제로서 인생시대의 도는 나를 위해 닦아왔던 육생시대의 도를 풀어나가는 데서부터 시작된다. 있는 그대로의 삶을 살아가자는 무위자연과 육생량과 정신량은 하나라는 물아일체와 너를 위해 쓰임을 다해야 한다는 무소유의 진정성을 알았다면, 업그레이드 시대의 도는 하나 되는 대안을 창출하기 위한 것에 있어야 한다. 이처럼 찾는다는 도의 의미는 정신량의 법을 마련한다는 뜻이요, 닦는다는 도의 의미는 육생량의 술을 구한다는 의미인데 오직 닦는 것으로만 받아들여 작금까지도 깨닫거나, 트인다거나, 그 무엇인가를 얻어냈다면 도통군자라고 운운한다. 도술 너머 도법이거늘 당최 무엇을 도통했다는 것인가. 사랑을 통해 행복을 영위하지 못하면 무슨 소용이 있겠는가. 게다가 영통(靈通)했다 신통(神通)했다고 말하는데, 도(道)를 통(通)했다는 것은 삼라만상(森羅萬象) 근본원리(根本原理)를 깨달아 진리(眞理)의 법(法)을 찾아냈을 때나 하는 소리여야 한다. 그리고 영통과 신통이라 말하는 도술은 수행 중에 누구에게나 근기에 따라 주어지고 진리의 법에까지는 누구나가 다다를 수 없다는 것이다. 한결같이 도술이 들어오는 때를 가리켜 한 소식(영적교감)했다고 하는데 이는 신(神)이 들어온 것이지 법을 구한 것이 아니다. 이도 사실 업그레이드 시대 즈음에 밝혀질 사안이긴 하지만 도술을 깨달음으로 착각하여 술이 법의 탈을 쓰고 육생시대를 풍미해 왔다.

☾ 내가 만들어 나가는 시대

그렇게 전해 오는 말과 문자를 토대로 살아갈 수 있다면 이보다 좋을 수가 어디에 있겠느냐마는 있다고 한들 전체가 아닌 자신을 따르는 무리에 국한되었으니 이 또한 법의 탈을 쓴 술일 뿐이다. 나를 위한 육생량이 부분을 관장하고 너를 위한 정신량이 전체를 주관함에 따라, 너와 내가 하나 되어 살아가야 하는 이유가 이에 성립되는 바라, 부분의 육생량과 전체의 정신량이 부합될 사유가 적합하지 못하면 하나 되는 삶에 다다를 수 없다.

업그레이드 시대는 양의 기운(육생량)이 차오른 시대로서, 음의 기운(정신량)을 만들어 가미시켜 나가야 하는 시대다. 서양에서 육생량이 밀려들어오는 만큼 동양에서는 정신량을 부가시켜 나가야 한다는 소리로 그야말로 업그레이드 시대는 선천질량 육생시대의 종착점이자, 후천질량 인생시대의 시발점이라는 것이다. 특히 작용반작용의 법칙과 인생방정식이 점진적으로 드러날 터, 나 하기 나름에 따라 달리 나타나는 일상의 법도를 알게 된다면, 관행의 틀을 벗어나기 위한 육생의 법도와 하나 되어 나가기 위한 인생의 법도까지도 스스로 알게 되어 있다는 것이다.

인류역사상 진정한 과도기는 업그레이드 시대다. 나를 위해 살아온 육생과 너를 위해 살아가야 하는 인생의 분별이 뚜렷이 나타나는 시기로서, 이를 하나로 연결 짓는 가교 정신량을 반드시 마련해야 한다. 동서양의 문화가 하나로 연결되는 유무상통의 시대를 맞이하여 동북아에서의 대한민국은 대륙세력과 해양세력 사이에 위치한 작은 반도에 불과하지만 이는 보이는 1안의 육생량일 따름이고, 보이지 않는 2안의 정신량은 천지인(天地人) 세 개의 차원으로 나뉘어 운행되는 세상을 덮고도 남음이 있다. 그리하여 하늘의 법도를 깨우친 천도민족(天道民族)이자 만물과 하나 되는 법을 일깨우는 지도민족(地道民族)이며 사람답게 살아가는 법을 가르쳐야 할 인도민족(人道民族)이라는 것이다. 대륙세력과 해양세력을 연결 짓는 교두보로서의 반도는 하늘을 공경하는 천기(天氣)의 질량과 만물을 사랑하는 지기(地氣)의 질량과 세상을 널리 이롭게 하는 인기(人氣)의 질량을 머금은 천손민족은 삼도민족(三道民族)으로서, 어느 쪽으로도 치우쳐서는 아니 된다. 육생 너머 인생을 살아가야 하는 곳인 만큼 해 돋는 땅의 자원은 보이는 육생량에 담아 둔 것이 아니라 보이지 않는 정신량에 담아두었다.

말하자면 화합과 소통의 기운만이 자리한다는 소리인데, 지혜가 소통의 질량이고 보면 삼도민족이자 배달의 민족은 운용주체 민족이라 역시 우두머리 성향이 짙게 나타나고 있다. 팔도(八道)의 경계가 그어진 만큼이나 저마다 가슴 한편에는 나 아니면 안 된다는 아집과 무조건 나를 따르라는 독선으로 말미암아 혈연·지연·학연의 폐해가 심상치 않게 나타나고 있으니 말이다.

　남북(南北)으론 보이는 이념의 장벽이, 동서(東西)로는 보이지 않는 지역감정의 선이 그어진 것도 끼리끼리 놀아난 결과이고 보면, 작은 반도에 팔도의 독특한 사투리가 저마다 우위를 점하고 있는 만큼, 뭉치면 죽고 흩어지면 사는 민족의 모양새를 띠고 있다. 정녕 살고자 한다면 뭉치는 방도를 강구해야 할 텐데, 지역감정에다 이념논쟁이 여전한 걸 보아하니 전후(戰後) 육생물질문명은 일구었을지 몰라도 인생정신문화를 이루지 못하여 일제강점기보다 더한 치욕을 당할지도 모른다. 도와 덕으로 살아온 민족답게 내 앞의 인연과 하나 되어 나가는 도를 구해야 했으나 나를 위해 닦아왔던 결과가 사분오열이라 작금에 주어진 도의 과제는 사통팔달 하나 되어 나가는 데 있다. 보이는 이념의 선은 보이지 않는 지역감정의 선이 허물어질 때 자연해소 되는 법이므로 먼저 해야 할 일은 지역감정의 선을 허물 수 있는 대안부터 마련하는 일이다. 동서가 하나 될 때 남북도 하나 되는 법이다. 통일은 육생량만으로 가능하지 않다. 운용주체로 자리한 남쪽의 민주이념이 활동주체로 자리한 북쪽의 공산이념을 품어 안을 만한 정신량을 마련했을 때 가능하다는 것이다. 본래 배달의 민족은 천지인을 머금은 삼도민족으로서 정신문명 창달에 힘을 써야 했으나 어찌된 노릇인가. 육생량으로 되레 정신량을 붕괴시켜 사분오열 되고 말았으니 어림이야 있겠는

가. 가뜩이나 이기의 소산물이 육생량이지 않은가. 이쯤에서 일제 강점기와 동족상잔 6.25 이후 서양의 육생량이 동양으로 몰려오는 이유가 어디에 있을까를 생각해보자. 받아들였다고 해서 동서양이 화합이 된 것일까. 아마 이쯤 되면 해양세력 육생량이 열도를 거쳐 들어와야 했던 이유도 드러나지 않을까 싶은데, 이에 정신량을 부가시켜 나간다면 대륙세력과 하나 되어 나가는 일은 그다지 어렵지만은 않을 것 같다.

내가 만들어 나가는 인연맞이 시대는 아쉬워서 찾아온 활동주체의 육생량에 정신량을 부가시켜 쓰는 자가 주인이 되는 시대다. 이 나저나 부분의 육생량은 고픈 이요, 정신량은 전체로서 이로운 이라는 사실을 알아야 한다. 모른다면 동서화합을 통해 남북통일을 이루기까지는 많은 애로가 따른다. 각설하고, 도를 모르면 덕을 모른다고 할 것이고, 덕을 안다면 도를 아는 것일까. 육생량이 해결될 때 정신량을 거론하듯이, 이후 덕 된 행위에 대한 전반적인 사항을 안다면 도는 필요치 않을 수도 있다. 그러나 도는 운용주체요 덕은 활동주체인 까닭에 오아시스 없는 사막이요 울리지 않는 차임벨(chime bell)이다. 과연 정신량 없는 육생물질문명이 가능할까. 물론 육생물질문명 없는 정신량은 필요 없을 터이니 말이다. '덕이 되고 득이 되는' 선순환 행위를 도를 통하여 밝혀야 하기에 도가 없는 덕은 있을 수가 없다는 것이다. 한편 대다수가 자신의 내면을 갖추기 위해 도를 닦는다고 말하고 있다. 갖춘다는 것은 아쉬워서 찾아온 인연과 하나 되어 살아가기 위한 일로서 역시 도는 더불어 살아가야 하는 인간들이 소통의 자유를 위해 취하는 행위로서 사실 그 이외는 무엇도 아니다. 하나로 연결 짓는 소통은 아쉬워서 찾아온 이의 뜻을 받아주는 데에서부터 시작되므로 뜻을 받아주는 행위는 자신을 갖추지 않고는 가능하지 않다. 싸우고 충돌하고 부 닥치는 일도 이롭고 아쉬움을 주고받는 사이에서 벌어지는데 아쉬 움은 이로움을 향해 달리고 이로움은 하나 되기 위해 달리는 수단 으로서 운용주체의 특권이라고 할까. 부딪침은 정신량의 부재로 일어나므로 나를 위한 행위는 본능의 생각차원이 일으킨다면 너를 위한 행위는 마음분별에서 일으킨다는 사실도 알 수 있다.

이처럼 내공을 쌓는다는 것과 갖춘다는 의미는 본능 너머의 분 별을 뜻하는 바라 내 앞에서 벌어지는 일들을 바르게 처리하기 위 한 것에 있다. 행위가 본능에 머물면 나를 위해 한 일을 가지고 너 를 위해 한 일이었다고 할 것이며, 혹은 마지못해 한 일로 인해 낭 패를 크게 볼 수도 있어 사람처럼 살아가고자 한다면 본능 너머 분 별에 다가서야 한다. 화합을 위한 합의를 하고자 한다면 가볍게 지 식만을 앞세울 일이 아니라 그 너머 지혜까지 쓰려한다면 아무런 문제가 없을 것이라고 한다.

과연 화합을 위한 합의를 이룰 때만이 발전이 가능한 것인가. 받 아온 육생의 기본금이 잔존한다면 그 동안은 운용주체의 삶이 가 능하겠지만, 문제는 화합을 위한 합의의 질량이 육생량인 만큼 합 의를 이루지 못하면 그나마도 자연 소진된다는 것이다. 내 안에 생 각과 마음이 공존하여 육생량(재산) 증식도 누굴 위해 어떻게 쓰느 냐에 달리 나타난다는 부분에 유념해야 한다. 이처럼 나를 위한 본 능 생각과 너를 위한 분별 마음이 함께한다는 것은, 주어진 것은 있으나 정해진 것은 없다는 것을 뜻하는 바와 같아, 육생량을 토대 로 함께할 정신량을 창출해 나간다면 재산도 자연 증식되기 마련이다. 물론 받아온 육생량의 성취는 노력하면 누구나 가능하지만, 정신량은 육생량 성취 후에나 마련해야 할 부분으로 누구나 할 수 있는 일은 아니다. 망했다는 소리와 실패했다는 소리는 육생의 기본 자리에 올라선 후에 하는데, 너를 위해 살아가야 하는데도 불구하고 나를 위해 살아가다 받은 표적이라는 것이다. 이처럼 도는 나아갈 바를 밝히는 지표로서 기본의 자리에 오르기까지는 육생을 안내한다면 오른 후에는 인생의 향방을 제시하는데, 행위가 덕이 될 때 다하게 된다는 것이다. 기본의 자리에 오른 시기나 업그레이드 시대나 의미는 별반 다르지 않으며 도 또한 나를 위한 것에 있지 않고 너를 위한 것에 있어야 한다. 기실 업그레이드 시대부터 도를 찾겠다고 가부좌를 트는 세대도, 먹고살기 힘들다고 귀농하는 세대도, 건강을 운의하며 웰빙(well-being) 바람을 불러일으키는 세대도, 외진 곳에 펜션(pension)을 짓고 들어가는 세대도 아날로그 시대를 풍미해 온 베이비부머다. 왜 그래야만 하는 것일까. 기성세대의 핵심이 될 무렵에 최고의 전성시대를 맞이했기 때문일까. 정신량을 갈망한 육생량이 일으킨 한류열풍과 다문화가정, 그리고 반도 구석구석 축제열풍이 달아오를 즈음에 IMF 외환위기를 맞이하면서 귀농열풍까지 일기 시작하였다.

육생의 호황을 누린 세대답게 받아야 했던 고통의 표적도 만만치 않은데 이는 정신량을 마련하지 못하여 받아야했던 고통의 시작에 불과하였다. 작금엔 모두 50세를 훌쩍 뛰어넘었지만 삼팔선, 사오정, 오륙도와 같은 신조어를 만들면서 귀농의 뜻을 세운다는 이립 30세를 필두로 대부분 그 무엇에도 현혹되지 않는다는 불혹의 나이 40세에 시작하지만 하늘의 뜻을 안다는 지천명 50세에 시작하는 이들도 적지 않다. 무엇보다 이 세대의 이러한 작태가 도를 닦고자 벌이는 행태인데도 모르니까 귀농 후에 재차 찾아드는 고통의 의미를 알 리가 없다. 저 푸른 초원 위에 그림 같은 집을 짓고 사랑하는 임과 여생을 행복하게 살 수 있다면 좋으련만 상황은 전혀 다르게 전개된다는 사실이다.

왜 그럴까. 시대적 소임과 사명을 저버리고 살아가는 세대에게 주어지는 표적이 분명한데 이 장에서 다룰 문제가 아니니 이쯤하자. 도회지를 벗어나 도린곁을 스스로 찾아 들어간다는 의미를 어디에 두어야 할까. 인간은 태어나면 서울로 보내고 말은 제주도로 보내라는 말이 있다. 분명 육생살이 인간으로 태어났다는 것은 인생살이 사람으로 승화되어 사람들과 사람처럼 살아가기 위한 것인데 다시 나를 위한 인간으로 돌아가 살아간다는 것은 귀양살이 형국이 아닌가. 본인들이야 자유의지를 불사른다고 하겠지만 내막을 들여다보면 소통이 불통인 이들이 저지른다. 내 앞의 인연과 하나되어 살아갔다면 도회지의 삶이 여간 바쁘지 않을 터, 자신만의 왕국을 꿈꾸며 찾아든 도린곁에서의 생활은 외로움 그 자체로서 고집으로 일관해 왔던 도회지의 삶을 되짚어 보지 않으면 바뀔 것은 아무것도 없다. 물론 내 뜻대로 되지 않아 찾은 곳인 만큼 내 뜻대로 해볼 심산이라면 내 뜻대로 되지 않은 이유부터 밝혀야 한다. 귀농해서조차 고집으로 일관한다면 무지의 소치라고 해야 할까. 이는 욕심과 자신만의 왕국을 건설코자 하는 집착이라고 할 것인데 과연 욕심이란 주어진 육생량을 많이 가지려는 행위를 말하는 것일까, 아니면 내 앞에 너를 내 뜻대로 해보려는 것이 욕심일까. 무엇이 욕심을 부리는 행위인 것인가.

무소유에서 밝혔듯이 이기의 소산물이 육생량이기는 하지만 많이 가지려고 하는 것을 욕심이라 말하면 곤란하다. 인연 짖게 만드는 것이 육생량이므로 가진 것이 부족할수록 찾아오는 이 또한 적을 수밖에 없다. 무엇보다 아쉬워서 찾아온 인연을 자기 뜻대로 해보려는 행위가 욕심이 아니겠느냐는 것이다. 불통도 이 때문이고, 낭패도 이 때문에 보는 것이고 보면 역시 망하는 전주곡이 내 뜻대로 해보려는 음률에 있다는 것이다. 육생량을 바르게 쓴다면야 내 앞의 인연과 소통에는 별문제 없을 것이고, 그러고 보면 내 뜻대로 할 수 없었던 원인은 쓰임이 바르지 못한 것에 있었다는 것이다. 아울러 나를 위해 모으는 것이 욕심이 아니라 너를 위해 바르게 쓰지 못하는 것이 욕심이라는 것이다. 내 뜻대로 해보려 했던 인연과는 부딪칠 것이요, 바르게 쓰지 못한 육생량은 손실을 입을 터이니 위의 사항은 선순환의 행위를 하지 못할 때마다 받는 표적이다. 한편 육생량은 나를 위한 생각에서 비롯되고 정신량은 너를 위한 마음에서 기인하듯이 나를 위해 쓸 수 없는 마음에는 욕심이 없으며 언제나 내 뜻대로 해보려는 이기의 소산, 즉 생각이 욕심의 소산이라는 것이다. 나밖에 모른다면 너를 위한 마음은 한 뜸도 미동치 않는다. 마음 한번 써보지 못한 이들일수록 마음이 그런 것이라고 마음타령만 해대며 살아가고 있는데 이보다 큰 모순을 어디에서 찾아보겠는가. 거기에다가 마음에 들지 않아 기분이 나쁘다는 표현을 곧잘 한다. 사실 자신이 생각한 바와 같지 않아 기분 나쁜 것을 가지고 마음에 들지 않는다는 마음에다 핑계를 대고 있다. 과연 생각에 차지 않은 행위를 한 것이 육생량 때문일까. 아니면 내 뜻대로 부리지 못한 인연에서 기인한 것일까. 육생량이라고 한다면 원하는 만큼 구하지 못했다는 것으로 사실 육생량에 발이 달려 있어 스스로 걸어오는 것쯤으로 착각하고 있는 이들이 하는 행위다. 내 앞의 인연을 통해 들어오는 것이 육생량이므로 기분 나쁜 원인은 너를 내 뜻대로 부리지 못한 것에 있다. 관계가 원만했다면 육생량 수급에 문제를 삼지 않았을 터, 이쯤 된다면 마음에 들지 않는다고 기분 나빠할 일도 없을 것이다. 물론 자기 생각대로 되지 않아 기분이 나빠진 것이라, 기분 나빠하는 만큼 손해를 감수해야 하는데, 그렇다면 인간관계를 누가 계선해 나가야 하는 것일까.

☾ 분별과 본능

생각의 차원은 나(참나)의 것이므로 노력하면 얼마든지 바꿀 수 있다. 그러나 마음은 너를 향한 에너지원이라 바꾸고 싶어도 바꿀 수 있는 무엇이 아니다. 천지인 세 개의 차원으로 나뉘어 운행되는 만큼이나 인간의 구성요소도 천기(天氣)가 주관하는 '참나'와 지기(地氣)에서 생성시킨 에너지 '마음'과 인기(人氣)에서 빚어진 인간 '육신' 세 개의 차원으로 조물되었다. 그리고 참나를 가리키기를 주체이자 기운이며 진아(眞我)이자 영혼이라 하며 무엇보다 마음과는 불가분의 관계로서 떼래야 뗄 수 없는 사이라는 것이다. 한편 육신은 참나와 마음의 상호작용기관이라고도 할 수 있는데, 세 개의 차원이 하나로 움직일 때 비로소 절대분별의 삶을 살아가게 된다는 것이다. 그러나 동물은 지기(地氣)에서 생성시킨 자기 '주체'와 인기(人氣)에서 빚어낸 동물 '육신', 두 개의 차원으로 조물되었으며 두 개의 차원이 하나로 움직일 때 본능에 의지한 삶을 살아가게 된다. 즉, 분별차원과 본능차원은 천기(天氣)에서 주관하는 참나

(에고)가 있고 없음에 따라 달리 나타나는 부분으로서, 주체는 있으나 참나가 없으면 영혼은 존재하지 않아 에너지 차원의 마음도 생성되지 않았음을 의미하고 있다. 아울러 지기에서 생성시킨 주체(생명체)와 인기에서 빚어낸 육을 지탱하기 위하여 본능에 의지한 삶을 살아가는데, 물론 종족번식을 위한 것도 있지만 본능행위는 나를 위한 자기주체 이기의 생각차원에서 벌이는 행위다. 인간은, 천기에서 참나를 주관하자 지기에서 에너지 차원의 마음을 생성시켰으며, 때론 인기에서 빚어낸 육을 건사키 위해 본능행위도 서슴지 않는다. 참나가 천기에서 비롯되었다는 것은 하나 되어 살아가야 한다는 뜻으로 이를 위해 절대분별의 차원이자 지혜의 보고 마음이 생성되었다는 것이다. 물론 본능차원도 나를 위한 생각차원에서 벌이지만 사회를 이루어야 하는 만큼 너를 위한 마음차원은 본능을 넘어선 분별에 있다는 것이다.

한편 참나의 생각(지식)의 본능은 나를 위한 이기의 기관이라면, 마음(지혜)의 분별은 너를 위한 이타의 기관이다. 절대분별기관 마음이 생성되지 않은 동물의 일생은 종족번식을 위한 육 건사가 전부라 사랑도 종족번식을 위한 본능행위요 육 건사 또한 자기만족을 위한 본능행위가 전부다. 생각과 마음이 함께하는 인간에게는 위 사항은 나를 위한 1안의 육생 안(案)에 지나지 않아 거기에 머물면 동물의 삶과 다를 바 없다. 정신량이 부가된 2안으로서의 사랑은 행복하기 위함으로써 사랑을 한다고 하나 행복하지 않으면 다시 생각해보라는 것도 다름이 아니라 나를 위한 본능적 행위이었는가, 너를 위한 분별적 행위이었는가, 이에 따라 질적으로 삶의 차원이 달리 다가오기 때문이다.

고로 생각은 이기적 지식의 창고로서 형이하학이라고 한다면 마음은 이타적 지혜의 보고로서 형이상학이 아닐 수 없다. 그러니까 생각차원이 마련한 1안의 육생량은 종족번식의 수단으로 자리한다면, 마음차원이 창출한 2안의 정신량은 사람답게 살아가기 위한 방편이라고 할 것이다. 해서 두 개의 차원으로 조물된 동물이 죽으면 지기에서 육(肉)은 산화되고 본래 없는 것이라 그 무엇도 남지 않지만, 세 개의 차원으로 조물된 인간의 죽음은 다르다. 참나가 무형의 4차원(천기)으로 영혼(靈魂)으로 되돌아갈 때, 인육은 유형의 3차원(지기)에서 산화되고, 에너지 차원의 마음은 분해되어 본래의 자리로 돌아간다. 그리고 마음 없이 본능으로 육생을 살아가는 동물의 삶의 차원은 매우 단순하지만, 마음과 생각이 공존하는 인간은 때론 단순하고 때론 복잡하며 때론 미묘하다. 그리고 죽어서 마음의 에너지가 분해되어 버린 영혼은 어떠할까. 참나로서 분별차원이 소멸됨에 따라 본능에 의지하기 마련이라 매우 단순해졌다고 할까. 생전에 이승에서 집착이 강한 만큼 저승으로 돌아가기보다 구천(九泉)을 떠도는데, 이는 이승에서 맺힌 한(恨)을 풀어보기 위한 것에 있다. 증명할 수 없는 사항이라 많은 논란의 대상이 되기도 하겠지만 말이 나온 김에 하나 더 짚어 보자. 이승에서 깨우쳐 주기 전까지는 구천을 떠도는 한 맺힌 영혼은 죽을 때 모습 그대로 천년만년 지낼지도 모른다는 것이다.

단순해진 만큼 생전의 집착은 어마어마한 것이라, 이승의 한을 풀고자 구천에서 오가곤 하다가 자손에게 빙의되면 우환이 겹친다거나, 알 수 없는 병을 시름시름 앓다가 세상을 떠나는 경우가 허다하다. 이를 위해 고풀이도 하고 살풀이를 하는 것이라 보면 구천을 떠도는 영혼이 찾아온다는 것은 다하지 못한 한(恨)을 풀어보고자 함이요, 인간으로의 환생은 업(業) 소멸하기 위함에 있다. 상념체(想念體)라고 해야 하나. 하여튼 살아생전에 집착을 강하게 두었던 곳을 구신(구천을 떠도는 혼)이 되어 다시 찾아온다는 것인데, 귀신은 원한 귀(鬼)요, 구신은 집착 귀(鬼)라고도 하겠으니 그러고 보면 살아생전의 강한 집착이나 애정은 그다지 즐거운 일만은 아닐 듯싶다. 죽어서도 되돌아가지 못하고 구천이나 떠돌아야 하니 말이다. '매우 놀라 혼이 나서 넋을 잃었다'는 뜻의 혼비백산(魂飛魄散)이라는 말이 있다. 혼백(魂魄)이 사방으로 흩어졌다는 뜻으로, 의미를 살펴보면 영혼(靈魂)은 하늘(천기)로 올라가고, 육(肉)에 깃든 영백(靈魄)은 땅(지기)으로 돌아간다는 것이다. 얼핏 듣기엔 그럴싸하게 들릴지 몰라도, 문제는 영백은 뼈골에 깃들었다고 하는데 영혼은 어디에 깃들여있는지를 명확히 표명하지 않은 데 있다. 물론 육신에 영혼이 깃든 것이라고 하겠지만, 개체이자 주체인 참나는 분명 하나인데, 왜 하나인 영혼을 혼과 백 둘로 나뉘어 표현했느냐는 것이다. 또한 혼비백산은 죽음을 뜻하는 말로서 혼(魂)도 넋이요 백(魄)도 넋인데, 혼백(魂魄)이 비산(飛散)해야 하는 이유가 어디에 있느냐는 것이다.

육신에 깃든 넋 혼(魂)은 날 비(飛) 하늘로 올라가고, 뼈에 깃든 넋 백(魄)은 흩어질 산(散) 땅으로 돌아간다는 뜻으로서 육신에서 분리된 혼은 저승으로 돌아가고 육신과 백은 이승에서 산화한다는 것이다. 왜 그런 것일까. 살아생전의 혼백은 기실 하나의 참나였지만, 육신에서 분리되면서 70%의 혼은 천기가 주관하여 저승으로 돌아가지만, 30%의 백은 인기(이승)에서 생성되어 돌아갈 수 없는 집착기운, 즉 상념체이므로 죽으면 지기에서 산화토록 되어 있었다는 것이다.

　물론 신령스럽다는 영(靈)과 넋의 혼(魂)이 하나 되어 불리는 영혼(靈魂)의 뜻도, 천기를 대변하는 영(靈)이 지기의 혼(魂)을 관장한다는 뜻으로 봐야 한다. 궤변을 늘어놓은 김에 하나 더 해볼까. 지기에서 마음이 생성되지 않아 인기에서 생성시킨 육신만 가지고 태어난 이들이 있다. 과연 천기의 참나가 육신에 안착이 된 것일까. 갓 태어난 아기의 육신에 참나가 안착되고 난 후에 에너지로서의 마음이 자리하는데, 마음이 안착이 되지 않았다면 참나도 안착되지 않은 것이라 인간이라고 말하기 어렵다. 참나, 마음, 육신은 인간구성원의 3대 요소로서, 하나만 빠져도 인간이기보다 동물에 가깝기 때문이다. 간혹 참나가 안착되지 않은 이들도 있다. 물론 마음도 안착될 리가 없기에 형상만 인간일 뿐이지 동물이나 마찬가지다. 별의별일이 벌어지는 세상이다 보니 참나가 안착되고 마음이 안착되지 않은 이들이 없다고 할 수도 없고, 만약 있다고 한다면 분별이 어리석어 본능에 의지할 터이니 인간구실이나 할까. 또 참나가 안착되지 않고 마음만 안착된 경우도 없겠지만, 있다고 한다면 자기주체 참나가 없는 관계로 이도 인간이라 할 수 없다. 두 가지 예는 있을 수도 없는 일을 가상해 본 것이며 참나가 자리하지 않은 이들을 가리켜 정신병자라고 하는데, 정신병자와는 관계가 멀다. 아마 자폐증에 가까울 듯싶으며, 수명은 길어야 50년 안팎이다. 왜 그런 것일까. 부모자식지간은 천륜지간으로서 떼래야 뗄 수 없는 사이다. 그리고 자식이 원하여 이승으로 온 것일까. 그럴 리가 없다. 부모가 원한 바에 따른 것이므로 표적을 받았다고 해야 할 것이다. 분명 소임을 저버리고 살아가는 부모에게 주어지는 일인데, 아픔의 강도는 아버지보다 어머니에게 더 크게 미친다. 부부지간은 지륜지간으로서 좋아서 만나 상호 합의 하에 살아가고 있지 않는가. 자식도 부부 합의 하에 낳는 것이므로, 천륜지간 자식은 지륜지간 부모 하기 나름이라 철천지원수지간이라고 한다. 남편도 아내하기 나름이라 곧잘 사이가 원수가 되기도 하지만 자식이나 남편이나 아내 하기에 달려있어서 그렇다.

그리고 참나, 마음, 육신 세 개의 차원이 하나의 차원으로 움직여 절대분별의 삶을 살아가야 하는 인간에게만 걸리는 병이 있는데 그것이 바로 정신병이다. 물론 자폐아도 걸리지 않으며, 심한 우울증이면 모를까 동물도 걸리지 않는다. 그렇다면 뇌의 기질적 질환이 원인이라는 정신병(精神病)과 정신지체(精神遲滯)와는 어떠한 차이가 있는 것일까.

정신병은 후천성 질환으로 얼마든지 치료가 가능하지만, 정신지체는 선천성 질환이므로 치료보다는 관심과 보호 속에 살아가야 하는 이들이라고 해야 할 것 같다. 물론 정신병하고 정신이 나간 것 하고 차원이 다르듯이 말이다. 위 사항은 둘 다 후천성 질환이라 할 수도 있겠지만, 앞서 밝힌 바처럼 정신은 뇌 질환에 의한 것이라면, 정신이 나갔다는 것은 육신에서 참나의 주체, 즉 정(正)의 기운이 빠져나왔다는 것을 의미하므로 일종의 유체이탈이라고 할까. 이쯤 되면 동물의 상태이거나 아니면 뇌사 상태이거나 둘 중의 하나로 간혹 정의 기운이 나갔다가 들어오는 경우도 있으나 특수한 삶을 살아가는 이들이고, 현대의학으로는 어찌하지 못해 그저 기적이나 바라야 한다는 것이다.

그리고 마음은 이타의 분별이자 지혜의 보고로서 수행, 수련, 수도를 통해 비우거나 채울 수 있는 그 무엇이 아니다. 정작 비우거나 바꾸어야 할 대상은 본능에서 기인된 이기의 생각뿐이다. 나를 위한 육생의 지식에 묻힐수록 너를 위한 인생의 지혜를 열어가지 못하므로, 수행 중에 책이나 매스컴 등을 접하지 못하게 하는 이유도 이 때문인데 수행을 통해 얻은 깨달음은 진정으로 자기 자신이 누구인지를 아는 일에 있다. 이에 미치지는 못하더라도 육생지식의 틀, 나밖에 모르는 생각의 틀을 깬다면 이 또한 대단한 일이 아닐 수 없으니 이쯤 되도 지식 너머 지혜를 쓸 줄 아는 자다.

그리하여 도는 덕이 되는 바가 무엇인지 밝혀내는 과정인 만큼 덕은 하나 되고자 하는 사랑의 에너지원이어야 한다. 상호상생 사랑은 주고받는 것이라 '덕이 되고 득이 되는' 이로움의 자원이 무엇인지 정도는 알고 있어야 하지 않느냐는 것이다. 범인이라 모두를 사랑하며 살아가지는 못하겠지만 최소 내 앞의 인연과는 사랑하며 살아가야 하지 않겠느냐는 것이다. 이기의 육생량을 추구하던 시대까지만 하더라도 춥고 배고픈 이들에게 옷과 한 끼의 밥만으로도 어느 정도까지는 도왔다고 할 수도 있겠으나 정신량을 추구하는 시대에서는 절대로 그렇지 않다. 정신량을 배제하고 육생량에 육생량을 부가시키는 만큼 양양상충으로 바람 잘 날이 없을 것이고 또 정신량을 육성시켜 나가야 하는 때라 업그레이드 시대를 가리켜 666(肉肉肉) 시대가 도래했다거나 개벽(開闢)이 도래했다고도 말한다. 666을 악마의 표, 사탄의 표, 짐승의 표라고 하는데, 이는 사실 육생량의 격을 높여나가야 하는 시대인 만큼 이에 걸맞은 정신량을 육성시켜나가지 않으면 동물처럼 살아가게 된다는 인간사랑에 대한 역설적 표현법이다. 업그레이드 시대 즈음하여 666

과 개벽과 육생의 말법(末法) 시대 혹은 말(言)이 곧 법(法)이 되는 인생의 말법(言法) 시대가 세인의 관심을 끊고 있는 이유가 어디에 있을까. 30년 전까지만 하더라도 10년이 흘러야 강산이 변하였는데 업그레이드 시대를 맞이하면서 3년 만에 변하는가 싶더니 알파고가 대세인 작금엔 석 달 열흘이면 변한다. 아마도 조만간에 삼칠일 만에 변할 듯싶은데, 진정한 의미의 말법 시대는 두 가지 예로 나누어 볼 수 있다. 첫 번째가 육생량을 추구하던 시대의 모든 법이 막을 내렸다는 것이고 두 번째는 말 그대로 입에서 내뱉은 말이 곧 법이 되는 시대로서 응당 그에 대한 책임까지 져야 하는 시대라는 것이다. 즉, 육생량에 육생량을 부가시킬 때 그에 걸맞은 정신량까지도 육성시킨다면 사람 사는 세상이 될 터이니 치우쳤다거나, 탁해졌다거나, 움츠려든다거나, 감추려드는 일련의 사항은 내 앞에 인연을 통해 드러나게 되어 있다는 것이다.

예컨대 정신량은 하나 되어 나가는 소통의 수단이라 육생량을 통하여 만남이 이루어지고 이로운 행위는 대화로 주고받는다. 즉, 입은 육의 양식을 받아들여 육을 건사시키는 곳이라면 귀는 소통의 양식을 받아들여 정신량을 키워나가는 곳이기 때문이라고 할까. 이를 바탕으로 내 앞의 인연과 하나 되어 나가야 하는데 육 건사 육생량에 이로움의 말 한마디를 첨가한다면 '덕이 되고 득이 되는' 상호상생을 촉발함으로서 말이 곧 법이 된다는 것이다. 그리하여 말법 시대는 '하늘은 스스로 돕는 자를 돕는 시대'로서 세 치 혀에는 이로움과 해로움이 함께 묻어나옴으로써 예나 지금이나 말 한마디가 천 냥 빚을 갚기도 하였다. 또한 1안으로 병든 육신을 명약과 독약을 적절히 가미하여 완쾌시키는 명의(名醫)가 있는가 하면 2안으로 병든 삶을 쾌유시키는 영의(靈醫)도 있다. 몸이 병든 것이나 정신이 병든 것이나 잘못 살아온 결과이겠지만 작용반작용의 법칙으로 받은 표적인 만큼 재기도 내 앞의 인연을 통해 시작해야 하는 법인데 지난날의 과오를 모른다면 가당치도 않은 일이다. 이를 깨우쳐주는 이가 진정한 영의로서 내 말이 네게 덕(德)이 되었다면 내게 득(得)이 되어 돌아오고 실(失)이 되었다면 있는 그대로 해(害)가 되어 돌아온다. 인연맞이 시대이자 말법 시대인 업그레이드 시대는 하나 되어 나가야 하는 인생 시대로서 양의 기운에 음의 기운을 부가시킬 때 합의를 통해 화합을 이루었다고 하던가, 사랑을 통해 행복을 영위하는 일이라고 말한다. 해가 된다면 은연중에 입으로 독기를 발산하기 마련이고 그 독을 맞은 인연도 독기를 쏘아대면 어떤 일이 벌어질까. 칼로 베인 상처는 시간이 지나면 치유되지만 세 치 혀로 베인 상처는 여간해서는 아물지 않는다. 물론, 해를 끼쳐 받아먹은 독기겠지만 이때 따스한 말 한마디를 건넨다면 어떻게 될까.

2. 덕(德), 그 행위를 묻는다

덕(德) 그 행위를 물어올 때마다, 사랑 그 행위가 무엇인지 되묻곤 한다. 화합을 위한 합의를 이루기 위해 사랑하며 살아가는 것이라 그 행위에 덕의 향기가 묻어나지 않으면 어찌 될까. 이로움의 자원이 없다면 설렘조차 주고받지도 못한다고 할 것이며 받아온 기본금 육생량이 웬만큼 있다면 모를까. 이도 사실 쓸 줄 모르면 고갈될 터이고 사랑하고자 한다면 설렘이 있어야 하는데, 문제는 주고받는 설렘의 자원이 있어도 쓸 줄 모른다는 것이다. 지륜의 부부지간에서 태어난 천륜의 자식지간과 불가분의 관계이듯, 사랑과 행복도 불가분의 관계이고 합의와 화합도 불가분의 관계이며 생각과 마음도 불가분의 관계이다. 너와 내가 득 보자고 만났고 상호 이로움이 고갈되지 않으면 인륜지간이라도 불가분의 관계라고 할 것이다. 언제나 그렇듯 이기적인 생각으로 육생량을 개척하듯이, 나를 위한 이로움은 언젠가 너의 아쉬움을 만나게 되어 있다는 것이다. 행복은 사랑을 통해 영위하듯 생각과 마음을 하나로 잇는 정신량을 품고 있다면 지식과 지혜는 불가분의 관계가 될 터이고 이쯤 된다면 이기와 이타도 불가분의 관계가 될 것이 아닐까. 이는 육생량을 통해 너와 내가 만났다면 정신량을 통해 하나 되어 나가야 한다는 소리인데, 정신량이 소원할수록 육생량을 앞에 두고 싸우고, 충돌하고, 부닥치는 일이 빈번하고 그러다가 실패에까지 이른다. 물론 나눔을 실천해야 하겠지만, 상호상생의 선순환 법이 자리함에 따라, 덕이 되고 득이 되는 상황이 연출되지 않는다면 일방적인 행위라 나눔이라 할 수 없다. 적어도 도와주고 뺨 맞는 일은 없어야 하는데 끊임없이 일어나고 있다는 것은, 행위가 아마도 태반이 마지못해 하거나 너를 위한다고 하나 나를 위한 행위였기 때문이 아닐까 싶다. 물론 처음엔 너를 위한 행위였겠지만, 육생을 위해 살아가는 인간은 이기적일 수밖에 없는데다가 본래 육생량은 이기의 산물이 아닌가. 아쉬우니 찾아가고, 아쉬우니 기다리며, 아쉬우니 만나려 하듯, 이로우니 찾아가고, 이로우니 기다리며, 이로우니 만나려는 것처럼 결코 도와주기 위해 찾아오는 인연은 없다는 것이다. 만약 있다고 한다면 득 볼 심산일 것 같다.

그러고 보면 사랑만큼이나 이기적인 행위가 또 어디에 있을까. 이로울 성 싶을 때서나 만남을 기약하듯이, 이로울 성 싶으니 너와의 사랑을 언약하는 것이 아닌가. 보이는 육생량이든 보이지 않는 정신량이든 이로움의 자원을 많이 가지고 있는 자가 맞이하는 운용주체요, 설렘의 활동주체는 아쉬우니 이로울 법한 곳을 찾아다닌다. 그리하여 덕행은 찾아다니는 데 있지 않고 맞이하는 데 있다고 말하였다. 그러고 보면 많이 가진 자도 설렘의 이기요 적게 가진 자도 설렘의 이기로서, 과연 이기와 이기가 만나 하나 되어 살아가는 일이 가능한 것인가. 아쉬워서 찾아간 자는 아쉬운 만큼 이로운 자의 말을 따라야 할 것이고, 이로움도 아쉬움이라 언제나 하나로 이끌어야 하는 몫은 맞이하는 자에게 있다는 것이다. 그리하여 상호상생은 맞이하는 자에게서부터 비롯된다고 하겠으니 소통과 상생의 대안은 맞이하는 운용주체의 몫이다. 그런데 불만의 표출은 누가 먼저 하게 되는 것일까. 설레어 맞이하는 운용주체일까. 설레어 찾아가는 활동주체일까. 이롭지 않았다는 행위에 대한 표출이 불만이고, 생각만큼 차지 않을 때 늘어놓는 것이 불평인데, 사실 아쉬운 자의 불만과 이로운 자의 불평이 높아지면 높아질수록 이로움의 자원이 고갈된다는 사실이다. 찾아간 자와 받아들인 자 사이에서 일어나는 상극상충은 불통의 표본으로서 누구의 잘못이 큰 것인가에 대한 물음이다. 사랑은 행복을 위한 것에 있듯이, 합의 또한 화합을 위한 것이므로 너와 나도 득 될 성 싶어 만났다. 합의의 과정이 사랑행위라면 화합은 행복의 차원으로서 사랑이 깨졌다는 것은 이로움과 설렘이 희석되었음이라, 알고 보면 사랑만큼 잔인한 행위도 없다. 물론 행복을 영위한다면 모를까. 태반이 되는 대로 살아가는 듯싶고 이쯤 되면 행복의 조건을 자기만족에 두고 있는 것이 아닐까. 만족은 나를 위한 이기적인 부분이라 육생량만으로도 충분히 느낄 수 있지만, 행복은 너를 위한 이타적인 행위이므로 육생량만으로는 어림도 없다.

더욱이 육생량으로 느끼는 만족은 나를 위한 행위인지라 정신량이 가미되지 않으면 조만간에 싫증을 느끼게 된다. 분명 득 보자고 만난 관계지만 설레는 사랑행위 그 욕심에는 행복의 길이 놓여있기에 육생량이 일으킨 싫증과 득 될 성 싶지 않은 인연에게 느끼는 싫증의 차원은 엄연히 다르다. 물론 사랑은 이기와 이기, 설렘과 설렘, 혹은 욕심과 욕심, 극과 극의 만남이라 득 될 성 싶지 않을 때마다 소원해지는 경향이 나타나기 마련이다. 내 앞의 인연은 나 하기 나름이라 얼마든지 변화를 부를 수 있다. 그렇다면 자기만족을 일으키는 육생량만으로 스스로의 변화를 부를 수 있다는 소리 인가. 이기의 소산물 육생량은 나를 위한 것인지라 얼마든지 뜻대로 해 볼 수 있지만 내 앞의 인연은 개인주체의 삶을 살아가는 인격체이므로 뜻대로 부릴 수 있는 그 무엇이 아니다. 나를 위해 사랑을 하다보면 행복은 너를 통해 느끼게 되는 것이므로, 사랑을 한다고 하나 행복하지 못하면 그만한 문제가 발생했다는 소리다. 왜 그런 것일까. 네 욕심과 내 욕심이 만나 사랑하는 것이므로 욕심에 채워질 이로움의 질량이 부족하다면 행복은 없다 하겠으니 주고받을 이로움의 자원을 소유하는 일이 저마다 해야 할 일이라는 것이다. 그리고 육생량이 많다 한들 쓸 줄 모르면 매사가 꼬일 수밖에 없다. 꼬인다는 것은 내 앞에서 벌어지는 일을 바르게 처리하지 못했다는 방증으로 대가는 온갖 풍상을 겪어야 한다는 것인데 이를 모면코자 치성을 드리거나 굿을 하기도 한다. 만약 기복으로 근본까지 해결될 문제라면 일어나지도 않았을 것이고, 행복을 빌고 닦는 행위로 영위할 수 있다면 희로애락의 표적으로 울고 웃지 않을 것이다. 인간으로 태어난 것은 사람으로 승화되어 사람처럼 살아가기 위해서가 아니던가. 그렇다면 인간에게 과연 승화(昇華)는 어떤 의미를 내포하고 있는 것일까. 신앙마다 경중은 달라도 고행을 통해서만이 가능한 것이라고 힘주어 말하지만, 육체적인 고행은 육체적 고행일 뿐이다. 자기만족을 위한 짓거리라 나아질 것은 아무엇도 없다는 것이다.

업그레이드라는 단어가 만들어지기 훨씬 이전에도 나름의 정신량을 추구해 왔었지만, 육생량을 우선해야 했던 만큼 정신량은 육생의 안(案)으로 치우칠 수밖에 없다. 진정한 정신량 창출은 1안의 육생의 인프라가 구축된 다음에서나 가능한 일이지 않나 싶은데, 닦고 비는 행위 모두 자기만족을 위한 것에 있다는 것이다. 그래서 그런 것인가. 행복의 1순위는 변함없이 건강이고 다음으로 돈, 권력, 명예를 꼽고 있으니 여전히 채울 수 없는 육생만족 위한 사랑타령만 해대며 살아가고 있다. 물론 상호지간에 얼마나 절실하고 절박했느냐에 따라 농도가 달리 나타나겠지만 이는 매우 특별한 경우이고 행복하지 못하면 사랑행위 자체가 막힌 것이므로 너를 사랑한 적이 없다는 것이 된다. 수행, 수련, 수도, 고행 등도 마찬가지로 근본은 사랑하며 살아가기 위한 것이라고 하겠으니 행위가 자신을 위한 것에 있다면 영원한 안식은 물론 스스로를 그렇게 죽이고 있다는 사실조차 모르고 죽어가야 할 것이다. 물론 자기욕심으로 인해 소원하는 바를 이루는 것이겠지만, 육생의 기본 자리에 오르는 것이나 수행 중에 근기에 맞는 신(神)이 들어오는 경우나 다를 바 없다. 게다가 이를 가지고 평온한 안식을 찾았다고 떠벌이는데 아상(我相)에 사로잡힐수록 방목형 독방 도린결이라는 사실을 알 리 없듯 평온이야 홀로 있는 덕택에 느끼는 것일 뿐 이로움의 자원이 없다면 인연맞이를 하자마자 평온은 이내 깨져버리고 만다. 되레 심기가 불편할 것이라는 소리인데 이는 뜻대로 되지 않을 때 일어나는 심경변화로서 자칫하다간 찾아온 인연과 부딪칠지도 모른다. 그렇다고 수행·수련·수도의 개념이 허구라는 소리가 아니다. 스스로 자초한 고행의 길은 허구가 될 수도 있겠지만, 업그레이드 시대에서는 닦는다기보다 찾거나 창출한다는 개념을 가지고 들어가야 한다는 것이다. 닦아서 구하는 것은 술(術)이요 창출하는 것은 법(法)이라, 행의 현장에서 운용주체의 처세술은 법을 아울러 구사할 줄 알아야 한다는 것이다.

그러고 보면 술은 받아온 선천의 육생량이라고도 할 수 있고, 법은 그 너머에 자리하고 있는 후천의 인생량이라고 할 수 있다. 육이 성숙치 못한 어린 시절은 뇌의 숙성기로서, 생각의 차원도 숙성 중이라 여문 마음까지도 쓸 수 있는 상태가 아니다. 나를 위해 살아야 한다는 것은 이기의 본능차원을 일깨우기 위함이요, 너를 위해 살아야 한다는 것은 이타의 분별차원을 무르익게 하기 위함이라, 육신(성)과 생각(지식)과 마음(지혜)이 무르익는 성년이 되기까지의 인성교육은 천륜지간 부모의 몫이다. 뿐만 아니라 생각본능에 의지해야 하는 어린 시절은 나를 위한 육생시절로서 착하고 선한 행위부터 가르쳐야 하겠지만, 마음분별로 바로서기 시작하는 성인 시절은 모두 함께 살아가야 하는 인생시절이라 덕이 되고 득이 되는 상호상생 차원부터 일깨워야 한다. 이처럼 어린 육생시절과 성인 인생시절을 연결 짓는 가교가 정신량으로, 이를 얼마나 바르게 세웠느냐에 따라 삶의 질량이 확연히 나타난다. 사자 짓거리만 골라서 해대는 자식, 그 행위를 쳐다보고 가슴 아파하는 부모, 누구를 위해 벌어지는 일일까. 누구나가 패륜아가 되어 버린 자식의 잘못이 크다고 하겠지만 애당초 잘못 키워 사자 짓을 해대는 것이므로 부모의 잘못이 크다. 만약 그러한 자식을 나무라기라도 한다면 오히려 불똥은 배가되어 부모에게 튈 터이니, 더 큰 화를 자초한다는 사실을 알아야 한다. 왜냐고 묻는다면, 본능에 의지해 살아가는 어린 시절에 부모까지도 육생의 본능에 놀아난 결과가 나타나는 것이다. 정신량이 부재하다면 누구도 예외일 수는 없으며 이쯤 되면 부덕한 부모의 탓으로 돌리겠지만 사실 덕이 부족하다는 뜻의 부덕(不德)이라는 단어는 모순의 극치다. 어질다는 덕(德)은 이로움을 행하는 바이고, 얻다의 득(得)은 돌려받음을 뜻하는 것인데 덕과 득을 거저 받아오는 육생량 정도로 생각하는 모양이다. 부덕의 소치란, 말 그대로 덕으로 행하는 바가 없으니 득이 됨이 없어 손해가 크다는 소리와도 같다.

그렇다면 덕이 되고 득이 되는 선순환 법은 너에게 이로움을 준 만큼 내게도 이로워야 한다는 것인데 천지인, 육해공, 상중하 세 개의 차원으로 나누어 운행되는 세상은 나 하기 나름에 달려있다는 것이다. 따라서 천륜지간 부모가 자식에게 덕 된 바가 없다면 득이 될 리도 없지 않은가. 인류지간의 인연은 무덕(無德)한 만큼 무익(無益)하겠지만 천륜의 자식만큼은 무덕(無德)하면 독(毒)이 되어 돌아온다는 사실이다. 해서 부덕이라는 말보다는 무덕이라는 말이 더 어울리지 않을까 싶다. 하여튼 다하지 못한 대가라 자식을 나무라기보다 무덕했던 부모의 행실부터 되돌아봐야 한다. 분명 나 하기 나름에 달리 나타나는 인생방정식에 의해 상극상충의 근본을 알 수 있을 터이니 말이다.

기성세대가 된 후에 정신량을 채우려 든다면 혹자는 뼈아픈 자아성찰을 통해서만이 이룰 수 있는 일이라고도 하는데 이는 방편이고 과정일 뿐이다. 번뇌와 망상이 서린 곳이라도 이를 알고 잡아줄 스승만 있으면 되는데, 그곳이 바로 우리가 함께하는 행의 현장

(사회)이다. 마음(분별)은 찾아다니며 아무렇게나 쓸 수 있는 것이 아니라 아쉬워서 찾아오는 이들에게 쓰이도록 되어 있다. 생각(지식)을 찾아가서 쓰는 것이므로, 번뇌와 망상은 내 앞에 있는 너로 인해 일렁인다. 심기(心氣)는 나를 우선 할 때마다 불편해진다는 사실을 깨달았다면 하나 되어 살아가는 일이 그다지 어렵지만은 않다. 그러나 육생량에 정신량을 더해가는 차원이 인생량이라 덕 된 삶이 육생행위에 국한되어 있다면 뺨을 맞아야 한다는 사실도 알아야 한다. 동물이라면 이보다 은혜로운 일이 또 어디에 있겠느냐마는 사람으로 승화되어 살아가야 하는 인간은 절대 그렇지 않다는 것이다. 생각적 본능에 의지하여 육생을 살아가는 동물하고, 마음적 분별을 통해 인생을 살아가야 하는 인간하고 차원이 같을 수는 없다. 물론 동물의 세계도 그들만의 사랑 법이 있겠지만 종족번식을 위한 육생행위가 전부라 사랑행위도 지극히 단순하다. 번식을 위한 육생 우송 행위는 태반이 쾌락보다는 본능으로 치러야 하는 연례행사이기도 하겠지만, 더군다나 마음이 없는 관계로 사랑의 농도도 매우 엷은 편이다.

물론 종족지간이나 어미새끼지간에서는 진한 사랑의 행태를 보이기도 한다. 허나 주체적 기운 참나를 통해 에너지 차원의 마음이 생성되지 않은 관계로, 생각과 본능이 복합되어 일으키는 행위라고 할까. 때론, 암수 한 쌍이 죽을 때나 돼서야 떨어진다는 종도 있으나 마찬가지로 생각이 일으킨 집착과 본능이 강하게 일으킨 행위다. 그 이유를 어디에서 찾아볼 수 있느냐면 육생량으로 어미가 새끼를 키우는 데까지가 전부이다 보니 효(孝)의 개념이 없다는 것이다. 종마다 다소 차이는 보이지만 지능적(생각)인 사랑행위를 종종 벌이기도 하는데 이도 역시 종의 번식 수준을 크게 벗어나지 못하여 행복을 추구한다기보다 육생을 만족하는 데 있다고 할까. 인간에게 생각차원이 지식을 불러 모으는 지능의 발전소라면 동물에게는 육생을 위해 쓰이는 원동력이라 내가 우선인 행위가 전부이지 않나 싶다. 그리고 종의 번식을 위한 본능과 육생의 집착이 혼화되어 육생량만으로 충분히 길들이지만, 화합을 위한 합의를 이루어 나가야 하는 인간에게는 분별의 정신량을 투여치 않고서는 어림없다. 자연의 적자생존 힘의 논리는 육생의 질서유지를 위한 1차적 상부상조의 조건이라고 한다면, 생각(지식)과 마음(지혜)을 통해 개인주체의 삶을 살아가는 인간은 도로써 덕을 가미시킬 때 2차적 상부상조 조건을 이루었다고 하겠다.

☕ 지식의 육생량, 지혜의 정신량

그러고 보면 분별의 차원을 생성치 않은 동물의 세계에서는 생각적 본능 이외에 때로는 집착에 의지하므로, 적자생존과 약육강식은 지극히 당연한 상호상생 행위다. 물론 윈-윈이겠지만 서로 돕는다는 상부상조와는 거리가 있고, 생각과 마음을 부합시켜 합의를 이루어 살아가야 하는 인간에게는 심각한 쏠림을 유발할 터이니, 분명 상호상생을 가로막는 가장 큰 장애요인이다. 그렇다면 왜 동물의 세계 육생법도 힘의 논리가 자연의 이치로 자리한 것인가. 나를 위한 본능과 너를 위한 분별이 공존하는 인간의 관점에서야 적자생존이 될 수도 있고 약육강식이 될 수도 있겠지만, 절대적으로 본능에 의지해야 하는 동물에게 있어서는 생존의 수단 그 자체이기 때문이라 할 것이다. 또한 참나(영혼)가 있고 없음에 따라 생존방식이 달리 주어지는 것이겠지만, 동물에게 적자생존 약육강식 힘의 논리는 합의사항으로 종족번식을 위한 것에 있다면, 인간에게 있어서의 합의사항은 사랑으로 화합과 행복을 영위하기 위한 것에 있다. 즉, 육생 너머의 인생이란 인간 너머 사람을 뜻하는 바라, 사람답게 살아가기를 갈망하는 인간만이 정신량을 창출할 수 있다는 것이다. 그리하여 자연의 이치는 인간 삶의 순리로서 사람으로 승화를 위해 그려놓은 방편이라 할 수 있다. 만약 동물들에게 생각과 마음이 공존한다면 삶의 질을 높이고자 되레 인간을 잡아다가 길들이려 했을지도 모른다. 그러다가 힘으로 밀리면 애완인간이 될 것이 아닌가. 일이 이쯤 된다면 인간과 동물 간의 피비린내 나는 전쟁은 피할 수 없다. 다행스럽게도 동물과의 전쟁을 벌이지 않아도 되는 것은 육생본능에 의지하고 살아가는 덕분이다. 게다가 육생살이이므로 굶주림을 면코자 살기 위한 본능으로 사람을 해치는 것뿐이고, 그 너머 인생을 살아가야 하는 인간은 살기 위해 가축을 키우고 반려동물이라는 미명하에 길들이는데, 이 모든 행위는 자기만족을 위한 것이다. 해서 육생살이는 육생량만으로 얼마든지 부릴 수 있지만 인생살이는 육생량만으로는 어림없다고 말해 왔다.

특히 분별의 차원 마음이 생성되지 않은 관계로 본능의 차원 생각에 의지해야 하는 동물의 삶은 지극히 단순하다. 그러나 본능과 분별이 공존하는 인간은 때론 단순해지기도 하다가 매우 복잡 미묘해지기도 하는데, 이는 반사이익에 따른 지극히 당연한 분별행위다. 또한 힘의 본능은 지혜의 분별 앞에서 길들여지지만 지혜의 분별은 힘의 본능 앞에서 꿈적도 하지 않는다. 간혹 지혜를 저버린 분별이 힘의 본능(지식) 앞에 무릎을 꿇기도 하는데 상호상생을 이루지 못할 때 받는 표적임에 지혜를 되살린다면 아무런 문제도 되지 않는다. 이는 나름의 분별을 앞세우고 살아가는 인간생활의 단면이랄 수도 있겠지만, 사실 너를 위한 분별이었다기보다는 나를 위한 본능에 의지하다가 벌어지곤 하는 일이다. 나 하기 나름인지라, 정신량이 머금었다면 별문제가 되겠느냐만 인간의 가슴속에는 너와 내가 함께하기에 내 뜻대로 해보려다가 많은 문제를 일으킨다. 육생은 본능이요 인생은 분별이라, 인간도 육생만을 위해 살아간다면 얼마든지 뜻대로 부릴 수도 있겠지만 함께하는 인생을 살아가야 하기에 삶의 분별을 세우는 날이 사달이 나는 날이다.

물론 개인주체의 삶을 사는 만큼 살아있는 생명체는 함께해야 하는 대상이지 제멋대로 부릴 수 있는 대상이 아니다. 동물이든 인간이든 분명 존중하지 못하면 나를 인정하지 않을 터이니, 함께하고자 한다면 너의 뜻을 수용할 수 있는 품을 키워야 한다. 동물처럼 육생이 전부라면 육생량만으로도 원하는 바를 채우겠지만, 인간에서 사람이 되어 인생을 살아야 하기에 정신량을 부합치 못하면 으르렁거리며 따로따로 노는 형국을 빚는다. 나의 길이 있듯이 너의 길이 있을 텐데 그 길을 밝혀주지는 못할망정 막기라도 한다면 어떻게 될까. 하나 되어 살아가는 일에 있어서는 육생량만으로는 어떻게 하지 못한다. 개체이나 주체의 삶은 하나 되지 못할 때마다 부딪침의 표적을 일으키는데 힘의 논리가 산재한 육생량으로 인간을 부리려다가 일으키게 되는 것이 바로 전쟁이다.

물론 그로 인하여 육생물질문명이 비약적인 발전을 이루었지만 문제는 그에 따른 정신문명이 뒤를 받쳐주지 못할 때마다 벌여야 한다는 데 있다. 전쟁과 인간은 불가분의 관계인가. 그럴 리가 없다. 정신량 창출기관 마음과 지혜가 불가분의 관계이듯, 육생량 개척기관 생각과 지식이 불가분의 관계인만큼, 생각과 마음 또한 불가분의 관계로 자리함에 따라 육생량으로 인연 짓고 정신량으로 하나 되는 근본이 자리해 왔었는데, 그만 육생량에 안주하여 망각의 차원에서 벌이게 되는 일이라는 것이다.

한편 욕심의 산물인 생각은 지식을 낳고 지식은 나를 위한 육생량을 낳는다면 그 너머에 자리한 지혜의 보고 마음은 너를 위한 정신량을 창출하게 될 것이다. 또한 생각이 낳은 지식은 육생량을 낳고 육생량은 욕심의 소산이었으니 견물생심(見物生心)의 발원지가 아닐까 싶은데 더군다나 이기의 육생량 그 달콤함에 생각차원이 빠지고 말았으니 마음을 한번 써보기나 하겠는가. 힘의 논리가 우세를 떠는 가장 큰 이유겠지만 참으로 우스운 노릇은 동물의 세계를 통하여 적자생존과 약육강식을 거론하면서 그대로 답습한다는 것이다. 이 또한 육생부터 살아가야 하는 인간의 단면이기도 하겠지만 자연은 더 나은 인간 삶을 위해 순환의 방편으로 주어졌는데도 불구하고 이치대로 살아가지 못하고 있다. 왜 그런 것일까. 육생의 이치를 밝혀냈을 뿐 인생의 이치를 밝혀내지 못해서다. 그리고 지금까지 1안의 육생을 살아가는 동물과 2안의 인생을 살아가야 하는 인간과의 차이에 대해 필자의 지론을 서술하였음을 밝히는 바다. 학문에만 열중하면 몸이 쇠약해질 것이요 운동에만 열중하면 정신이 박약해질 것이라 적절히 병행한다면 금상첨화이듯, 종의 번식을 위해 생각본능으로 살아가는 동물들은 육 건사를 위하여 적자생존과 약육강식은 힘의 논리지만 생존수단으로서 상호상생 그 자체이고 생각과 마음이 공존하는 인간에게 있어서는 상극상충 반쪽반생을 일으키는 행위다. 마음에서 이에 따른 정신량을 부가시킬 때 상호상생이 된다는 것이다.

말하자면 힘의 논리는 동물세계의 섭리로서 번식과 생존의 수단이며 이에 적합한 정신량을 부가시켜 나갈 때 인간세상의 이치로 다가서게 된다는 것이다. 그리고 육을 가진 모든 생명체는 자연(지기)이 주관하고 개인주체의 삶을 살아가는 인간은 천기가 관장함에 따라 물아일체의 특권을 가지고 있다. 아울러 모든 행위는 나하기 나름의 선순환 법에 의해 치적(治績)이나 공적(功績)은 물론, 공덕(功德)마저도 빌어서 쌓을 수 있는 그 무엇이 아니라는 사실을 백일하에 드러내고 있다. 원하는 바를 이루고자 한다면 화합을 위한 합의를 반드시 이루어야 한다는 것인데 이유는 돈, 권력, 명예 등을 비롯한 선천질량은 내 앞의 인연을 통해 들어오기 때문이다. 물론 육생의 기본금이기도 하겠지만 이후에 행보도 내 앞의 인연이 좌지우지하는 바라, 막무가내로 신에게 빌고 의지해 온 기복행위의 결과는 길어야 3대, 108년인데 문제는 누구에게도 이롭지 않다는 것에 있다. 부불삼대(富不三代), 권불십년(權不十年)이라는 말에 잘 나타나 있듯이 너를 위해 살아가야 할 때 나를 위해 살아가다 받은 어려움은 잘못 살아왔다는 표적이다. 한 뜸이라도 깨우친 순간부터 너를 위해 살아간다면 어려움은 스스로 풀어지게 된다는 것으로 이를 가리켜 순환의 이치라고 말한다.

기도는 자신의 면면을 돌아보는 수단이어야 하나 왜 어려워졌는지에 대해서는 관심이 없고 그저 빌어서 면해볼 심산이라 어려움은 갈수록 가중되는데도 불구하고 집착이 나를 부리고 욕심이 나를 부려 깨우치지 못한 모양새다. 갓난쟁이가 칭얼댈 때 그만한 이유가 있듯 밉살맞은 눈총을 받을 때도 그만한 이유가 있다. 나는 모르고 너만 알아서 그런 것인가. 내 셈법에 빠져 살아간다면 모를 수도 있겠지만 육생이 전부라면 모를까. 내 앞의 인연과 하나 되어 살아가야 하는 인생을 위해 나의 불만처럼 너의 작은 목소리에도 귀 기울일 줄 알아야 한다. 어려움이 어느 날 갑자기 찾아오는 것인가. 소통치 못한 티끌들이 쌓여 폭발한 때가 밀려드는 것이므로, 신을 앙망(仰望)하며 읍소하는 기도행위보다 내 앞의 인연의 목소리에 귀 기울이는 기도가 우선이어야 한다.

거의가 욕심을 채우고자 하는 행위가 기도였으니 하나 되기를 소원한다면 누굴 위한 행위이었는지 만큼은 바로 알아야 하지 않을까. 때론 인류평화와 국태민안과 민족통일을 읊조리기도 하지만, 기도를 통해 이루어질 일이었다면 갈라설 일도 일어나지 않았을 것이다. 하나 되어 나가지 못해 피눈물을 흘리고 갈라서야 했던 것인데, 기도로 이루어질 일이었다면 정녕 자연의 섭리와 순환의 이치가 모순이라는 소리밖에는 안 된다. 조국의 분단은 화합을 위한 합의를 이루지 못해 받은 표적이라 가당치도 않지만 여전히 신앙인들은 기도에 목숨을 건 듯싶다. 아마 기도를 대안으로 알고 있는 것이 아닐까.

적대보완적인 관계가 진화·발전을 위한 대립구도로서 상대성으로 일어나는 일조차 선과 악의 멍에를 씌우고 자비와 용서를 운위(云謂)하니 피 끓는 대립각은 상호 상처를 입히기에 충분하다. 혹자는 선의 경쟁을 거론하지만, 민주·공산의 육생량에 화합의 정신량을 부가시키지 않고서는 매우 어려운 일이다. 힘의 논리에 쏠린 공간을 기도나 예배로 채우고자 하는 모순의 염원이 간절함을 보아하니 정녕 기복에서 대안을 찾으려는 듯싶다.

분명 진화·발전의 대립구도에 총칼을 들이댄 지 오래라, 하나 되어 살아가기 위해 정작 필요한 것은 화합을 위한 합의의 대안을 마련하기 위한 것에 있는데 말이다. 개인주체의 삶을 존중치는 아니하고 예언자가 다르다는 이유만으로 배척하려 든다면 "네 이웃을 사랑하라"는 가르침을 다시 생각해 봐야 하는 것이 아닌가. 내 믿음에 부합치 않다는 이유만으로 네 의견을 무조건 얕잡거나 적대시하기보다는 수렴하여 상호 부족함을 덧붙여 나가는 행위가 사랑일진데 정치계도 그렇고 경제계도 그렇고 신앙계도 그렇다. 위의 행위를 못할 것 같으면 정치는 다스리는 정(政)에서 바르다는 정(正이)과 이롭다는 덕(德)에 이르기까지 다시 공부해야 할 것이고, 경제는 육생량과 정신량의 차원을 바르게 알아야 할 것이며, 신앙은 종교의 진정성을 알기 위해 노력해야 할 것이다. 자칫하다간 만백성의 원성에 신앙이 그대로 사장되어 버릴 수도 있을 터이니 말이다. 각설하고, 득 보자고 자신을 믿고 따르는 이들을 이끄는 행위는 기본질량에 추가되었다면 누구나 가능하고 이끌다가 사단이 나는 것은 자질도 문제이기는 하나 후천질량을 마련하지 못하여 벌어지는 일이다. 아마도 신앙이 종교의 차원을 이해하지 못하여 믿고 따르는 신도들을 도탄에 빠뜨리면 어떻게 될까.

육생 너머 인생이면 신앙 너머 종교 아닌가. 육생과 신앙이 불가분의 관계라면 인생과 종교도 불가분의 관계다. 그렇다면 신앙과 종교도 불가분의 관계가 아닌가. 굳이 이러한 말을 하는 이유는, 너를 위한 차원과 나를 위한 차원의 행보를 바로 알자는 데 있다.

나를 위한 육생으로 말미암아 나를 위한 신앙에 귀의하여 나를 위한 신을 흠모하며 살아왔다. 모두 나를 위한 것이라 이기의 핏발을 아니 세울 수밖에 없지 않은가. 상호보완적인 관계가 돌연 핏대를 세울 때 적대적 강대강 국면이 되는데, 이기와 이기가 만나 이타의 자양분을 배양하지 못하면 상극상충이 일기 마련이다. 이때는 보완적이기보다 피 흘리는 적대적인 관계라 쌍방의 상처가 아물려면 꽤 오랜 시간이 흘러야 한다. 물론 정신량을 마련했다면야 상충칠 일이 어디 있겠으며, 또 피 흘리는 일이 어디에 있겠는가. 이는 나를 위한 육생신앙 행위에 빠져 살아가다가 받는 표적으로 너를 위한 인생종교로 거듭나지 못하면 여전히 피 흘리며 살아야 할 터인데 어찌 인류평화가 있을 수 있겠는가 말이다. 신앙 너머 종교에 다다르기 위해 필요한 것은 정신량이므로 이를 위한다면 신앙과 종교라는 차이에서부터 관심을 가져야 한다. 사실 믿고(信) 받든다(仰)는 신앙 자체가 나를 위한 행위다보니 기복(祈福)이 되었고 내 앞의 일을 해결하지 못할 때마다 매달려야 했으니 신앙(信仰)은 신(神)을 우러러 받드는(仰) 신앙에 주저앉아야 했다. 간혹 성취할 때도 있었기에 신앙(神仰)의 교장(敎場)은 도술(성령과 성불)의 행사장이 되어 수많은 인연이 찾아든 것이라 기복(祈福)때문이었지 가르치는 신앙(信仰)의 힘이 아니었다. 만약 교리를 바르게 해석하였다면 피를 부르는 일은 없지 않았을까. 저마다 특색 있는 교인 양, 모두를 품어 안을 법 마냥 내세우지만 기도와 수행과 수련으로 연관 짓고 있으니 자신이 세운 상의 틀에서 조금도 벗어나지 못하고 있다. 아마 "어디에 가니 무엇이 영험하더라"는 소문이 돌기라도 하는 날에는 천리타향 마다하지 않을 인연이 숫할 텐데, 믿고(信) 받든다(仰)는 신앙(信仰)이 되려 신(神)을 우러러 받드는(仰) 신앙(神仰)

이 되지 않을 수 없다.

그래서 신앙을 기복이자 육생이라 말하고, 거기에 그렇게 매달리다보니 그 너머의 차원을 보지 못하고 있다. 그리고 일각에서는 신앙과 종교를 동일시하는 경향이 나타나는데 이는 사실 나를 위한 길밖에 몰라 벌이는 행태라고 해야 할까 싶은데 신(神)을 흠모하여 기복이 되어 버린 신앙(信仰)을 술(術)의 원천이라 한다면, 산마루를 뜻하는 최상의 종(宗)은 법(法)의 근원(根源)을 뜻하므로 이를 가르치는 교(敎)가 바로 법차원의 종교(宗敎)이다. 이를 깨닫지 못하고 받아들이지 못하면 변할 것은 하나도 없다. 아울러 종파마다의 교리는 신을 추앙하는 육생의 법도일 따름이지 만민을 위한 인생의 법도에 까지는 다다르지 못하고 있다. 내 욕심으로 비롯된 기복이 신앙을 낳았고, 신앙은 술을 낳았으며, 그 술로 인해 육생의 인간으로 살아야했던 만큼 육생량에 놀아나야 했다. 그 너머의 종교는 너를 위한 법을 낳고, 정신량의 소산물로서 하나 되어 살아가는 인생으로 치달리게 만든다. 화합을 위한 합의를 이루고자 한다면, 사랑을 통하여 행복을 영위하고자 한다면 필경 신앙은 나를 위한 차원에서 너를 위한 종교로서 개혁을 일으켜야 한다.

즉, 대변화를 일으키지 않으면 인간에서 사람으로 승화되는 질량을 알 리 없고, 어떻게 창출해야 하는지도 알 리 없다. 어렵고, 힘들고, 고통스러울 때 찾아가는 곳이 아닌가. 신앙의 기복에 주저앉아 술판에 놀아난다면 술(術)에 취(醉)한 세상을 바로 볼 수 없을 터, 사람답게 살아가는 법은 언감생심 종교를 빙자한 신앙놀음에 곤비(困憊)한 삶 적신(赤身)임을 어찌 알 수 있을까.

☾ 사랑은 행복을 위해 한다고 하지 않았는가

　나 하기 나름에 달리 나타나는 작용반작용의 법칙 인생방정식을
이해하지 않고서는 IT시대에 정의와 상식이 통할지 모르겠다. 물
론 주고받을 때 정의와 상식도 통하는 것이겠지만 멀리 있는 친척
보다 가까운 이웃이 낫다는 말이 새롭게 다가온다. 그래서 이웃은
따스한 사촌이고 주고받지 못하는 친척은 허울의 친척일 따름이
다. 주고받으면 소통이요 그대로 있으면 불통이라 정의와 상식과
이웃은 주고받으니 통하는 모양이다. 나 먹고살기 위해 일으킨 반
족반생의 불협화음은 소통을 원한다면 감정에 호소할 수밖에 없
다. 주변의 태반이 이러한 모습이고 설령 받아준다 해도 상호상생
행위를 모른다면 이는 또 어떻게 할 것인가. 덕이 되지 않으면 득
이 되지 않는 법이라 화합을 위한 기초 행위조차 나 몰라 한다면
사자로 돌변한 것이 아닌가. 물론 그만한 이유가 있어 벌어지는 일
이겠지만 멀리 있어도 주고받는다면 지호지간(指呼之間)이다.

　지륜의 부부사이에 주고받을 이로움의 질량이 없다면 가정은 어
찌될까. 천륜의 부모자식지간에 먼저 주고 후에 받는 선순환 행위
를 효(孝)라고 한다면 국가의 충(忠)도 다를 바 없다. 이는 생각의
본능과 마음의 분별이 공존하는 인간이기에 가능한 일로서 생각적
육생본능에만 의지하는 동물들이야 제 새끼를 사랑으로 키우는 데
까지가 전부라 충과 효와 헌신도 다르지 않다. 때문에 이로움을 주
고받으며 형성된 공동체는 사회기반의 토대로서 너와 나를 우리라
고 가리키고, 그 우리는 하나라고 말한다. 상호상생을 일으키며 살
아갈 수만 있다면 명확한 말이다. 종족조직을 근간으로 하는 혈연
공동체든, 지역을 중심으로 형성된 지역공동체든, 정신적인 요소

를 기반으로 하는 결사공동체든 인류의 선순환 법 상호상생의 근본을 밝혀내기 위한 모임의 자리였으니 말이다. 이를 통해 상호상생과 반쪽반생의 근본을 밝혀냈다면 공동체가 무너지는 일은 없지 않을까. 혹자는 수장의 리더십 부재로 벌어지는 일이라고도 하는데 그러니까 성공하려거든 지도자를 잘 만나야 한다는 것이다. 부모라면 지극한 효심으로 다할 것이요 스승이라면 무안한 존경심을 드러내 보일 것이다.

그리고 사랑을 헌신과 봉사라고 표현하는데 정녕 헌신과 봉사가 상호상생을 위한 행위인가를 짚어 보자. 필자의 지론은 특수한 삶을 살아가는 경우이거나 타고난 명에 국한된 사항이 아닐까 싶으며 작금도 사랑이라는 허울 좋은 미명하에 각종단체에서 헌신적인 봉사를 강요하고 있으니 어찌된 노릇인가. 곤비한 이들만 늘어나고 있으니 말이다. 무엇이 문제인가. 사랑은 행복을 위해 한다고 하지 않았는가. 사랑을 한다고 하나 행복하지 못하면 다시 생각해 봐야 한다는 것도 일방적인 행위는 나만을 위한 반쪽반생의 결과를 초래하는지라 이로울 수 없다는 것에 있다.

봉사단체가 늘어나는 만큼 봉사 받을 곳도 그에 상응하여 비례한다는 명제 앞에, 병원의 수가 늘어나는 만큼 환자의 수도 따라서 비례하고, 교도소가 늘어나는 만큼 범죄자의 수도 그만큼 늘어나는 실상을 어떻게 받아들여야 할까. 물론 인구수에 비례한다고 하겠지만, 관계시설을 늘리면 늘릴수록 인원도 비례 증가하는 원인을 어디에서 찾아봐야 하느냐는 것이다. 게다가 병문안을 가면 없는 병도 걸린다고 하질 않나, 유치장 면회를 갈수록 유치장 갈 일이 생긴다고 하질 않나, 이는 대체 어찌된 영문인가. 아마도 헌신적인 봉사를 한들 상호상생을 이루지 못하면 안 하느니만 못하다는 잠재적 표적이라 해야 할 것 같다. 내 앞의 인연이 내 모습이듯 끼리끼리 살아가기 마련인데 이쯤 되면 어느 날 갑자기 닥쳐오는 급살(急煞)의 원인을 알 수 있지 않을까. 상문살(喪門煞)도 마찬가지다. 자연과 인간이 상호보완적이듯이 인간과 동물도 상호보완적인 관계이고, 나 하기 나름의 인간관계도 상호보완적인 관계다. 아울러 표적으로 다가선 너의 모습을 보고 행위가 바뀌지 않으면 나도 그리 될 수 있다는 교과서를 보여주는 것이라고 할까. 암암리에 길흉화복(吉凶禍福)을 주고받아 왔다. '누구와', '바로 앞에 있는 너와' 사랑을 위해 혼신을 다한다 해도 마찬가지다. 번뇌와 망상이 바로 내 앞에 너로 인해 일렁이듯이 사랑을 주고받지 못하면 나를 위한 행위에 불과하므로 길복(吉福)과 흉화(凶禍)가 하기 나름에 따라 나누어 들어왔다.

흉(凶)은 흉을 부른다는 머피의 법칙(Murphy's law)과 길(吉)은 길을 부른다는 샐리의 법칙(Sally's law)과 간절히 원(願)하고 바라면 이루어진다는 줄리의 법칙(Jully's law), 세 가지 중에 한 가지 정도는 왕왕 회자가 되곤 하는데, 이를 징크스(zinx)라 할 수도 있고 트라우마(trauma)라고도 할 수 있으며, 강박관념 혹은 일신상의 리듬이나 일정한 법칙에 의해 일어나는 현상이라 할 수 있다. 이를 고(苦)에 걸리고 마장(魔障)이 났다고 말하기도 하는데 개중에 머피의 법칙이 제일 크게 적용되고 샐리의 법칙과 줄리의 법칙이 그 뒤를 따른다. 왜 그런 것일까. 육생을 본능에 의지하는 이유와 생각의 지식은 바른 것보다 다른 것을 흡수하려 들기 때문이고 정작 결정적일 때 필요한 것보다 필요치 않은 것을 추구하려 들기 때문에 흉(凶)

이 흄을 부르는 머피의 법칙이 더 크게 적용되는 것이라고 할까. 그러니까 바른 것보다 다른 것, 필요한 것보다 필요치 않은 것으로 분별이 흐트러졌을 때 표적으로 받아야만 했다는 필자의 지론이다. 또 길(吉)이 길을 부른다는 샐리의 법칙은 진심으로 하나 되고자 했을 때 일어나는 일로서 기간은 바른 행위를 다르게 행할 때까지로서 자기 하기 나름에 달려있다. 이보다 한층 어려운 일은, 간절히 원하고 바라면 이루어진다는 염념불망(念念不忘) 소망심(所望心)으로서 원하는 것을 구하고자 기도나 치성을 드리는 차원과는 다르다. 내가 원하는 바를 이루려 한다면 내 앞의 인연과 하나 되어야 하므로 언제나 네 뜻을 받아들여 내 뜻과 혼화시킬 수 있느냐에 따른 문제다. 덕이 되니 득이 되더라는 너에게 헌신할 때 너도 혼신을 쏟게 된다는 의미다. 내 뜻과 멀다하여 아쉬워서 찾아온 활동주체를 무조건 배척하기보다 될 수 있다면 조건에 부합될 수 있는 품을 넓혀야 하는 것이 이로워서 맞이하는 운용주체의 입장이라는 것이다. 물론 승낙도 거절도 운용주체의 몫이겠지만, 받아들였다면 조율 또한 운용주체의 몫이라는 것이다. 소통과 화합을 어떻게 풀어나가야 할까. 불통은 내 이익을 우선할 때 튀기기 마련이고 그렇다고 해서 너의 이익을 우선할 수만도 없지 않은가.

최소 자신을 따르는 무리만이라도 행복하게 만들어주겠다고 자처한 운용주체라면, 크고 작은 단체라도 이끄는 수장의 입장이라면, 함께하기 위해 찾아온 이들의 바람을 최소한이라도 헤아릴 줄 알아야 한다. 물론 거절과 포용도 수장의 몫인 만치 미래를 책임지겠다고 자처한 이가 있기에, 믿고 따르겠다는 인연도 있기 마련이다. 대다수가 자신이 부족하다 생각하고 따르는 것이고 채워준다

하기에 사람답게 살아보고자 찾은 인연들이다. 한 무리를 이끄는 일은 타고나지 않으면 불가능하다. 아울러 갖춰야 한다는 것은 타고나지 않은 소질을 개발하는 것에 있지 않다. 이해와 관용의 품을 넓히는 일이거나, 설익은 인성을 무르익도록 하는 일이다. 만약 따르는 무리가 잘못되기라도 한다면 누구의 책임인가. 아쉬워서 찾아가고 받아줘서 함께하는 것인데, 수장의 행보가 어긋나 어려워진다면 누구의 잘못이겠는가 이 말이다. 두남두거나 치우쳤기에 벌어지는 일로서 이때 항명하는 이들을 무조건 나무란다면 곤란하다. 믿고 따르는 인연들이 잘못됐다면 수장이 재차 이끌면 될 일이지만, 수장이 잘못됐다면 따르는 이들이 수장을 이끌 수는 없지 않은가. 물론 함께하고자 했던 무리에게 약간의 기력 회복은 할 수 있다. 어떻게 할 것이냐는 수장의 문제라는 것이다. 자연의 기운이라고 할까. 신의 은총이라고 할까. 받아왔다면 올라설 때까지 치우침 없이 모든 것을 배려해야 한다. 왜 올라서려 하는 것일까. 받아왔기 때문이고 행복을 위한 일일 텐데, 이는 사랑을 통해서만 가능하므로 인간은 사랑받기 위해 태어났다고 말한다. 믿고 따른다는 것은 행복을 염원한 것에 있다.

수장이 그들 덕택에 나름 추슬렀다면 뼈를 깎는 속죄의 시간을 가져야 하지 않을까. 재기는 피눈물의 속죄 없이는 이룰 수 없기 때문이다. 기초공사 부실로 금이 간 기둥에 덧붙이기나 해본들 호구지책이라도 된다면 모를까. 재시공하지 않으면 덧붙인 기둥이 제구실을 할까마는 재기는 냉철하게 자기모순을 들여다보는 순간 시작되기 때문이다. 그렇지 않으면 희한한 일들이 연이어 터지는데 표적의 의미를 깨우치기도 전에 수장입네 하고 나대다간 요번엔 두남두는 이들이 피눈물을 쏟아야 할지도 모른다.

관경군경(官經軍警)은 물론이요 각종 신앙단체를 비롯하여 크고 작은 단체를 이끄는 수장들도 마찬가지다. 사랑은 행복을 위해 한다는 사실을 가슴깊이 새겨두지 않고 떠벌이는 행위는 결코 득이 될 수 없다. 사랑하는 운용주체나 사랑받는 활동주체나 행복을 위해 하나되고자 하는 것이므로 너와 내가 사랑만 하다가 행복을 영위하지 못한다면 무슨 소용이 있을까. 공동체 운명을 거머쥔 핵심인물들은 언(言)이라는 운용주체와 행(行)이라는 활동주체와 일치(一致)하지 못하면 신뢰와 명망을 얻기 힘들다. 리모델링(Remodeling)이라고 할까. 명칭이나 상호를 바꾼다고 해서 바뀔 것은 아무것도 없다. 사랑하다가 사달이 났다면 정작 바꾸어야 할 것은 치우쳐버린 수장의 사고와 인성의 갖춤이 아닐까. 행복을 위해 사랑을 가르치겠노라고 불러들인 인연들에게 마지막까지 해야 할 일은 사랑하는 법을 가르치는 일일 터이니 말이다. 사랑은 할 때와 줄 때와 받을 때가 다르고 사달은 받을 때와 줄 때보다 쓸 줄 몰라 낸다. 그러고 보면 사랑은 베푸는 것이고 행복은 그 맛을 보는 것이듯 배움이 상호 이로움을 알아가는 것이라면 가르침은 이를 통해 하나 되어 나가는 일에 있지 않나 싶다. 쉬운 듯하면서도 어렵고, 단순한 듯하면서도 복잡 미묘하고, 잡힐 듯이 잡히지 않는 것이 인간관계인지라 사랑은 인류의 숙원 사업으로 자리해 왔다.

이쯤에서 남녀지간의 사랑을 살짝만 들춰보자. 주고받는 행위가 기대치에 못 미쳐 육체적 우숑에 의지하다 애 낳고 이혼이라는 과오를 저지르지만, 결혼하기 전까지가 사랑을 통해 행복을 꿈꾸는 시간이라고 한다면, 결혼 후에는 화합을 위해 합의를 이루어 나가야 하는 기간이어야 한다. 즉, 인생 성인 시절을 맞이하여 행복의 요람 가정을 이루어야 하는 것은 일직선상인 행의 현장에서 화합을 위한 합의 농도가 달리 묻어나기 때문이다. 사랑도 나를 위해 살아야만 했던 어린 육생시절은 받고 자랄 때이며, 너를 위해 살아야 하는 인생 성인 시절은 나를 위해 할 때이고, 음양이 하나 되어 살아가는 결혼 이후에는 주며 살아가야 할 때라는 것이다. 아울러 어린 시절의 행복은 부모를 통해 만끽하고, 성인 시절은 사랑을 통해 행복의 꿈을 꾸며, 결혼 시절의 행복은 부부가 하나 되어 나갈 때 느끼게 된다는 것이다.

고로 어린 시절의 행복은 부모의 행위 여하에 달린 문제라면, 성인 시절의 행복은 배우자를 만나기 위한 바람이며, 결혼 후의 행복은 상호간의 절실함이라고 할 수 있다. 이처럼 행복은 시절마다 달리 다가오지만 언제 어디에서 어떻게 해야 느끼는지를 모르는 것이 문제다. 가정이나, 사회나, 국가나 합의를 통한 화합의 집단이라 행복을 위한 사랑 행위가 진정 무엇인지를 바로 안다면 삶의 질을 높여 나갈 수 있다. 때에 따라 조언을 구하고자 교수나 박사 또는 신앙이나 각종단체의 멘토를 찾아 나섰겠지만 나를 위해 받아야만 했던 어린 시절과 나를 위해 너를 사랑해야 하는 성인 시절과 하나 되어 살아가기 위해 사랑하며 살아가야 하는 결혼 후의 시절을 분별치 못한다면 사랑의 실체는 모두 이기와 욕심으로 점철된 것이므로 행복의 실체를 바로잡아 나갈 수 있을지 의문이다. 깊은 산속이라면 모를까. 개인주체라고 해서 제멋대로의 삶을 뜻하는 바가 아니다. 생각의 본능과 마음의 분별이 공존하기에 육생본능이 우선할 땐 독단적이었다가 인생분별을 앞세울 땐 협의적이고, 이처럼 절대본능에 의지하여 육생을 살아가는 동물과는 달리 합의적 분별의 능력이 주어졌다는 것은 모두 하나 되어 살아가기 위한 것에 있기 때문이다. 마음의 분별로 살아가야 하는 인간이 생각의 본능에 의지하여 동물처럼 살아간다면 모양새가 어찌 될까. 독단적 삶을 추구하는 동물도 때로는 외로움을 느낄지도 모르지만 설사 느낀다 하더라도 협의적 사회를 이루고 살아가는 인간이 느끼는 차원과는 판이하다. 물론 고독과 낭만과 쓸쓸함과 회의 등과 같은 것을 느끼지 못하는 것처럼, 일상이 무료한 육생살이라면, 배고프면 먹고 피곤하면 잠을 자면 그만이겠지만, 변화무상한 삶을 살아가야 하는 인간은 절대 그렇지 못하다. 물론 배고프면 먹고 피곤하면 잠을 자야하겠지만 이는 사회라는 행의 현장에서 화합을 위한 합의를 이끌어 내기 위한 방편이라 변화무쌍한 것은 생각과 마음, 본능과 분별, 지식과 지혜, 감정과 감성 등이 일으키는 병리 현상이다. 모든 사고는 내 안에서 비롯된다. 과연 자연의 섭리에 맡겨진 동물의 삶도 변화가 무쌍한가.

☾ 공부는 내 앞에 주어지고 있었다

육생이라고 해서 본능행위가 절대의 삶인 것인가. 그렇다면 하나 되기 위한 분별은 상대적인 것에 있어야 한다. 참을 인(忍) 자가 세 번이면 살인도 면한다는 말이 있다. 왜 그런 것인가. 이기적 인간은 이기의 육생량 앞에서 나밖에 모르는 욕심이 순간 본능으로 발동하는 것은 육생 그 행위 하나하나에 삶의 변화가 무쌍하게 숨어 있기 때문이라고 할까. 그러고 보면 계절의 변화도 섭리요 날씨의 변화도 섭리다. 동물세계의 냉혹한 힘의 논리와 약육강식도 자연섭리에 편승키 위한 순환일 뿐이지 변화무쌍한 것이 아니다. 즉,

자연계에서의 본능은 육생공존을 위한 지극히 평범한 순환의 이치일 뿐, 공존공생해야 하는 인간계에서는 지혜가 배재된 본능행위는 파란을 일으키게 되어 있다는 것이다. 육생 너머 인생이듯 본능 너머 분별이 아닌가. 나를 위한 육생량 앞에서 삶의 행태는 거의가 본능에 의지할 것인데, 이 시점부터 인간관계는 변화무쌍해진다. 너를 위한 정신량은 하나 되기 위한 분별을 요할 터이고, 육생량만 난무한다면 섭리는 변화를 거쳐 변질을 일으킬 것이므로 아수라장이 안 되면 다행이다. 어린 시절은 성인 시절을 위한 것에 있듯이, 선천질량 본능과 육생량은 후천질량 분별과 정신량의 토대이기에 운용주체는 군림을 하기 위한 자리가 아니라 활동주체를 내조하기 위한 위치에 있다는 것이다. 득 보자고 아쉬운 육생량을 통해 이기와 이기가 만났다면 상호상생을 이루어야 하겠지만 욕심의 산물인지라 무수한 변화를 불러일으킨다는 것이다.

이로운 정신량을 부가치 못하면 때론 살인도 서슴지 않는데 이기의 소산 육생량을 통해 육생을 살아가야 하는 이기의 인간이 감히 이기의 인간에게 살인죄를 적용시키고 있다. 피도 눈물도 없이 살아가는 듯싶은 동물의 세계에 살인죄가 성립될까. 물론 이기의 본능에 의지하고 이기의 육생량을 위해 이기적인 삶을 살아간다. 개인주체 삶을 주관하는 분별기관 마음이 없기에 나 하기 나름에 따른 작용반작용의 법칙 상대성이 크게 적용되지 않는다. 이는 차후에 논하기로 하고, 참을 인(忍) 자가 세 번이면 살인도 면한다는 의미를 살펴보자. 동물들에게도 참을성이 있을까. 먹이를 사냥하는 과정에서는 발휘하겠지만 자기를 위한 행위이다 보니 본능에 의지할 따름이다.

인간은 육생 너머 인생을 살아가야 하기에 너와 나를 위한 기관이 공존한다. 본능에 의지한 행위는 원성이 자자할 것이요 분별을 가미시키면 칭송이 자자할 것이라 본능 너머 분별은 너와 나를 우리라는 공동체 삶을 가능하게 했다. 그러나 육생량은 이기의 소산물인지라 이기의 지식과 본능에 의지할수록 부딪침이 잦아지는 것은 이타의 지혜와 분별에 다가서기 위한 것에 있는데 표적은 다가설 때까지 지속적으로 주어진다.

그렇다면 왜 세 번씩이나 참을 忍을 새겨야 하는 것일까. 내 안에 너와 내가 공존하고 있기 때문이라고 할까. 첫 번째 새기는 忍은 나를 위한 것이라면, 두 번째는 새기는 忍은 너를 위한 것에 있고, 세 번째 새기는 忍은 재차 함께 도모해 나가기 위해서다. 물론 한순간 참고 모면할 수는 있다. 그리고 무조건 세 번씩이나 참아야 한다면, 참아야만 하는 근본 원인을 알 수 있을까. 누가 운용주체이냐에 따라 해석을 달리하겠지만 언제나 아쉬워서 찾아가는 것이 활동주체라는 점을 인식하지 않는다면 더 큰 화를 초래할 수도 있다. 왜! 운용주체는 이로워서 맞이하는 자일까. 싸우고 충돌하여 손해가 발생했다면 누구의 책임이냐는 것이다. 종종 인간관계에 인과율(因果律)과 인과응보(因果應報)가 적용되는지에 대해서 물어보곤 한다. 그것도 적용되고 있느냐가 아니라 '이냐'가 강조되어 적용이나 되고 '있기나' 하느냐고 강한 의구심을 품고서 말이다. 내 앞의 인연은 나 하기 나름에 따른 작용반작용의 법칙에 의하여 길흉(吉凶)의 표적을 주고받는데 이는 때는 때대로 돌아간다는 사필귀정(事必歸正)이라고 해야 할 것 같다.

예나 지금이나 오히려 나쁜 짓을 하는 듯싶은 이들은 잘 먹고 잘 사는 듯이 보이고, 착하게 사는 이들이 되레 어렵게 살아가고 있는 듯싶어 선악(善惡)을 논하지 않을 수 없다. 아마도 이쯤 되면 신의 존재를 운운했을 터이고 그렇다면 진정한 의미에서의 인과응보가 무엇인지 들여다보도록 하자.

때는 때대로 간다는 이야기는 착한 선행(善行)보다는 바른 정행(正行)에 의미를 두는 바라, 이를 이해하고자 한다면 선(善)이 무엇이고 악(惡)이 무엇인지부터 알아야 한다.

그리고 인과응보에서 파생된 선악은 죄(罪)를 지으면 벌(罰)은 받아야 한다는 논리를 정립시키기에 충분했다. 그런데 어떠한 면을 가리켜 죄라고 단정 지었으며 명분은 누가 누구를 위해 세운 것일까. 또 규정에 따라 벌을 받았다고 해서 과연 죗값을 치른 것일까.

분명 죄악(罪惡)은 행복을 위한 사랑을 다하지 못해 저지른 일이다. 그리고 행복은 내 앞의 인연과 사랑으로 영위해 나가는 차원이다. 아예 사랑을 모른다면 행복을 만족으로 인식할 터이고 이쯤 되면 육생의 죄라는 관념이 자리하지 않았을까 싶은데 사랑받기 위해 혹은 사랑받지 못한 이들이 저지르는 일이다. 죄도 내 앞에 있는 너에게 짓듯이 사랑도 내 앞에 네가 있어야 한다. 그런데 어찌 된 영문인가. 죗값을 치렀다고 하는 이들일수록 죄가 죄를 부르고 있으니 말이다. 삶이 확연히 달라져야 하건만 그렇지 못한 걸 보아하니 선과 악, 죄와 벌의 정의를 되짚어 봐야 하지 않을까. 착하게 사는 이들치고 궁색을 면치 못하자 인과응보 사필귀정을 "그걸 믿느냐 이 바보야"로 해석하는 이들도 적지 않다. 자연의 섭리는 바르고 생활의 이치는 올곧은 것이므로 착하게 살아야 복을 받는다는 권선징악(勸善懲惡)을 믿고 살아가봤자 손해라는 것이다. 육생을 위해 살아가던 시대만 하더라도 목구멍이 포도청이라 육생량을 구할 수만 있었다면 무슨 짓을 못했겠느냐마는 육생량이 넘쳐나는 업그레이드 시대는 대다수가 정신량의 부재로 악행을 주고받는다. 아울러 어렵다, 힘들다, 고통스럽다, 불치병에 걸렸다, 불의 사고를 당했다, 망했다, 싸웠다, 손해 봤다, 도둑맞았다, 사기 당했다, 낙방했다 등등의 사건사고가 일어나는 의미를 바로 알아야 한다. 물론 궁하면 통한다고 요행을 바라는 이들도 적지 않겠지만 직시해야할 것은 바로 인간의 문제는 아쉬운 자와 이로운 자 사이에서 일어나므로 요행으로 풀릴 일이 아니라는 것이다. 과연 동물계에서도 아쉬운 동물과 이로운 동물이 자리하고 있을까. 죄와 벌이 존재한다면 있을 수도 있겠지만, 살인이라는 개념 자체가 없는데 선이 어디에 있겠으며 악 또한 어디에 있겠는가. 죄도 자기 사랑을 위해 짓게 되는 것으로 사자 짓을 해대는 이나 당하는 이나 선순환 행위를 다하지 못한 결과물이라는 것이다.

본능의 이기와 분별의 이타가 공존하는 인간계에서 저지르고 일으키는 상극상충 불통현상을 가리켜 본죄(本罪)라고 말하기도 한다. 본디 인간의 죄는 천상계에서 지은 원죄(原罪) 하나라고 하는 말에 필자도 동감하는 바다. 그렇다면 원죄는 누가 누구한테 지은 것일까. 당연히 유일신이겠지만, 신의 자식으로서 인간이 인간에게 죄를 지었다면 누구의 잘못이겠느냐는 것이다.

이에 대한 부분은 논란의 여지가 있을 수 있으니 필자의 논리임을 밝혀두는 바이다. 예를 들어 자식이 잘못됐다면 부모의 책임이 듯이 형제지간의 우애가 금이 가는 것도 마찬가지 아닐까. 간혹 독단적으로 일을 처리하다가 상처를 얼마든지 입힐 수도 있는 일이다. 이때 입힌 상처(죄)를 가지고 인간계에서는 인연이니, 운명이니, 숙명이니 하는 소리를 하며 살아간다. 사실 상처 입힌 순위가 가까울수록 일상에서도 매우 가까이 주고받으며 살아가는 사이다. 그러므로 신에게 치러야 한다기보다 천륜지간은 부모자식사랑으로, 지륜지간은 부부화합으로, 인륜지간은 내 앞의 인연에서부터 치러야 하는 것이기에 사랑은 행복을, 합의는 화합을 위한 방편으로 주어졌다. 따라서 하나 되어 나가는 행복지수가 높아질수록 죗값을 치르는 것이라고 할 수 있다. 만약 기도로 치를 수 있다면 상생과 상극상충도 일지 말아야 할 것이며, 화합을 위한 합의를 이루기 위해 덕보다 힘을 앞세워도 별 탈이 없어야 하지 않을까. 기도는 착하다는 선(善)의 본능과 바르다는 정(正)의 분별을 일깨우기 위한 행위이자 깨우친 만큼 사랑하며 살아가는 자체가 기도 행위라는 사실이다. 이처럼 두 사항이 하나가 될 때 상호상생이 이루어짐에 볼 때 역시 자연의 섭리나 생활의 이치는 바른 행위지 착한 행위가 아니라는 것이다. 때는 때대로 가기에 가장 아끼고 사랑하는 이가 표적을 가장 먼저 받기도 한다. 게다가 일면식도 없는 이들에게 부메랑으로 표적을 태반이 받는데, 일이 터졌을 때에는 낸 이나, 받는 이나 그럴만한 이유가 있다는 것이다.

이유 없이 일어나는 일이 있을까. 다만 부메랑의 원인을 찾지 못할 뿐이다. 선순환의 표적이 죄(소통치 못한)값을 치르는 벌의 개념과 유사하게 비춰질 수도 있으며 그 누구도 예외 없이 주고받으며 살아가고 있다. 상대성은 적대보완적인 관계를 뜻하고, 내 앞에서 벌어지는 일을 바르게 처리하지 못할 때 그에 상응하는 징조가 나타나는데 이를 무시하다가 큰코다친다. 이 또한 신의 벌이라는 개념보다 소통치 못한 반쪽반생의 결과라고 해야 할 것 같다. 언제나 징조는 상호상생을 일으키지 못할 때 비춰지고 이후에 표적으로 들어가는데 인간에게 일어나는 상대성원리를 밝혀내지 못했을 뿐이다. 착하다는 육생살이 선(善)과 바르다는 인생살이 정(正)의 분별이 가능하다면 사필귀정, 즉 때는 때대로 간다는 사실을 알 수 있다. 상호상생의 우선순위는 천륜 부모자식, 지륜 부부, 인륜 형제자매, 친우친지라 하지만 너를 위해 살아가야 하는 21세 성년기를 맞이했다면 바로 앞의 인연들이다.

한편, 원인의 근본을 담고 있다는 인(因)과 연줄이 곧이어 닫는다는 연(緣)이 합쳐진 말이 인연(因緣)으로 불교에서는 연기법(緣起法)이라고 하고, 연기(緣起)는 인연생기(因緣生起) 혹은 인연소기(因緣所起)의 줄임말로서 인과 연으로 화합을 일으켰다는 뜻이라고 말한다. 원인의 근본 인(因)은 직접적인 원인을 뜻하고 연줄이 닫는다는 연(緣)은 간접적인 원인을 뜻한다고 하는데 부모자식, 부부, 형제자매, 친우친척으로 이어지는 순서가 직접적인 원인의 인연이라면, 너를 위해 살아가야 하는 성년이 된 이후에 맺는 인연은 간접적인 인연이라는 것이다. 하지만 가정을 이루었다면 새롭게 주어진 직접적인 인연과 사랑으로 행복을 영위해야 하므로 하나 되는 인연 공부는 끊임없이 내 앞에 주어지고 있다. 아쉬워서 찾아오는 인연과 하나 되어 나가는 것이야말로 공부가 아닐 수 없으니 상극상충을 일으킬 때마다 주어진 숙제가 바로 표적이다.

아쉬워서 나를 찾아온 인연과 부딪친다면 누구의 잘못이며 그 원인은 어디에 있는 것일까.

분명 자신도 어디에서는 아쉬워서 찾아가는 활동주체의 위치일 텐데 말이다. 주객이 전도된다는 말이 있는데 마찬가지가 아닐까.

주(主)는 이로운 정신량 전체를 담당하는 운용주체요 객(客)은 아쉬운 육생량 부분을 담당하는 활동주체다. 화합을 위한 합의를 이루기 위해 주(主)는 전제를 주관하는 정신량으로서 부분의 육생량을 관장하는 객(客)을 감싸 안아야 하는데, 육생량만으로 육생량을 감싸 안으려들다 일으키는 현상이 양양상충으로 주객전도 현상이다. 이로움의 자원이 없다면 이로울 수 없는 만큼 주변에 이로운 이도 없을 터 아쉬운 육생량은 언제나 이로운 정신량을 원하고 하나 되어 나간다면 이로운 자가 되어주지 않을까. 감정과 본능에 이끌려 가벼이 생각만 앞세운 선행(善行)의 결과는 반쪽반생이라 뺨 맞을 일을 빚곤 한다. 템포를 늦춰 감성의 분별로 다가선다면 덕행(德行)은 정신량이 벌이는 일이므로 뺨 맞을 일은 없다. 너를 위해 살다가 상처받는 대부분의 이들은 정에 꺼둘리었고 어떻게 도왔냐고 물어보면 거의가 마지못해서거나 어쩔 수 없었다고 하니 주객이 전도될 만한 사항이다. 하지만 육생량의 선행차원의 토대가 정신량의 덕행차원이라 사실 누구나 할 수 있는 일이 아니다.

합의 너머 화합은 사랑너머 행복이라, 순간의 감정을 모르면 의식의 감성을 알 수 없듯이 독단을 모르면 협의도 모른다고 할까. 순간의 본능으로 의식의 분별 의지를 드러내야 하듯이 너를 통해 나를 향상시켜 나가야 하는 것은 사람처럼 살아가기 위해서다. 사회적 명망을 얻고 싶지 않은 이들이 있을까. 돈을 벌고 싶지 않은 이들이 어디 있겠느냐는 것이다. 명망을 쌓다가, 재산을 증식시키다가 좌절하는 것인데도 신이 미워해서 주는 벌쯤으로 알고 있으니 절망이 가져다주는 고통의 의미를 알 리가 만무다. 욕심의 산물이 육생량이다. 그럼에도 불구하고 너라는 이기와 나라는 이기가 만난다. 그렇게 화합을 위한 합의공부가 쉴 사이 없이 벌어지고 있다. 왜 그래야만 하는 것일까.

◖ 자유인이 된다는 것은

육생량의 정점이자 정신량의 기점인 업그레이드 시대는 양의 기운이 넘쳐나는 변화의 시대. 음 그러니까 뭐랄까. 음의 물결로 변화를 추구하는 시대에 변화를 추구하는 세대가 변화의 계절에 변화의 물살을 일으켰다면 변화의 추이는 이루 말할 수 없다. 편승은 물론 각자의 몫이겠지만 쏠림이 유세를 떠는 것을 보아하니 선천질량만 가지고 논 세월만 자리한 것 같다. 정보통신 발전에 교통시설과 숙박시설이 발전하는 것을 보아하니 분명 소통 문화콘텐츠가 크게 성행할 모양인데 삶의 양식이든, 문화유산이든, 아이디어든, 가치관이든 사통팔달 하나로 나가기 위한 것에 있지 않다면 쏠림을 진정시킬 방도는 없다. 제도와 장치를 마련한다 해도 육생살이 실체를 모른다면 인생살이 실체를 밝혀낼 방법이 없지 않은가. 지식을 통해 지혜에 다가선다고 해도 육생살이 알음알이뿐일 터이니 이쯤 되면 사랑을 통해 행복에 다가서기가 버거울 것이다. 힘이 가미된 육생문화(肉生文化)는 덕이 함유된 인생문화(人生文化)의 기폭제다. 두 문화를 연결시킬 가교문화(架橋文化) 정신량을 등한시한다면 제아무리 문화콘텐츠를 육성시켜 본들 피로 물들이는 상극상충 현상을 막아낼 도리가 없다. 신앙이 종교로 승화되어 이를 대변해야 하는데 기복에 주저앉고 말았으니 예언자의 힘겨루기로 따로따로 놀아나는 형국을 빚고 말았다. 부분을 관장하는 육생량은 아쉬운 양의 기운이요, 전체를 주관하는 정신량은 이로운 음의 기운으로서 나를 위한 육생량에 너를 위한 정신량을 부가시킬 때 인간계의 음양화합이 이루어지며 이후에는 둘이 하나 되는 인생을 살아가게 되어 있다.

자연계에서도 상극상충 현상이 일어날까. 육생을 위해 벌어지는 힘의 논리 약육강식은 지극한 생존법이라, 인간계의 상극상충과는 거리가 멀다. 물론 최상위 육생동물일수록 영역다툼을 벌이긴 하지만 이는 종의 번식을 위한 생존이 문제다. 만약 인간처럼 초식동물을 잡아다가 짐승처럼 가두어 기를 수 있다면 먹이사슬 영역이 필요할까. 이처럼 동물계의 상극상충은 반쪽반생이 아니라 자연의 섭리로서 상호상생에 기여한다. 이기의 육생량을 방편으로 이기와 이기가 만나는 인간계에서나 화합의 의식을 잃을 때마다 본능으로 우의를 점하려다가 상극상충을 빚곤 하는데 그때마다 그에 따른 불똥이 튄다.

그렇다면 첨예한 대립을 보일 때마다 심화되는 상극상충 현상은 쏠림의 원흉이 아닐 수 없고, 방도가 있을까. 육생량으로 인연 짓고 정신량으로 하나 되어야 하건만 양양상충 음음상극의 조건까지도 묻어두었으니 심각한 모순이 발생하지 않을 수 없다.

물론 음양의 변화가 순환의 이치라 남녀가 자리하였고 운용주체와 활동주체에 대한 분별이 생기면서 인간 너머 사람으로 승화될 때 육생 너머 인생을 살아가게 된다. 이를 위해 생각과 마음, 지식과 지혜, 본능과 분별, 감정과 감성 등등이 함께하는데 너와 나 사이에 육생량만을 원한다면 적대적이 될 것이요, 인생량을 원한다면 상호보완적인 관계가 될 것이고, 정신량이 부재하다면 모순의 씨앗이 움튼다. 아예 이럴 바에는 본능에 의지한 동물의 삶이 나을

지도 모르겠다는 생각을 할 수도 있다. 그러나 화합의 인생문명을 일으킬 수 없다는 점에서 인간의 존재가치가 최상의 포식자보다 그만큼 우월하다는 것이다.

천지인 세 개의 차원으로 나뉘어 운행돼 불리는 이름이 세상인 만큼 삼각원화체제는 쏠림방지를 위한 상호 견제체계라면 천지와 인으로 나누어 운행되는 이원화체제는 상호발전구도라고 하겠으니 나 하기 나름에 따른 적대보완적인 관계로 자리한다. 무릇 이원화체제 앞에서 이기의 인간은 육생량을 우선하는 데 있어 부딪침은 어찌 보면 자연발생적인 행위다. 그만큼 화합을 위한 징표임에도 그때마다 자기셈법으로 또 다른 모순을 양산시키는 고루한 인습에 꺼둘려왔으니 육생의 한계를 넘어서지 못하고 있다. 동물계의 부딪침은 배고파 벌이는 일이거나 종족번식의 영역다툼을 위해 벌이는 일로서 삶은 육생행위에 국한되어 있다.

해서 동물본능은 생존을 위한 것이라면, 인간본능은 육생발전을 위한 것이고, 그 너머 분별에 다가선다면 인생발전을 위한 것이다. 동물도 육의 진화를 거치지만 종의 번식을 위한 것이고, 인간의 육도 진화를 거듭하지만 그 목적은 화합을 위한 정신문명에 있다.

이쯤에서 나를 위한 어린 육생시절동안 너를 위한 성인 인생시절을 위해 육생교육을 받아온 시간을 베이비부머 엘리트를 기준으로 환산해보자. 유치원은 없다할 것이고, 초등학교 6년, 중학교 3년, 고등학교 3년, 대학교 4년 도합 16년이다. 전문대 2년이라면 14년 혹은 고졸까지만 치더라도 12년이다. 군 3년과 고 3년을 제외하더라도 최소 9년은 공부하지 않았을까. 그런데 과연 자기 앞에서 벌어지는 일을 바르게 처리하는 이가 얼마나 될까. 설령 처리한다

해도 다른 것과 바른 것을 알고 처리한 것일까. 분명 바르다는 정(正)도 정이지만 다르다는 사(邪)의 치우침을 알아야 일처리가 가능한데, 만약 알고 한 일이라면 바르다는 정의 뜻과 다르다는 사의 뜻을 정립해보면 어떠할까 싶다.

해방 이후 뭉치면 살고 흩어지면 죽는다는 말이 화두로 던져졌었고 동족상잔 6.25 이후에 남북으로는 보이는 이념의 장벽이, 동서로는 보이지 않는 지역감정의 선이 드리웠으니 되레 사분오열이라 작금까지도 뭉칠 여력이 없어 보이는 모양새다. 분명 자유는 내 앞에 인연과 하나 되는 일일 텐데, 너 따로 나 따로 주야장창 부르짖는 자유와 평화는 습관성 자기만족을 위한 것에 지나지 않나 싶다. 자유인의 조건 중에 하나가 참견과 간섭이 없어야 하는 것이겠지만 이는 둘째 치더라도 가정과 사회에서 화합을 위한 합의를 이루지 못하면 자유인은 아닐 터 그렇다면 구속인일까. 아쉬워서 찾아온 활동주체와 불통한다면 자유로울 수가 없듯이, 아쉬워서 찾아갈 때 운용주체 조건을 이행치 못한다면 이 또한 자유로울 수 없는 터, 물론 자유인이라면 거침없이 통하는 자라, 아쉬워서 찾아갈 리가 없다. 대사 도모를 위한 일이라며 모를까. 자유인이 되고자 한다면 그 누구와도 거침없이 통해야 한다. 바르다는 정직과 믿음의 신뢰가 바탕이 되어야 하겠지만 덕이 되고 득이 되고 할 때나 가능한 일이라는 것이다.

그래서 자유인이란, 장소와 이유 불문하고 하나 되어 나가는 이들을 가리키는 말이다. 즉, 정의를 말로만 부르짖을 것이 아니라 자유인과 정의는 일맥상통하므로 정의롭게 상호상생을 이루고 살아갈 수 있는 자이어야 한다는 것이다. 자유롭지 못한 것은 정의롭지 못한 것이라 행위가 정당할 때 자유롭다 할 것인데 정당한 것은 나보다 너를 위할 때 나타난다. 따라서 정직과 신뢰는 자유와 정의를 표방함으로 상호상생을 이루지 못한다면 가당치도 않다. 바람직한 사회상은 올바른 가치관을 고취시키는 일이므로 불통행위를 선악으로 논하기 보다는 아니거나, 다르거나, 그르친 행위라고 분류하면 어떠할까. 한편 정의(正義)는 평등(平等)과 불가분의 관계로 인간의 존엄성과 가치를 꾸준히 부르짖어 왔으나 순환의 이치 음양론을 잘못 이해한 까닭에 대립각만 세우고 있다. 인생량을 위한 육생량을 이해치 못해 벌어진 일이기도 하겠지만, 통하지 못한 적대적 관계는 정신량 부재로 일어나는 일이다. 동서양을 막론하고 치세와 처세를 위한 철학으로 자유, 평등, 평화를 부르짖어 온 것이겠지만, 육생량을 추구하던 시대와 육생량이 넘쳐나는 시대의 가치관은 엄연히 달리 나타나는 법이므로 이를 풀지 못하여 숙제로 남아있다. 수많은 논리가 길을 걷듯이 수월하다면 얼마다 좋을까마는 그렇지 못하기에 힘이 덕으로 둔갑하였다. 부르짖은 자신들조차 실천하기 어려운 규율을 정해놓고 지켜야 한다고 가르치는 자체가 난센스인데 정의로움이 무엇인지 어이 알겠는가 말이다. 만약 정의에 부합한 법도가 하나라도 마련됐다면 양극화로 민초들이 아우성치는 일은 없을 것인데, 조용한 날이 없는 것을 보아하니 기초 정의(正義)조차 정의(定義)하지 못한 모양이다. 틀을 유지하려는 것도 좋다. 허나 변화에 따라 상충에서 능동적으로 대처해 나갈 때만이 우량사회가 된다는 사실을 잊지 말아야 한다. 시대가 바뀌고 세대가 바뀌는데도 흐름의 틀을 잡아나가지 못한다면 뒤틀려 도태할 수밖에 없다. 바르다고 말하는 정(正)과 옳다고 말하는 의(義)는 결코 정해진 그 무엇이 아니기 때문인데 흐름에 따라 시대에 따라 근기에 따라 대처해 나가는 일이라고 할까.

자유와 정의는 상호 이로울 때만이 실현 가능하듯 평등 또한 하나 되어 살아갈 때 가능한지라 삶의 가치는 이로워야 하는 것에 있다. 그 가치는 덕이 되고 득이 되는 선순환 행위일 따름으로 올곧게 행하겠다는 정의는 그야말로 만백성의 로망이라 피와 살로 살아가는 상층의 관료들부터 정의로울 때 주고받는 사회가 된다. 해서 바르다고 말하는 정(正)은 이로움의 덕(德)을 지향하는 바라 쌍방은 반드시 이로워야 한다. '누구한테', '바로 앞의 인연한테' 물론 아쉬워서 찾아온 활동주체는 이로워서 맞이한 운용주체 하기 나름이겠지만 이롭다는 행위가 덕이 되고 득이 되지 못하면 바르다는 정이라고 할 수 있을까. 반쪽반생은 내 고집의 결과인데 자유인이라고 논하면 곤란하다. 정의는 말 그대로 상호상생의 차원으로서 자유인은 내 앞의 인연과 하나 되어 살아가는 이를 가리키는 소리다. 불통자는 앞에 있는 너까지 구속시킨다. 그 농도가 짙어질수록 사회에서 벗어나려 할 것이고, 그러다가 도린곁을 찾아들어 가서는 자유인이 되었다고 떠들곤 한다.

소통치 못해 홀로 산속에서 살아가는 이들이 어찌 자연인이라 할 수 있을까. 아무도 찾아주지 않는 고독한 곳에서의 삶이라 자유인을 논해서는 곤란하다. 육생살이 동물들에게는 자연이 사회다. 육생 너머 인생을 살아가야 하는 인간에게는 행의 현장이 사회다. 인간은 행의 현장을 벗어나서는 자유를 논할 수 없는 법인데 상생을 어찌 논하며 정의를 어찌 말할 수 있겠는가. 자유인은 사람들과 사람처럼 살아갈 때 만끽하듯이 동물의 자유는 자연 속에서 만끽한다. 자연을 벗어난 동물이 인간 사회에서 살아간다면 우리에 갇혀야 할 터, 결코 자유로울 수 없다. 인간도 마찬가지다. 행의 현장 사회를 떠나 도린결에서 나 홀로 살아간다면 우리에 갇혀 사는 꼴이지 아니한가. 제 발로 걸어 들어온 곳이므로 방목형 독방생활을 한다고 할까. 소통치 못해 혼자 사는 행위가 어찌 정의롭다 할 수 있겠으며 그 행위가 어찌 바르다고 말할 수 있겠는가.

산속에서까지 세상을 탓하고, 시대를 탓하고, 국정을 탓하고, 장소를 탓하고, 간혹 스치는 인연마저도 탓해댄다면 내 욕심으로 홀로 산다는 사실을 깨닫기 어려워 사회로 되돌아가본들 나아질 것은 아무것도 없다. 내 집착이 나를 운영하고 내 고집이 나를 부리는데 정녕 하나 되어 살아가지 못하는 이유가 독선 때문일까. 아니면 서푼짜리 자존심 때문일까. 다들 내 뜻을 받아주지 않아 벌어진 결과라고 말하는데, 그러한 자신은 네 뜻을 받아준 적이라도 있을까. 혹여 아집을 가치관으로, 자존심을 자존감으로 둔갑시키려 든다면 아마도 그렇게 도린결에서 살아가다가 삶을 마감해야 할지 모른다. 혹자는 자기 자신을 너무나 사랑한 나머지 벌인 행위였다고 구차한 변명을 늘어놓지만 감정은 이상과 자존심의 소산물이라 자멸의 독선을 내세우기 십상이고, 그 너머 감성은 화합의 발로라 수평유지에 힘쓰는데 결국 내 셈법에 무너지는 것이다. 물론 도린결에서 홀로 살아가는 고독만큼이나 고통스러운 표적은 없다. 그런데 문제는 이마저 길들여지면 잊어버린다는 것이며 되레 인연이 오는 것을 귀찮아하는 경향이 짙어진다. 불통을 일깨우기 위한 표적이 매몰찬 고독으로서 견딜 수 있을 만큼 주어지는 것이겠지만 인연을 맞이할 줄 몰라 홀로 사는 것인데도 내 편코자 하는 통에 창살 없는 감옥인줄 모르고 있다. 고집으로 이루고 고집으로 망하

고 또 그렇게 재기의 발판을 마련하는 것이겠지만 내가 만들어 나
가는 후천의 행위를 몰라 실패, 재기, 좌절의 사슬에서 벗어나지
못하고 있다. 자유인을 고통에서 벗어나고자 부르짖는데 어려움도
육생량에서 행복을 위한 사랑을 추구하다가 맞이하고 있다. 그에
따른 원인을 밝혀내지 못하면 그 어느 곳에서 살아가든 자유로울
수 없기에 나름 행복을 위해 사랑하며 살아가다 자유인을 부르짖
는 것이라면 그만한 자숙의 시간이 필요하지 않을까 싶다. 소통하
지 못하면 불통이라 나 홀로 살아가는 곳에는 자유가 있을 수 없을
터이니 말이다.

3. 사단칠정(四端七情)

도(道)와 덕(德)을 논하려면 성리학의 철학적 개념 중에 하나인 사단칠정(四端七情)과 이기론(理氣論)에 대해 이야기하지 않을 수 없다. 맹자(B.C. 371~B.C. 289)의 성선설에 근거하여 실천적 도덕행위의 근간이 된다는 인의예지(仁義禮智)를 근간으로, 가엽이 여기는 인(仁)의 측은지심(惻隱之心), 의롭지 못함을 부끄러워하는 의(義)의 수오지심(羞惡之心), 사양하는 예(禮)의 사양지심(辭讓之心), 옳고 그름을 가리는 지(智)의 시비지심(是非之心) 4개의 항목을 바른 것이라며 단(端)이라 명하였다. 인간의 본성에서 우러나온다는 사단(四端)은 선천적 본성(本性)의 이(理)에서 발하여 도덕적 능력을 가졌다고 말한다. 또 타고난 천성은 변하지 않는다 하여 본연지성(本然之性)이라고 칭하였다. 그리고 모든 사물의 생성과 원리를 주관하는 근원(根源)을 이(理)라고 명하였는데 과연 형이상학을 뜻하는 것일까.

칠정(七情)은 예기(禮記)에서 나오는 기쁘다는 희(喜)와 성낸다는 노(怒)와 슬프다는 애(哀)와 두렵다는 구(懼)와 사랑한다는 애(愛)와 미워한다는 오(惡)와 하고자 하는 욕(欲)에 이르기까지 7개 항목을 정(情)이라 칭하였고, 인간의 본성이 사물(육생량)을 접하면서 후천적인 기(氣)가 발하였다고 본연의 기질지성(氣質之性)이라 칭하였다. 이를 형이하학이라고 해야 할까. 후천적 기(氣)는 선천적 이(理)가 상대성으로 변화한 심리상태라고 할 수 있는데 본래 변하지 않은 성(性)은 본연지성이요, 기질에 의해 변한 성(性)은 기질지성이라는 것이다. 따라서 본래의 성(性)과 이(理)가 원칙이라면 변모한 정(情)과 기(氣)는 변칙이다. 이 원리에 입각하여 성(性)과 이(理)의 원칙은 지혜(智慧)요 정(情)과 기(氣)의 변칙은 지식(知識)이 아닐까 싶다. 즉, 지혜는 '이의 원칙으로 안의 것을 밖으로 드러내는 일'을 한다면 지식은 '기의 변칙으로 밖의 것을 안으로 들이는 일'을 한다고 할 수 있다. 물론 생각과 마음의 차이에서 일어나는 일이겠지만, 천지인, 상중하, 육해공 세 개의 차원으로 나뉘어 운행되는 세상이라 인간도 천기(天氣)의 참나(에고)와 지기(地氣)에서 생성시킨 마음(에너지)과 인기(人氣)에서 빚어낸 육신(물질), 이렇게 세 개의 차원으로 조물되었다. 자세한 내용은 1장에서 이야기한 「분별과 본능」을 참고 바란다.

한편 성정(性情)은 살아생전에 자리하고, 죽은 후에는 혼백(魂魄)으로 잠시 자리하다가 혼(魂)은 성(性)과 함께 저승으로 돌아간다면, 백(魄)과 정(情)은 상념체로서 이승에서 서서히 산화되는 집착 기운이라고 할까. 에너지 차원의 마음도 지기(地氣)에서 생성된 관계로 대우주의 에너지로 되돌아가고 영혼(참나)은 불멸이라 마음이 산화되어 버리는 순간 매우 단순한 상태로 머물게 된다. 살아생전의 집착한 바가 크면 클수록 죽을 때의 모습 그대로 저승으로 돌아가지 못하고 구천을 떠도는데 왜 그런 것일까. 이승에서 다하지 못한 한을 풀어보기 위해서라고 할 수 있다. 살아생전에는 참나(에고)가 본능의 생각에 매달리면 인의 본성을 잊어버리기 일쑤라 분별의 에너지 마음을 안착시켜 쏠림을 방지하도록 하였다. 그러나 에고(영혼)가 육신에서 벗어날 때 마음도 자동 산화되므로 살아생전 집착한 곳에 본능적으로 매달리듯이 행위가 이루 말할 수 없이 단순해진다는 것이다. 영혼이 저승으로 돌아가지 못하고 구천을 떠도는 구신이 되는 이유라 할 것인데, 극락왕생을 위한 천도제를 지내는 이유도 이 때문이다. 그리고 구천을 떠돌다 이승의 한(집착)을 풀고자 오가곤 하는 이유다. 참나는 티 없이 맑고 깨끗한 인(人)의 존자(尊者)였으나 탁해진 기운을 맑히려 이승과 저승을 오가면서(윤회) 선천의 본연지성은 생각차원 본능에 의해 길들여지는 동안 후천의 기질지성은 고집과 독선과 아집의 소산물이 되어간다. 즉, 생전에 육생량의 집착은 욕화를 움트게 하였고 본능은 분별의 차원을 넘어서지 못하여 선악의 논리가 자리하였다. 본능 너머 분별로 살아가야 하는 인간으로 태어나는 순간부터 나를 위한 생각과 너를 위한 마음이 공존하여 작용반작용의 법칙 상대성원리가 공부로 주어졌다. 분별심을 잊고 본능에 묶이면 생각을 앞세워 원인과 결과에만 치중하여 그럴 수밖에 없었던 이유(동기)와 과정을 간과하기 마련이다.

마음의 지혜가 생각의 지식과 균형을 이룰 때 원칙은 본능을, 분별은 변칙을, 육생량은 정신량의 의식을 세운다. 따라서 성(性)과 이(理)를 본연지성(本然之性)의 선천질량으로, 정(情)과 기(氣)는 기질지성(氣質之性)의 후천질량으로 논하지만 모두 선천질량이라는 것이 필자의 견해다. 티 없이 맑은 인의 존자의 본성을 이야기하자면 윤회(輪回) 이전의 세상을 설해야 할 터 이쯤하자. 참나의 생각과 지식은 유전과 진화에 일맥상통하는 바라, 이(理)와 기(氣)가 이렇고 성(性)과 정(情)은 저런 것이라 논하는 오류는 범하지 말았으면 하는 바이다. 설령 맞다 한들 근기마다 달리 나타나기 마련이 아니겠는가. 또한 심성론(心性論)을 이(理)의 본연지성이라 한다면, 수양론(修養論)은 기(氣)의 기질지성이라 할 수 있는데 이(理)와 기(氣) 모두 선천질량에서 비롯되었듯이 심성과 수양 모두 선천질량에서 둘로 나뉜 것이라 그 본질은 하나였다는 것이다.

한편 무형의 4차원에서 받아온 사주는 유형의 3차원을 위한 육생의 기본금으로서 선천질량이라고 했다. 그리고 주어진 기본의 자리에 올랐다면 후천의 삶을 살아가야 한다고도 논하였다. 왜 그런 것인가. 선천의 육생은 후천의 인생을 위한 것이므로 인간 너머 사람으로 승화될 때 사랑의 방편으로 행복을 영위할 수 있는 자격이 주어지기 때문에 승화에 따른 자원을 바로 알고 있어야 한다는 것이다. 나를 위해 살아온 어린 시절은 선천의 육생을 위한 질량으로서 너를 위해 살아가야 하는 성인 시절은 후천의 인생의 질량을 위한 것에 있듯, 주어진 육생을 바탕으로 인생은 내가 만들어 나가야 한다는 것이다. 선천은 모두 나를 위한 육생량으로서 이기적일 수밖에 없기 때문에 이(理)의 사단칠정도 너를 위한다고는 하나 본질은 나를 위한 것이라 선천적 이기의 육생량일 따름이다. 즉, 너를 위한 이타의 정신량을 부가시켜 '덕이 되고 득이 되는' 상호상생을 일으키지 못하면 모두 나를 위한 이기의 질량이라는 것이다. 수양(修養)도 육성(肉性)을 넘어서 인성(人性)의 심성(心性)을 닦기 위한 것에 있듯 정신량이 미미하다면 육성에 머물렀다고 할 것이다. 한편 본연지성 이(理)와 성(性) 그리고 기질지성 기(氣)와 정(情)이 부합된 이타의 질량으로서 이쯤 되면 선순환의 법도를 담은 그릇이라고 할 수 있다.

티 없이 맑은 인의 기운이 인육을 입어야 했을 때에는 탁해져 인의 본성은 희석되고 말았다. 그리하여 이기(理氣)와 성정(性情) 그리고 본연(本然)과 기질(氣質)은 본래 하나였다는 것인데 음양의 차원 둘로 나뉘어 본연(本然)의 이(理)와 성(性)은 운용주체로 기질(氣質)의 정(情)과 기(氣)는 활동주체로서 자리한다는 것이다.

아울러 마음, 분별, 원칙, 사단(四端), 혼(魂), 비(飛) 등을 운용주체라고 한다면 생각, 본능, 변칙, 칠정(七情), 백(魄), 산(散) 등을 활동주체라고 할 수 있다. 물론 윤회와 유전의 기질은 선천적인 것이라고 하겠지만 성향이 저마다 다르므로 인간의 본성을 이런 것이라고 단정 지으면 곤란하다. 왜 사주가 받아온 기본금 육생량이겠는가. 여기에는 이와 기, 성과 정이 있을 리가 만무하겠지만 윤회와 진화는 선천적인 것이므로 이미 배어 있다. 어디까지나 이기의 육생량은 인연을 불러들이는 방편이요, 이타의 정신량은 하나 되어 나가는 수단이라, 후천적인 부분이다. 즉, 본연과 기질 모두 육생량 앞에 길들여진다는 것인데 인생을 위해 육생을 살아가야 하므로 이기적인 본능에 의지하기 마련이라, 수양을 통해 티 없이 맑았던 인의 본성을 찾아야 한다. 닦아서 구하는 것이 술법이요, 찾아서 마련해야 하는 것은 도법이고, 심성을 배양하는 일은 수양이다. 현행 교육이나 수행이나 수련이나 수도에 있어서도 다를 바 없다. 물론 신앙에 따라 달리 나타나는 경향이야 있겠지만 성경이든, 불법이든, 도법이든, 비법이든 간에 심성을 바르게 기르지 않고서는 쓸 수 있는 경전은 아무것도 없다는 것이다. 무엇보다 성정을 닦고 길렀다한들 뒤틀렸던 유사한 행위가 반복되면 화가 끊기 마련이라 심신수양은 뒤틀려버린 이유와 잘못 살아온 지난날을 되돌아보는 일이어야 하며 양양상충과 음음상극을 직관하는 데 있어야 한다.

내 뜻대로 안 될 때마다 나게 되는 화는 그야말로 상극상충의 발원지다. 육생량을 내 뜻대로 하고자 했기 때문일까. 아니면 내 앞의 인연을 내 뜻대로 부리려 했기 때문일까.

이기의 소산물이 육생량이라고는 하지만 인연을 불러들이는 방편이요 이타의 발로 정신량은 소통의 수단이라 수요공급의 법칙에 의해 둘 중에 하나라도 부족하면 부딪치게 된다.

'누구와', '바로 앞의 너와' 그리고 육생량을 더 가지려고 하는 것이 과연 욕심일까. 욕심이라고 한다면 양보해야 한다는 것인가. 정신량이 풍부하다면야 상호상생을 이루어 나가겠지만 태반이 부족하여 상극상충을 일으키고 선천적으로 주어지는 질량으로서 양보해야 하는 이유가 있을까. 부딪침은 육생량을 앞에 두고 정신량 빈곤으로 일어나는 일인데 육생량이 그런 것 마냥 핑계대면 곤란하다. 사달은 쓰지 못해 나는 것이므로 육생량을 더 가지려는 행위가 욕심일 리가 없다. 더 가지고 있는 만큼의 인연이 찾아들 터 그만큼 바르게 쓰는 법을 배워야 하겠지만 상호상생을 위한 것이므로 정신량 빈곤에 관한 문제다. 그리고 보면 육생량을 앞에 두고 욕심을 부리기보다는 정신량 부재로 비롯되는 일이 아닐까. 육생량이야 주어진 것이고 이를 필요해 찾아오는 것이 인연이라, 그 인연을 뜻대로 해보려다가 화를 자초하고 있으니 말이다. 그래서 하는 소린데 육생량의 욕심은 작은 욕심이요, 너를 뜻대로 해보려는 욕심이 진짜 큰 욕심이라 아마도 반려동물을 키우는 이유가 여기에 있지 않나 싶다. 아울러 자신의 모난 성격을 찾는 일도 수양이요 나를 찾아온 인연과 함께하는 일도 수양이라는 것이다. 한편, 본연지성은 참나의 것이라고 말하겠지만 이는 생각차원이요 너와 하나 되고자 할 때 발현되는 에너지 차원 마음이 지혜의 근원이다. 따라서 이(理)와 성(性)을 마음에 비유한다면 소통의 발현은 본연지성에 있다고 해도 무방하다. 그리고 참나는 생각의 발로이지 않은가. 이기의 육생량을 위해 본능적(직감)에 의지하여 기질지성을 발로하고 때론 기(氣)와 정(情)을 발현키도 한다.

이쯤에서 퇴계(退溪) 이황(李滉, 1501~1570)과 고봉(高峯)기대승(奇大升, 1527~1572) 사이에서 벌어졌던 이기(理氣)의 논쟁부분을 간단 명료하게 짚어 보자. 퇴계 이황은, 사단(四端)은 이(理)에서 나오는 마음이고 칠정(七情)은 기(氣)에서 나오는 마음이라 하였다. 또 인간의 마음작용은 이와 기의 두 가지로 구분하였고 선과 악이 섞이지 않는 사단은 마음의 작용인 이의 발동에 속한다고 이른바 주이론적(主理論的) 이기이원론(理氣二元論)을 주장하였다. 그러나 기대승은 기는 관념적으로는 구분할 수 있으나 구체적인 마음의 작용 이에서는 구분할 수 없다고 주장하여, 이기일원론(理氣一元論)을 취하고 주기론적(主氣論的) 경향을 띠었다고 한다. 참으로 어렵고 난해한 해석이다. 이황의 이기이원론과, 기대승의 이기일원론의 논쟁은 이후에도 끊이지 않았고 오늘날까지도 왕왕 벌이는 모양이다. 천기 참나의 생각은 이기적인 지식의 발로요, 지기에서 생성시킨 에너지 마음은 이타적인 지혜의 발로라, 내 안에 너와 내가 존재하는 데에서부터 풀릴 듯 풀리지 않는 복잡한 인간관계가 공부로 주어졌다. 이 문제만 풀면 하나 된 삶을 살아가게 되는데 천지인에서 비롯된 상중하 삼원화체제는 중(中)이 상하(上下)의 중심에서 수평을 유지해 나가다가 이원화체제를 형성하게 된다. 이때 대립각을 세우는 구도가 형성되어 나를 우선한다면 네가 발칵 할 것이요, 무조건 너를 우선한다면 내 삶이 곤란해질 터이니, 적대보완적 관계를 이루다가 하나 되는 구도를 세우는 것이 바로 이원화체제다. 상극상충이나 반쪽반생이나 상호상생이나 모두 나 하기 나름이라 부메랑 효과로 작용반작용의 법칙이 확연히 드러나는 이원화체제를 선천의 육생량으로 이루었다며 일원화체제는 후천의 정신량으로 이루어야 한다. 육생량으로 정신량을 창출키 위해 지식과 지혜, 본능과 분별, 너와 나의 차원을 일깨우기 위하여 생각과 마음이 내 안에 공존하고 있다. 아울러 잘못은 생각차원의 욕심이 저지르고 다들 마음이 시킨 것 마냥 마음이 그랬다고 한다. 너를 위할 때만이 쓰이는 에너지가 마음이다. 나를 위할 때 쓰이는 에고 차원의 에너지가 생각이다.

또 그러한 마음을 나를 위해 쓰고자 한다고 해서 과연 쓰여 지는 것일까. 내 자신을 본능적으로 움직이게 만든 것은 이기적인 생각인데 말이다. 앞서 밝힌 바와 같이 이기(理氣)와 성정(性情)이 나를 위한 것이었듯이 사단(四端)과 칠정(七情) 또한 나를 위한 것에 있다. 그리고 너를 위한 질량이 운용주체라면 나를 위한 질량이 활동주체여야 하겠지만 참나가 주체이기 때문에 나를 위한 생각을 통해 너를 위한 마음과 하나 되기 위한 것에 있다. 이를 위해 이기와 사단칠정이 필요한 것이겠지만 업그레이드 시대에 이보다 시급한 것은 너와 나를 하나로 규합할 수 있는 정신량이다. 그렇다고 성과 정, 이와 기, 사단과 칠정이 둘로 나뉘었다는 소리가 아니다. 어떻게 쓰느냐에 따라 나를 위한 것일 수도 있고, 너를 위한 것일 수도 있다는 것이다. 뿐만 아니라 지식의 발로 생각도 나요, 지혜의 발로 마음도 내가 운영하는 만치 나 하기 나름이라는 것이다. 무슨 말이냐면 지식이 배재된 생각과 생각의 만남은 본능과 본능의 만남이라 동물처럼 살아갈 것이요, 지혜가 배재된 지식과 지식의 만남은 내 욕심과 네 욕심의 만남이라 나름 육생물질문명은 구가하겠으나 싸우고, 충돌하고, 부딪치는 일은 피할 수 없다는 것이다. 생각과 마음이 부합된다면 본능과 분별의 혼화로서 지식의 육생문명은 지혜의 인생문화를 일으킬 것이므로 인류는 피 흘리며 살아가는 일은 없다 할 것이다. 물론 가치관도 마음이 일으키지 않는다. 너를 위할 때만 쓰이고, 쓰지 않을 때는 그대로 있을 뿐이다. 생각은 곧 욕심이므로 포부, 희망, 꿈, 각오, 다짐, 사명감, 책임감, 자부심, 긍지 등을 일으키고 뜻대로 되지 않을 경우 아집, 독선, 탐욕, 집착, 불만, 시기, 질투 등을 일으킨다. 잘되면 내 탓이요 못되면 조상 탓이라고 하듯이 마음을 비워보겠다고, 닦아보겠다고, 씻어보겠다고 영산명산 찾아다니는 태반이 마음펑계를 일삼는 이들이다. 정녕 마음 한번 써본 이들일까.

☾ 사단(四端)의 이면

이(理)와 사단(四端)을 본연지성(本然之性)이라고 주장하는 성리학에서는 자연의 섭리와 생활의 이치라 말하고 본래부터 주어진 선천적 성품이라 말한다. 정녕 그러하다면 운용주체의 덕목이라고 해야 하지 않을까. 이로움의 운용주체는 전체를 주관해 나가는 자로서 하드(hard)의 위치이기에 소통의 방편 만물을 화합을 위한 합의의 수단으로 거침없이 쓸 수 있는 거룩한 품성을 지니고 있어야 한다. 거룩함이란 화합의 대안을 가지고 있느냐에 대한 물음이다. 육생량 앞에서는 누구나가 이기(利己)의 본성을 드러내기 마련이라 이것은 이러할 때 필요한 것이고, 저것은 저러할 때 필요한 것이라고 단정 짓지 말아야 한다. 근기마다 육생량을 기본금으로 달리 주어지듯 네 것이 내게 맞지 않을 터, 내 것이 네게 맞는 것인 양 나대지 말라는 것이다. 이로울 듯싶을 때 만나, 이로우니 사랑하고, 그 이로울 것 같은 에너지로 행복을 영위하려 드는 건 소명이 하나 되어 살아가는 것에 있기 때문이다. 사실 주고받을 이로움이 없다면 이(理)와 기(氣)를 따져가며 성품을 논할 이유가 있을까. 네가 있고 내가 있어 생각도 있고 마음도 있다. 혼(魂)이 있기에 백(魄)이 있는 것처럼, 성(性)이 있어 정(情)이 있는 것이다. 둘이 하나 될 때 그 힘은 배가되듯이 육생량에 정신량을 부가키 위해 작용반작용의 법칙 상대성원리가 적용된다. 성인이 된 이후에 남녀가 화합(결혼)치 않고 각자도생(各自圖生)하려 든다면 타고난 역량을 발휘할 수 있을까. 이원화체제의 음양이 일원화체제로 화합을 이룰 때 만물이 태동하는 것처럼, 남녀가 가정을 이루었다면 두말하면 잔소리 아닌가.

자식이 태어난 순간 부모와 자식지간은 이원화체제라고 하겠지만 천륜지간으로서 부모가 자식을 품어 안을 때에는 일원화체제다. 본래 나는 일원화체제 하나에서 둘로 분리된 이원화체제로서 너를 만나 하나가 될 때의 일원화체제 그 힘은 배로 나타난다. 즉,

부(父)와 모(母)와 자(子)의 삼원화체제는 부모와 자식 이원화체제이자 일원화체제라는 것이다. 세상이 천(天)과 지(地)와 인(人)의 세 개 차원으로 나뉘어 운행되는 이유라고 할 수 있는데, 본래 삼원화체제는 일원화체제에서 비롯되었다는 것이다.

하나가 둘로 나뉘기 전에는 음양의 분별이 없었다. 그 하나의 천에서 지의 둘로 분리되어 인을 빚어 셋이 되었듯이, 본래 하나였던 음(陰)에서 양(陽)이 분리되어 만물을 빚고 셋이 되었기에, 음양이 하나가 될 때 생명이 태동하는 법이다. 즉, 남녀가 부부가 될 때 힘은 배가되고 자식을 낳고 키울 때 행복을 영위하게 된다는 것이다. 그리하여 천지인, 불법승, 성부·성자·성령의 삼신사상이 자리한 이유라고 할 수 있는데 삼원화체제, 즉 천지가 인을 운영하듯이, 불법이 승을 운영하고, 성부와 성령이 성자를 운영한다는 것이다. 그리하여 부부가 자식을 낳아 바르게 성장시키면 부모자식지간으로서의 그 힘은 이루 말할 수 없다는 것이다. 물론 하나에서 둘로 분리된 천지에도 운용주체가 있듯이, 불법에도 있고, 성부·성자에도 있는데 부부지간에는 없을까.

하나 되어 살아간다는 자체가 행복하기 위한 것이고 보면, 추구하는 행복은 언제나 운용주체 하기 나름에 달려있다. 사랑은 이기(利己)요 행복은 이타(利他)로서, 잘살고 못사는 일은 하나 되어 사느냐 못사느냐에 달린 문제다. 보이는 육생량이건 보이지 않는 정신량이건 화합을 위해 필요한 만큼 가져다 써야 하는 것이므로 유해한 것과 무해한 것은 없었다. 바르고 다른 것은 나 하기 나름이라 유익무익이나 유해무해나 상극상충에 따른 결과다. 그러므로 상극상충은 다른 길이요 상호상생은 바른 길로 여겨왔다는 것인데, 하지만 지금까지도 반쪽반생의 다른 길을 바른 길로 알고 살아가고 있으니 육생은 본래 치우쳤다는 사실을 알 수 없었다. 바르다는 정(正)의 행위는 이로움을 먼저 주고 후에 받는 일이라면, 착하다(다르다)고 말하는 선(善)행은 한쪽만을 위시한 행위라고 할까. 이처럼 바르다는 정과 착하다는 선의 차원과는 뜻밖의 결과를 나타낸다. 정의(正義)를 덕(德)으로 일으킨다면 득(得)이 되어 돌아올 것이고, 덕행(德行)이 선행(善行)에 불과하다면 치우쳤다 할 것이니 필경 해(害)가 되어 돌아올 것이다.

한편 육생량을 추구하던 시대를 선행시대(善行時代)라고 한다면 정신량을 추구하는 시대는 덕행시대(德行時代)라고 해야 하지 않을까. 컴퓨터가 보편화되기 이전의 시대였으니 착하게 살아야 복을 받는다는 소리가 만연한 시대이기도 했으니 말이다. 그만큼 바른 행위에 대한 시각을 육생량에 두어야 했던 만큼 선행으로 받아들이지 않았겠나 싶다.

육생이 인생이었던 시대의 쏠림은 만연이기 보다는 자연발생적이었다고 할까. 힘의 논리는 육생의 역사라 사단(四端)에 전체를 아우르는 기풍이 서려 있다면 내 편 네 편으로 갈라섰을까마는, 물론 이원화는 진화·발전의 체제이겠지만 적대적 강대강의 국면으로 접어들지 않았을 것이라는 소리다. 선천적 육생량을 우선하는 힘의 논리 시대에서는 착하게 살아야 복을 받는다는 선행은 지극히 당연한 행위였겠지만 육생량이 넘쳐나 덕으로 살아가야 하는 시대에서의 선행은 손해라는 개념이 자리하기 시작하였다. 왜 그런 것일까. 후천적 상호상생 대안마련을 위한 표적이기 때문에 그렇다는 것이다. 선천질량 이기는 하지만 그래도 분명 사단을 필요로 하는 이들에게는 소통의 활력소가 되었을지도 모르겠으나 머물면 멈추는 바라 더 이상의 발전이 없다는 것이 문제다. 제아무리 알파고가 대세인들, 정의는 덕으로 살아갈 때 바로 선다는 사실을 깨우치지 못하면 육생으로 치우친 세상이 바로 설 리 만무다. 이쯤에서 선행을 추구해야만 했던 시대와 덕행을 추구해야만 하는 시대상을 '인(仁)의 측은지심(惻隱之心)'으로 살펴보자. 타인의 불행을 불쌍히 여기거나, 어려움에 처한 이들을 애처롭게 여기는 마음이라는 해석이다. 물론 생각과 마음을 분별치 못한 해석이라 그런지 몰라도 혹자는 "서푼짜리 동정심이 아닐까요"라는 의문을 제시한다. 만물의 영장으로서 어찌 측은한 생각이 들지 않겠느냐마는 어려워졌을 때에는 그만한 이유가 있다는 사실 하에 접근해보자. 불우한 이웃이 인구수에 비례하는 것이라고 하겠지만 끼리끼리 살아가는 것이 삶이라 내 앞의 네 모습이 곧 내 모습이 될 수도 있다는 점이다. 이웃이 사촌인 이유도 입장과 처지를 누구보다 잘 알기 때문이라고 할까. 묘하게 모두 이기의 육생량으로 받는 고통이고 또 당장의 어려움을 모면케 하는 질량도 이기의 육생량이다. 문제는 정신량 부재로 받은 표적이라 나도 그리 될 수 있다는 것이다.

물론 입장과 처지에 따라 달리 나타나겠지만 선행을 운운하는 자는 육생량을 가지고 다가설 것이요, 덕행을 거론하는 자는 육생량과 정신량 모두 가지고 다가설 것이다. 이조차 행하지 않은 이들이 부지기수일 터이고 보면 기실 돕고 안 돕고는 개인권한이라 가타부타 나무랄 자격이 누구에게도 주어지지 않은 것 같다. 보여주기식 서푼짜리 동정심으로 다가섰다간 고양이 발톱에 할퀴일 수도 있는 일이라, 진정한 어려움을 아는 이들만이 도울 수 있는 자격이 주어졌다고 할까. 숱한 나눔과 봉사단체가 있지만 누굴 위한 행위일까를 뒤돌아봐야 한다. 춥고 배고파 옷과 밥을 갈망하는 이들에게 정신량을 운운하는 일처럼 난센스는 없겠지만, 육생량만으로 해결될 문제가 아니라는 것이다. 가난은 나라님도 구제하지 못한다는 말이 왜 만들어졌을까. 사실 동정이 서린다는 것도 자신의 일면을 보는듯한 연민 때문이라 인간이기에 측은지심은 당연하다는 것이다. 그러하다면 사단이 본연지성이 아니겠느냐는 의문을 던질 수도 있지만 칠정의 기질지성도 별반 다르지 않다.

내 안에 생각과 마음이 공존하기에 본성이 본능을 억제하려 드는 것이고, 분별로 이성을 일깨워 삶의 질을 높여 나가려는 것이다. 이(理)와 기(氣)가 없다면 어찌 인간이라 할 수 있겠으며, 성정에 따른 감정과 감성이 없다면 사람으로의 승화가 어이 가능하겠는가 이 말이다. 육생이 전부인 동물들이 느낄 수 있는 것은 배고픔이고, 인생을 살아가야 하는 인간은 느끼는 것은 배고픔에 동반된 어려움과 고통이다. 이때 동물도 배고픔이 가져다주는 육의 고통을 느끼지만, 인간은 하나 되지 못할 때 받는 표적이므로 어려움에 부가된 정신적인 고통은 인간만이 느낀다는 것이다. 게다가 이 모든 상황이 육생량에서 비롯된다는 것인데 아이러니하게 이를 면하게 해주는 것 또한 육생량이다. 물론 정신량이 바로 서야 가능하겠지만 먹이사슬은 분명 동물계의 위계질서다. 그렇다고 상명하복이 인간계의 질서여야 할까. 동물은 육신의 배만 부르면 그만이다. 하지만 인간은 육신의 배가 부를수록 관계는 복잡 미묘해진다. 단순해질 때가 언제 인고 하면 춥고 배고플 때다. 참으로 희한한 노릇이지 아니한가.

부끄럽게 생각한다는 '의(義)의 수오지심(羞惡之心)'으로 넘어가보자. 자신의 행위에 대해 부끄러움을 안다면 그는 이미 사람답게 살아가고자 하는 이다. 과연 얼마나 될까. 자신이 치우쳐 살아가고 있다는 사실을 아는 이가 말이다. 최소한의 상극상충 원인만이라도 알고자 한다면 상식이 통할 텐데, 먹고살겠다고 아우성뿐이니 치우친 자체를 아예 모른다. 필자의 넋두리가 도덕적 해이를 책망하는 것일까. 아니면 인문학적 소양을 갖추지 못한 것에 대한 자책일까. 당최 무엇이 잘못되어 수준 이하의 삶을 살아간다고 하는 것일까. 분명 정해 놓은 듯싶지만 정해진 것은 그 무엇도 없으며, 정해 놓지는 않았으나 무언가 정해진 듯한 틀에서 벗어나지 못하면 방약무인(傍若無人)한 태도를 보인다. 누구나 납득이 가는 보편타당한 행위가 상식적인 행동이 아니겠냐고 말하는데, 정작 이런 말을 하는 이들일수록 서로를 못 잡아먹어서 안달이다. 만백성이 안하무인(眼下無人)일까. 초록은 동색이라 없지는 않겠지만 민초들의 보편적 생각은 육생량에 묶여 있기에 중산층의 보편적 상식은 정신량에 있어야 한다. 그 발원지가 상층이라면 금상첨화 아니겠느냐마는 어찌된 영문인가. 만백성의 잘못으로 쏠림이 심화된 것 마냥 되레 닦달하니 쌍코피가 멎을 날이 없지 않은가. 그러다가 상층에서 의(義)가 어떤 것이라고 들먹이기라도 하는 날에는 똥 묻은 개가 겨 묻은 개 나무라는 습성이 만연할지도 모른다. 인습과 관습에 젖어 살아온 만큼이나 치우쳤기에 수오지심은 남의 과오보다 자신의 과오를 되돌아보는 일이어야 한다. 청탁이니, 비리니, 뇌물수수니, 부정부패니 하는 소리가 만연됐다. 어느 계층의 상식이 통하지 않아 벌어지는 일일까. 동물도 사람도 아닌 그 중간의 삶을 살아가는 인간이기에 정의를 구현코자 한다. 그리고 사람답게 살아가고

자 정의를 외친다고 하는데 과연 사람답게 사는 세상은 어떠한 세상인가. 정의가 구현될 때의 일이겠지만, 치우쳤다는 사(邪)의 행위는 다르게 살아가는 것이므로 바르다는 행위가 거기에 머물렀다면 모를 수밖에 없다. 그러고 보면 본성을 가리키는 정(情)도, 정사를 본다는 정(政)도, 수정구슬처럼 맑다는 정(晶)도, 바르다는 정(正)을 따르는 듯싶지만 상호상생 선순환 법을 모른다면 정의(正義)조차 거론하지 말아야 한다. 덕에서 정이 비롯되고 정에서 덕이 비롯될 때 상식은 언제나 바르고 이롭다는 명제 앞에 정의로워야 하는데 있다. 그래서 정의는 상호 이로워야 하는 것이고 이롭지 않은데 바르다고 말할 수 있을까.

그리고 치우쳤다는 사(邪)가 먼저일까. 바르다는 정(正)이 먼저일까. 적대적일 듯싶지만 상호보완적인 관계다. 선과 악을 논할 때 죄와 벌을 논하듯이 말이다. 바르다는 정의 행위는 치우친 사의 행위를 통해 나오듯이, 육생량에서 비롯되는 상극상충 현상으로 선악의 인식이 자리하면서 죄를 논하고 벌의 개념을 상상하지 않았나 싶다. 그 악행은 선행을 갈망케 함에 따라 죄를 지으면 벌을 받아야 한다는 보편적 논리는 하나 되어 살아가자는 교화에 있었다. 사실 육을 건사하고자 저지른 일인데 육신을 구속한다고 해결될 일은 아니지 않은가. 악(惡)과 죄(罪)와 벌(罰)이 선망한 선(善)은 반쪽반생의 주범으로 바르다는 정을 갈구함에 따라 정신량을 첨가하지 못한다면 치러도 치렀다고 할 수 없다. 악은 선을, 선은 정을, 정은 덕을 지향하므로, 죄는 육생량 부족보다는 정신량의 부재로 저지른다. 이에 대한 문제가 양보와 사양심을 기린다는 '예(禮)'의 사양지심(辭讓之心)'에 한 뜸만 배어 있었다면 술 취한 세상이 되었올까마는 이기의 육생량 앞에만 서면 누구라고 할 것 없이 쌍심지를 켜고 달려드는 모양새가 여전히 술에 취해 있다. 만약 어질다는 측은지심(惻隱之心)의 인(仁)에서 인(人)의 본성을 깨우친다면, 옳다고 말하는 수오지심(羞惡之心)의 의(義)에서 도리를 찾고, 사양지심의 예는 본래 겸양의 미덕이라, 지혜의 발휘는 '시비지심(是非之心)의 지(智)'에서 발생하여 그나마 깨어날 수 있을 텐데 말이다.

아울러 사양은 존중과 겸손이고, 양보는 배려와 감사로서 기본 예절 에티켓 정도면 나름 처세에 충분하지 않을까 싶다. 나보다 너를 우선해야 한다고 해서 내게 주어진 기회마저 양보해야 한다는 것이 아니다. 득이 될 성 싶으니 인연들이 찾지 않는가. 득이 될 거리가 없는데 찾는 인연이 있기라도 할까. 이로움의 보편적 기준을 이기의 육생량에 두었기 때문에 가진 것이 없다면 사랑은 물론이요, 자그마한 합력조차 이루기 힘들다. 왜 어려워졌을까. 왜 삶이 고통스러워졌겠는가 말이다. 덕 되게 했는데 득이 되지 않는다면 빛 좋은 개살구다. 잘못 살았다는 반증 아닌가.

거절하지 못해 당하는 괴로움이 있다. 사양과 양보의 차원과는 다르지만 무익한 결과를 초래한다면 마찬가지라는 것이다. 콩 한 쪽도 나눠먹는다는 말도 너무 작은 것이라 얼마든지 가능한 일이다. 그리고 어려움은 당연히 함께 극복해 나가야 하겠지만, 문제는 극복한 후에도 재차 일어난다는 것에 있다. 왜 그런 것일까. 다들 욕심 때문이라고 말하지만, 극복하고 올라서는 데까지가 받아온 기본금이라면, 오른 후에 하나 되어 나가는 정신량은 내가 만들어 나가야 하는 부분이라서 그렇다. 이를 준비했다면 별문제 없겠지만 준비가 미흡하다면 표적으로 재차 어려움을 겪게 된다는 것이다. 사양도 방편이고, 양보도 방편이다. 하나 되어 나갈 수만 있다면 그 무엇인들 못할까만 정신량이 배재된 육생량만으론 어림도 없다. 만약 정신량이 부합된다면 사양도 사랑이고 양보도 사랑이지만 그렇지 못하기에 기초행위에서 불편한 심기를 드러낸다. 품성을 갖춘 자에게는 당연지사 언제나 양보하기보다는 배려할 것이요 사양하기보다는 겸손할 것인데, 이쯤 되면 가타부타 따지며 살아갈까. 바르다는 정(正)과 치우쳤다는 사(邪)의 분별을 위해 지(智)를 배양한다면, 어질다는 인(仁)과 도리를 찾겠다는 의(義)와 겸양의 미를 가리키는 예(禮)의 3개 항목은 기본덕목이라 불필요한 사항일 수도 있다. 특히 인(仁), 의(義), 예(禮) 3개 항목은 너를 위한 듯싶지만 나를 위한 것이고, 지혜(智)만큼은 너를 위할 때 쓰이는 마음에서 촉발되기 때문이라고 할까. 받아온 육생의 기본 자리에 오르는 과정도 그렇고 오른 후에 하나 되어 나가야 하는 과정도 그렇고 모두 나 하기 나름에 따른다. 즉, 거머쥔 방편은 쓰기 나름이라는 것인데 기본금을 성취할 때까지의 분별은 오르는 데 있다면, 오르고 난 후의 분별은 너를 위한 것에 두어야 한다는 것이다. 욕심의 소산물 육생량을 구하는 행위는 하나 되어 나가자는 것에 있어야하고 취했다면 하나 되어 나가는 일만 남았다.

☾ 칠정(七情)의 이면

이(理)와 사단(四端)을 선천적 본연지성(本然之性)이라고 한다면 기(氣)와 칠정(七情)은 후천적 기질지성(氣質之性)이고, 사단을 형이상학의 에너지이라고 한다면 칠정은 형이하학의 에너지원이라고 할 수 있다. 이쯤 되면 이(理)의 본성(本性)은 전체를 주관하는 운용주체 하드(hard)일 터이고 기의 기성(氣性)은 부분을 관장하는 활동주체 소프트(soft)가 아닐까. 선천의 육생량은 부분을 관장하는 활동주체이고 후천의 정신량은 전체를 주관하는 운용주체 이듯이 말이다. 그런데 이와 사단은 선천적 본성인데도 불구하고 활동주체가 아닌 운용주체로 자리하는 것일까. 후천적 기성(氣性)이어야 할 기와 칠정이 오히려 활동주체로 자리하고 있다. 그 이유가 어디에 있을까. 본래 이와 기 모두 선천질량이지만, 이의 본성과 기의 기성으로 나뉜 것은 성(性)과 정(情)의 쓰임이 다르기 때문이다. 이를테면 사주(四柱)는 개인의 사주(私主)로서 선천질량이자 이승의 삶을 위해 저승에서 받아오는 육생의 기본금이라는 것이다. 그리하여 자리에 올라설 때까지의 행위는 나를 위해 하는 것이라 활동주체라고 할 것이며 올라섰다면 운용주체로서의 너를 위해 살아가는 후천질량을 마련해야 한다는 것이다.

어린 시절은 성인 시절을 위해 주어진 시간이듯이 생각 너머 마음과 지식 너머 지혜는 사랑 너머 행복, 즉 육생 너머 인생을 위해 주어진 시간이라는 것이다. 이처럼 부분의 육생량을 관장하는 활동주체 차원을 넘어설 때 정신량으로 전체를 주관하는 운용주체 자리에 앉는다. 또한 육생을 살아가는 인간은 육생량 앞에서면 이기적 본성을 드러내므로, 올라선 이들이 마련해야 하는 것이 이타적 정신량이다. 어렵사리 성공했는데 실패는 왜 하는 것일까. 축복 속에 결혼을 하고 나서 이혼을 왜 하게 되느냐는 것이다. 물론 저마다의 슬픈 사연이 있겠지만, 무엇보다 너 따로 나 따로 놀아나다 받은 표적이라는 점이다. 이쯤에서 희(喜), 노(怒), 애(哀), 구(懼), 애(愛), 오(惡), 욕(慾) 일곱 가지 칠정(七情)을 논하기에 앞서 이기(理氣)

와 성정(性情), 즉 이(理)와 성(性)과 기(氣)와 정(情)에 대해 잠시 살펴보자.

이(理)의 성(性)이 감성(感性)이면 기(氣)의 정(情)은 감정(感情)이다. 그렇다면 누구나가 느낀다는 감(感)이 뜻하는바가 무엇일까. 안팎으로 받게 되는 자극에 대한 사항이 아닐까 싶은데, 그러고 보면 감성과 감정의 발로 성정(性情)은 선후적인 것을 가릴 것 없이 나보다 너를 위한 것에 있지 않을까. 감정은 나를 못마땅히 여길 때마다 쌓이는 티끌로 썩 좋지 않은 기분을 드러낼 것이고, 너를 우선하고자 할 때 발하는 풍부한 감성은 기쁨이라, 감정과 감성이 하나되지 않으면 시기와 질시로 평온한 날이 자리하기 힘들다. 그리고 어린 시절은 선천적 육생을 살아가야 하는 터라 성정이 육성(肉性)에 가깝다. 무섭고 사납다는 뜻이 아니라 티 없이 순수하고 때 묻지 아니한 천진난만한 상태를 뜻한다. 다듬어지지 않은 육성을 인성으로 배양키 위한 시절이라 인재육성에 많은 공을 들이는데 육생의 기본금은 받아오는 것이므로 육성(育成)보다 발굴(發掘)이라는 표현이 적합하지 않을까 싶다. 타고난 재능에 정신량을 가미시킨다면 더 말할 나위 없지만, 육성에만 골몰하는 통에 펴보지도 못하고 지는 꽃들이 수두룩하다. 왜 그런 것일까. 육성을 시킨다고 하나 육생량의 재능인지 정신량의 재능인지조차 모르고 무조건 생각차원의 지식의 육생 안(案)에 묶어두려 하기 때문이다. 그 너머 마음차원의 지혜에 도달하지 못하면 거기에서 그렇게 성장이 멈춘다. 왜 멈추는 것일까. 사실 생각의 지식이나 마음의 지혜나 나를 위해 써야 할 것은 무엇도 없다. 인간생활 자체가 이기의 육생이 아닌가. 거기에 또 이기의 육생량에 고착되어 반쪽반생 힘이 가미된 육생의 안을 상호상생 정신량으로 받아들이게 된다는 점이다.

무엇보다 선천질량은 후천질량과 부합될 때 능력은 배가되는 것이고 부합치 못하면 그대로 사장된다. 발굴하여 자율에 맡길 것인가. 육성이라는 미명하에 구속할 것인가. 각설하고 칠정의 희(喜)를 선후질량으로 관조해 본다면 좋고, 기쁘고, 즐거운 때가 언제인가를 알 수 있다. 바로 그때가 자신을 알아줄 때가 아닌가. 이(理)와 기(氣)가 부합된다면 본성과 기성도 하나가 되므로, 아마 이쯤이면 생각과 마음이 동일선상이라 삶의 희열은 꺼지지 않으리라는 필자의 주장이다. 너와 나의 분별을 초월한 상태라고 할까. 그러니까 이기(理氣)와 성정(性情)과 육생량과 정신량을 초월한 상태의 삶을 살아가게 된다는 것이다.

저승과 이승을 오가기에 생기고, 머물고, 변화하고, 소멸하는 생주이멸(生住異滅)이 희로애락(喜怒哀樂)과 생로병사(生老病死)를 주관할 터, 초월한 삶은 없다 할 것이다.

혹여 분별이 여의치 못한 삶을 살아간다면 기쁨과 즐거움의 희락(喜樂)은 없고, 생로(生老), 태어나서 늙을 때까지, 로애(怒哀)의 슬픔과 노여움에 젖어 살아가게 되는 것이라고 할까. 그것도 수사(收死), 즉 결실을 거둬드려 생을 마감하기보다 병사(病死)로 고통스럽게 죽지못해 살아가다 생을 마감해야 한다는 것이다. 과연 생로의 시간, 태어나서 늙을 때까지 내 뜻대로 되었던 일이 얼마나 될까. 한평생 신의 계시와 천운을 읊조려봤자 진정한 희(喜)는 내 뜻대로 해보려는 데 있지 않다는 사실을 깨닫지 못하여 고통에서 벗어나지 못했다는 사실을 알아야 한다.

고통은 화(火)에서 비롯되고 화로 인하여 노(怒)하게 되는 것이므로 사실 노발대발(怒發大發)도 자승자박(自繩自縛)의 결과이지 않을까. 내 뜻대로 안 된다고 남 탓이나 해댄다면 매사가 불통일 텐데, 되는 일이 있다고 한다면 얼마나 될까. 매사 유사한 상황은 진화발전을 위해서라도 일어날 것이고, 그때마다 남 탓이나 해댄다면 부딪쳐 소통이 막히는 결과를 초래할 텐데 말이다. 때론 업무상 스트레스로 노하는 경우도 있겠지만 내 뜻대로 안 되는 이유에 대해 확인해 볼 일이다. 겨우 먹고살기 위해 바동대야 하는 일이라면 보드기 꼴을 면치 못한다. 화는 풀지 못하고 다스리다가 한계에 도달하는 날에는 화병이 도지거나 폭발을 일으키므로 내 안에서 풀어내야 하는 것이지 다스릴 수 있는 그 무엇이 아니다. 나름 힐링의 시간을 가져보겠지만 방편에 빠지면 핵심을 놓치므로 재차 화를 냈던 유사한 상황을 맞닥뜨리면 여지없이 노한다. 기쁨과 즐거움이 누구를 통해 들어오는가. 이를 알면 슬픔과 분노도 누구로 인해 느끼는 것인지 알 수 있지 않을까. 물론 방편으로써 필요하다면 일으켜야겠지만 내 속 편키 위한 행위라면 분통터질 일이 생긴다는 사실이다. 화는 내 안에서 풀어야 하는 것이라고 했듯 분노 표출로 해결될 일이었다면 작용반작용의 법칙이 적용됐을까. 이유와 방법이 어찌되었건 내 앞의 인연을 통해 내 모순은 드러나게 되므로 화를 내면 나만 손해라는 것이다. 게다가 화(火)가 화(禍)를 자초하듯이 남 탓이 결국 독이 되어 돌아오지 않는가.

서럽고 슬프다는 애(哀)가 뜻하는 바도 다를 바 없다. 그리고 이때가 언제인고하면 실의와 낙담에 빠졌을 때다. 이보다 더한 슬픔은 부모님을 여의었을 때인데 기본의 자리에 오르려 하는 때가 도전과 응전의 시기가 아닌가. 젊은 날의 시련은 얼마든지 극복할 수 있지만 세상을 버린 부모님을 어찌할 수 없다. 육생의 물리적 혹은 정신의 심리적으로 다가서는 행위는 나 하기 나름이라 결과는 얼마든지 달리 나타난다. 또한 어린 육생시절과 성인 인생시절의 삶의 질량이 다르다하여 작용반작용의 법칙이 다르게 적용되지도 않는다. 단지 성인으로 성장하기까지의 책임은 부모에게 있기 때문에 대다수의 표적을 부모가 받는다고 할까. 성인으로 성장한 후에는 부모자식지간에 주고받는다. 물론 받아온 기본 자리에 오르는 일은 순수 자식의 몫이겠지만 사실 부부지간의 몫이자 부모자식지간의 몫이다. 남편이 잘나갈 때를 보면 부인이 버팀목이 되어줄 때이고, 부부가 잘나갈 때를 보면 부모가 버팀목이 되어줄 때이다. 그렇다면 쌍방 간의 사자 짓은 언제 하는가. 몰락할 때인데 부부지간에 번갈아 하지 않으면 부모와 자식내외가 번갈아 한다.

내가 나의 삶을 살아갈 때 너도 너의 삶을 살아가듯이 서러운 일이 너에게서 비롯된 듯싶지만 원인 제공자는 바로 나라는 것이다. 돕는다는 명분은 너를 위한 것이겠지만 표적을 주고받는다면 나를 위한 것에 있었다. 실상을 알기도 전에 처지만 보고 사랑하다가 큰 슬픔을 맞이한다는 가르침이 애견대비(愛見大悲)다. 네 고통을 내 생각만으로 가벼이 다가섰다가 쌍방 간에 상처받는 경우가 허다하다. 설령 고통의 원인을 알았더라도 내 것이 맞는 것 마냥 주절댄다면 그로 인해 상처받는 영혼의 서러움을 어찌할까. 치유는 묵묵히 함께하는 것에 있지 않을까.

사랑을 한다고는 하나 행복하지 못하다면 돌이켜봐야 한다고 말해 왔던 것은, 너를 위한다고 했지만 혹여 나를 위한 행위가 아니었는가를 생각해보라는 의미에서다. 이웃과의 사랑도 그렇고 남녀간의 사랑도 그렇다. 사랑은 할 때와 줄때와 받을 때가 있는 법, 무조건 너를 위한다고 해서 사랑하는 것이 아니라는 것이다. 주기는 주는데 받지 못할 때 은근한 걱정이 앞서기 마련이라, 그렇게 두려워지는 구(懼)로 노심초사(勞心焦思)하게 된다. 합의는 화합을 위해 하는 것이므로 합의를 했다나 화합치 못한다면 문제가 있는 것이라 두려움을 동반한다. 사랑도 행복하기 위해 하는 것이므로 불확실하다 싶을 때 두려움을 토로하곤 하는데 이는 개인의 문제이기보다 육생량에 꺼둘린 사회 병리 현상이라고 할까. 개인문제로 찾아올 때가, 사랑할 때가 언제인지 모르거나, 어떻게 해야 하는지를 모를 때이다. 사랑은 받기 위한 전제하에 시도한다. 돌려받지 못한다는 것은 할 줄 모른다는 소리다. 행복할 수 없다는 것이다. 사랑한다는 애(愛)는 현재 진행 중이므로 행위에 있지 언어에 있지 않다. 용기 있는 자에게 미인이 따른다고 하지 않았던가. 행운도 실천하는 자에게 따르는 법이다. 그런데 문제는 어떻게 실천에 옮겨야 하는지를 모른다는 게 문제라는 것이다.

사랑하며 살아가라 하기에, 제 득 볼 심산으로 사랑하기 위해 발버둥 친다. 있을 때야 받으며 살아갈 터이니 그렇다고 치자. 그리고 받았다면 응당 채워줘야 하겠지만 제 욕심으로 벌이는 사랑이니 만치 채워주지 못할 때마다 할퀴었기에 아픔이고, 슬픔이며, 고통이자, 괴로움의 눈물이었다고 말을 한다. 이기와 이기가 만나 득볼 요량에서 시작되는 사랑 그 행위에 빠지면 행복을 알지 못한다. 사랑한다는 애(愛)로 행복을 영위한다면 증오와 미움의 오(惡)가 뒤따를까. 이기적인 사랑을 이로움의 알곡으로 채워나간다면 행복의 맛을 보겠지만 채워주지 못한 만큼 사랑은 미움으로 변하기 마련이다. 계산된 이상향은 존재하지 않는다. 행복은 언제나 받을 때보다, 할 때보다, 줄 때 누리는 차원, 그러니까 채워줄 때 채워지는 것이 사랑이라는 것이다.

한편 너의 아쉬움을 육생량으로만 채우려든다면 선행이라 할 것이요 정신량까지 첨가시킨다면 덕행이라 할 것인데 태반이 사랑을 육생량만으로 채우다가 사달이 난다. 그러고 보면 증오와 미움은 먼저 채우고자 할 때 일어나지 않나 싶다. 내 뜻대로 하고 싶어 하는 욕(欲)은 이기의 육생량에서 비롯된다고 하겠지만 이는 본능차원이고, 너를 내 뜻대로 해보려는 감정차원의 욕심보다 더 큰 욕심이 있을까. 동성이라면 군림하려 들것이요 이성이라면 욕정이 불타오를 것인데 모든 욕망은 욕심에서 기인하듯 육생물질 과학이 업그레이드 시대까지 이른 것도 이기적 고집의 결과물이다. 발견이든 발명이든 보이는 질량으로 이루어낸 선천적 육생문화는 이기의 소산물로서 주어진 것을 찾는 과정이었다고 한다면, 후천적 정신문화는 이타의 발로로서 보이지 않는 정신량을 찾아가는 일이다. 그 단초가 현재 진행 중인 사랑한다는 애(愛)에서 비롯되기에 사단(四端)과 칠정(七情), 이(理)와 기(氣), 성(性)과 정(情), 본연(本然)과 기질(氣質)을 가릴 것 없이 선천적인 것이라고 해왔다. 왜 보이지 않는 질량인데 선천질량인 것인가. 선천질량을 통해 후천질량은 창출되는 부분이라서 그렇다고 할까. 4차원의 무형의 인기가 3차원의 유형의 인육을 쓰고 인간으로 태어난 순간 무형의 세계는 보이지 않는다. 인육을 벗고 나면 무형의 세계가 보인다. 무슨 소리냐면 사람으로 승화되기 위해 인간으로 태어났다는 것인데 그야말로 인간은 동물도 아니고 사람도 아닌 그 중간의 삶을 살아가는 중생이라 그렇다는 것이다.

육생 너머 인생을 위해 필요한 질량은 무형의 정신량으로서 하나 되는 사랑의 에너지라고 할 것이다. 물론 육생도 사랑이지만 이기의 육생량과 이타의 정신량이라고 할까. 도약의 단계에서 힘이 첨가되었는가. 아니면 순수 이로움이 부가되었는가. 총칼로 사랑을 강요하지는 않는가. 아나나 다를까 총칼 앞에 이기가 이타로 둔갑했으니 사랑한다는 애(愛)가 본성을 잊고 말았다.

본래 이기의 선천질량 사랑한다는 애(愛)는 행복의 자원으로서 유대, 결속, 단합, 결합, 화합, 통합, 융합 등의 방편으로 후천질량 이타의 사랑 애(愛)와 가장 가깝다. 아울러 선순환 법 사랑 애(愛)로 행복의 동산을 가꿀 때 나머지 여섯 개의 정은 뒤를 받쳐주는 수단이라고 할까. 행복을 위해 사랑을 주고받는 것이므로 절대적인 사랑 아가페(agape)도 그에 대한 보답으로 반드시 행복을 한 뜸씩 일구어 나가야 한다. 즉, 부모에 대한 자식의 도리는 본연의 삶을 살아가는 것에 있듯이 이기의 소산물 육생량에서 이타의 발로 정신량을 창출하여 가미시킬 때 비로소 행복을 맛본다는 것인데 육생량에서 비롯된 사랑을 정신량으로 가꾸어 나갈 때 행복할 수 있다는 것이다. 왜 그런 것인가. 이미 인간은 사랑의 주머니를 차고 나온지라 이로움의 알곡을 채워주는 행위가 화합의 기본덕목으로 자리하고 있기 때문이다. 선천적 육생량을 위해 업그레이드 시대까지 나를 위해 살아왔다면, 후천적 정신량으로 너를 위해 살아가야 하는 시대가 인연맞이 업그레이드 시대다. 아울러 사랑하는 애(愛)에 정신량이 부가됐다면 행복동산의 기초공사는 끝났다. 즉, 행복을 만들어 나가야 하는 시대가 업그레이드 시대로서 선천적 육생량으로 '사랑하게 되었다면' 후천적 정신량으로 '행복하게 사는' 행위는 스스로가 해야 할 일이라는 것이다. 은혜의 보답은 바로 사랑으로 행복을 영위해 나가는 것에 있기 때문이다. 신인합일(神人合一)이야 말로 음양합일(陰陽合一)이 아닐 수 없기에 아가페(agape)의 투영이 스톨게(storge)가 아닐까 싶다. 떼래야 뗄 수 없는 부모자식 간의 사랑은 21세 성인이 되기 전까지는 자기희생을 전제로 한 무조건적인 사랑이 아닐 수 없을 터이니 말이다. 정신적인 플라토닉(Platonic)나, 우정의 필레아(philia)나, 이성 간의 에로스(eros)나, 현실적인 프라그마(Pragma)나, 격정적인 마니아(Mania)나, 유희의 루두스(ludus) 등은 사실 자신의 허한 곳을 채우고자 하는 행위일 따름이다.

한편 신인합일도 행복을 위한 것에 있다면 음양합일도 행복을 위한 것에 있다. 이를 위해 사랑의 주머니 애(愛)와 더불어 육생의 기본금으로 사주(四柱)도 받아왔지만 그렇다고 삶이 정해진 바는 아무것도 없다. 인간의 세상은 나 하기 나름인지라 득 될 성 싶을 때 사랑의 감정에 싹이 트듯이 사달은 없어서 나는 것이 아니라 쓸 줄 몰라 내고 있다. 비단 육생량만을 뜻하는 소리가 아니다. 정신량을 가미하여 쓸 줄 아느냐는 것이다. 사랑은 만병통치약이 분명하지만 받을 때와 할 때는 둘째 치더라도 주는 법을 아는 이가 그다지 많지 않아서라고 할까. 있다고 해봐야 이득부터 챙기겠다는 행위를 보아하니 이성 간의 ♀♂ 사랑 놀음이 전부가 아닐까 싶다. 혹자는 에로스가 시작된 후에 플라토닉의 숭고한 의미가 많이 줄어들었다고 말하는데 당최 무슨 말을 하는지 모르겠다. 득 될까 싶어 만나, 득 될 성 싶을 때 사랑하고, 득 될 성 싶지 않으면 한 발씩 멀어지는 것이 인지상정 아닌가. 동정을 구해 본들 이로움의 자원이 없다면 아무 소용없다. 육생 너머 인생은 사랑으로 행복을 구가해 나가자는 것이지만 그렇다고 행복하지 못한 삶을 불행해 빗대어 말하면 곤란하다. 자칫 불행을 신이 미워해서 내린 벌쯤으로 알 터이니 말이다. 사주가 육생의 기본금이지만 정해진 바가 없듯이 불행은 사랑받지 못해 찾아든 것이 아니다. 사랑을 한다하나 주는 법을 몰라 찾아든 것이므로 바르게 쓰는 법부터 배워야 한다는 것이다. 신앙에 귀의한 이들이건 정신세계를 걷는 이들이건 사랑과 봉사를 숙명처럼 받아들여 주고받는 상호상생 차원을 크게 의식하지 않을 모양새지만 절대 그렇지 않다.

봉사 자체를 기쁨으로 받아들인다면 기쁨의 대상을 찾아다닐 것이요 하나 되어 나가길 갈망한다면 그 대상을 찾아다닐 것이고, 내 안의 평화를 찾고자 하는 이들은 그 길을 찾아들 것이다. 다들 너를 사랑하기 때문이라고 말하겠지만 실상은 나를 위해하고 있지 않은가 말이다. 내가 있어 네가 있는 것인데 물론 네가 있어 내가 있는 것이기도 하겠지만, 하나 되어 살아가야 하는지라 너 뒤에 또 다른 네가 있다는 사실이다. 너와 나의 본질은 영혼인데다가 불멸하고 그에 따른 본성은 사랑하며 살아가는 것에 있다고 할까.

☾ 두남두다

사랑이 선천의 육생량에서 비롯된다면 후천의 정신량으로 행복을 위해 사랑하며 살아가야 하는데 그 대상자가 누구인가. 부부지간은 조건과 조건의 합의하에 이루어진 사이므로 분명 자식의 선택권까지도 부모의 몫이라고 할 수 있다. 그런데도 과연 자식에게까지 선택의 권리가 주어졌을까. 득 될 성 싶어 만나 득 보자고 부부가 되었고 득 될 성 싶지 않을 때 갈라서면 도로 남이 되므로 가까우면서도 먼 사이지만 선택권 없이 태어난 자식은 부모와 떼래야 뗄 수 없는 사이로 책임을 다하지 못한다면 평생 짊어지고 가야 할 삶의 무게로 변한다. 그만큼 부모 하기 나름이라는 것인데 상호상생 선순환 법이 적용되어 성인 시절을 위한 어린 시절의 배움이 가장 중요한 때이고 무엇보다 부부화합이 자녀의 성장에 미치는 영향이 크므로 부부지간의 사랑이 최우선이다. 그리고 사랑의 애(愛)로 자식을 뒷바라지 할 때 두남두지 않는다면, 기쁨의 희(喜)를 만끽하는데 두남두면 욕심 욕(浴)이 발동하여 성낼 노(怒)와 슬플 애(哀)가 발생하므로 고초를 자초한다. 특히 부모 뜻대로 안 될 경우 부부지간은 물론 부모자식지간도 미워하여 오(惡)하다가 서로가 서로를 두려워할 구(懼)의 대상이 된다. 측은지심(惻隱之心), 수오지심(羞惡之心), 사양지심(辭讓之心), 시비지심(是非之心) 사단의 분별력마저 잊고 살아가게 되는 것도 이 때문인데, 이는 비단 천륜의 부모자식지간을 넘어 지륜지간 부부에서 비롯된 인륜지간, 즉 형제, 친척, 동료, 이웃 등에 두남두는 만큼 불행의 불씨를 지펴 슬픔을 안겨다 주는 순위이다. 이혼과 양육권의 송사가 뜨거운 감자로 떠오르는 시대이기는 하지만 이 문제를 풀어내려면 족히 책 1권 분량의 될 터이니 이쯤하고, 분명한 것은 불가분의 관계라는 것은 네 모습이 내 모습이라는 것에 있다. 즉, 부모의 모습이 자식의 모습이라는 것이다. 게다가 때로는 내 앞의 인연이 내 모습으로 다가오는데 근심걱정이 두려움으로 변한다는 구(懼)도 분명 내 앞의 너로 인해 받지만 사랑의 애를 다하지 못한 나로 인해 일렁이는 물결이라는 점이다.

내 안에 잠재된 이기의 선천의식 사랑하는 애는 어린 시절을 거치는 동안 이타의 후천의식으로 거듭나지 못하면 그 무게는 고스란히 부모에게 돌아간다. 거듭났다면 자식이 필경 부모를 얼싸안고 살아갈 것인데 육생교육이 대세라 인생의 지혜가 육생의 지식에 가로막히어 사랑하는 애(愛)마저도 정신량의 부재로 하루아침에 헌신짝 버리듯 한다. 물론 이롭지 못하여 벌이는 일이겠지만 사실상의 행·불행은 없는 바라 애당초 이루지 못한 사랑은 없다. 단지 '덕이 되고 득이 되는' 행위를 못하는 데에서 오는 결과일 따름이다. 한편 잘못을 두둔하다와 애착을 갖고 돌본다는 뜻을 지닌 '두남두다'는 크게 치우친 행위로서 이면엔 내 뜻대로 해보려는 욕심이 서려있어 그 누구에게도 이롭지 않다.

아마도 사랑을 받을 때와 할 때보다 줄 때의 깊이를 들여다본다면 두남두려 할까. 미운 자식에게 떡 하나를 더 줄지언정 대놓고 해대는 행위만큼은 삼가야 한다. 사랑의 발로가 이기의 육생량이지만 이타의 정신량이 가미된다면 행복의 원천은 사랑이 분명한데, 운용주체가 사랑한다 하면서도 활동주체의 꿈과 희망을 무시한 처사가 얼마나 큰 과욕인지를 모른다. 부모라는 이유로 육생의 기본의 자리에 올라서는 일까지도 참견·간섭으로 일관한다면 이는 누굴 위한 행위인가. 주어지기는 했으나 정해진 바가 없다고 했던 받아온 질량은 그 누구보다 본인이 잘 알 터, 자기 육생도 못살면서 남의 육생살이에 참견한다는 자체가 내 뜻대로 해볼 요량 아닌가. 언제나 욕심을 부릴 때를 보면 상극상충이 일어나고 있다. 물론 발단은 이기의 소산물 육생량이겠지만 너를 내 뜻대로 부려보겠다는 욕심에서 기인한다는 것이다. 혹자는 그 조차 사랑하기 때문에 취하는 행동이라고 하는데 말 같지도 않은 변명이다. 그러한 구속이 사랑받는 삶일까. 상호 주고받는 이로움에 대한 분별이 바로 설 때 쓸 수 있는 말이 사랑한다는 애(愛)가 아닐까 싶다. 남녀가 사랑을 한다고 하지만 받을 때와 할 때와 줄 때를 분별하지 못하는 이들이 태반이다. 받을 때는 이로움의 자원을 많이 가지고 있을 때이며, 할 때는 아쉬워서 하는 구애의 몸짓이고, 줄 때는 받고 난 후의 보답이라고 할까. 이처럼 사랑을 받는데도 불구하고 외면한다면 미움의 오가 나타나는데 정도가 지나치면 자칫 악으로 변할지도 모른다. 사랑이 미움으로 변하였다면 한을 품기 전에 원인부터 찾아야 한다.

누군가가 미움을 말하길 그냥 미워져서 미워하는 것이라고 하는데 살펴보면 이로움의 자원이 고갈되었거나, 별 볼일 없다 싶어졌을 때, 혹은 뜻대로 안될 때 자기 셈법이 일으키는 물살이다. 특히 자신을 알아주지 않았다고 생각할 때 일렁이는 자존심은 열등의 산물이라 받을 때와 줄 때도 중요하지만 어떻게 받아들였느냐가 중요하다. 일방적이라면 짝사랑이 아닐까 싶은데 한다는 것은 받기 위함에 있지 않은가. 받지 못하면 내가 좋아서 한 일이라 아픔은 그다지 크지 않을 것이고, 받다가 받지 못하는 실연의 고통이야 크겠지만 그만한 이로움의 자원이 고갈되었음을 알아야 한다. 사랑하는 연인 사이에 두남두는 일이야 없겠지만 파탄은 줄 게 없을 때 나므로, 극단으로 치우치면 사랑한다는 애(愛)보다는 욕심부리는 욕(浴)인지라 그에 따른 결과는 슬픈 애(哀)다. 물론 성낼 노(怒)가 없다면 두려워할 구(懼)가 필요하겠느냐만 남녀지간의 사랑은 이로움의 자원이 없다면 뜻대로 되지 않는 법이라 노여움의 노와 두려움의 구가 함께 한다고 할 수 있다.

육생량을 탐하는 이유가 어디에 있을까. 사랑하는 임과 함께하기 위함이 아니던가. 나와 함께하기 위한 1차 공세가 육생량에 있는 만큼 뜻을 받아준다면야 노할 일과 두려울 일도 없겠지만 서푼짜리 자존심으로 말미암아 미워할 오(惡)가 악의 악(惡)으로 돌변하여 삶을 그르치고 있다. 이러한 과정 끝에 부부가 되었다면 더더욱 애틋한 사랑을 주고받아야 하는데 어찌된 노릇인지 되레 자식을 낳고 이혼하려 든다. 부부가 하나 되지 못하는데 부모와 자식이 하나 될 리가 없고 게다가 자식들끼리도 하나 될 리 있겠는가. 한편 받아온 육생의 기본 자리에 오르는 일은 주변 환경이 어찌되든 노력하면 가능하다. 문제는 주어진 것이지 결정된 것이 아니라는 점이다. 그리고 올라섰다면 이로워서 맞이하는 운용주체다. 아쉬워서 찾아오는 활동주체의 손을 잡고 나가는 위치인데 파탄은 운용주체일 때 맞는다. 행복을 위한 사랑은 부모를 통해 배우고, 화합을 위한 합의는 은사나 지인 등을 통해 배운다. 활동주체 남편을 위한 운용주체 아내의 내조만큼 거룩한 행위는 없다. 만약 결손가정에서 자라난 딸자식이 있다면 내조의 진정성을 바르게 이해할 수 있을까. 행복은 부부가 하나 될 때 찾아드는 파랑새로서 이쯤 된다면 실패가 있을 수 없다. 왜 고배를 마셔야 하는가. 부부가 하나 되지 못할 때 받게 되는 표적인지라 한 사람의 노력으로 이룰 수 없다는 뜻을 내포하고 있어서 그렇다고 할까. 배신, 사기, 좌천, 몰락 등의 이유도 다를 바 없다. 상호상생을 위해 주어진 사랑 애(愛)를 바르게 해석했다면 일어날 리 없다는 것이다. 한편 육생 우⇧ 행위도 맞아야 인생을 예찬하듯, 부부 간의 우⇧ 쾌락은 활력이라고 말한다. 하나 되기 위한 토대이므로 이를 억지로 누르려한다거나 자제하려 든다면 생각차원은 이미 치우쳤다고 하겠으니 부부라고 할 수 있을까.

육생 우송 행위는 쾌락이자 만족이요, 인생 우송 행위는 사랑이자 행복의 원천으로서 사랑과 만족이 어우러진다면 쾌락과 행복이 함께 어우러진다. 육생 너머 인생차원의 맛을 보게 된다면 자녀의 미래를 걱정할 필요가 있겠느냐만, 곤욕은 늘 육생 우송의 쾌감에 놀아나 치르게 되는 연례행사라는 사실을 모르진 않을 텐데 왜! 곤욕을 치러야 한다는 것을 알면서도 못내 미련을 떨쳐버리지 못하는 것일까. 그것은 아마 육생 우송 행위의 클라이맥스(climax)라는 순간의 황홀경 속에는 그 무언가가 채워질 것만 같은 이상향이 작용하기 때문이 아닐까 싶다.

물론 인생 우송 행위를 갈구하는 것이겠지만, 꿈은 고작 육생 우송 쾌락 방편에 몰두하다보면 이내 지기마련이고 상대가 누구냐에 따라 성이 달리 작용하여 상품화되는데 의식주 차원하고 별반 다름없다. 더구나 카사노바와 같은 끼 많은 이들일수록 클라이맥스와 몽환적 흥분상태와 연관 짓곤 하는데, 사실 황홀경 그 순간이 이상의 기대치에 다가선 꿈을 맛보는 중이라고 하겠으니 쾌락을 쫓는 것도 있지만 쾌감을 본능적으로 찾게 된다는 것이다. 분명 너라는 이기와 나라는 이기가 득 볼 심산으로 만나 사랑이라는 미명하에 1차적으로 육체의 쾌감을 맛보는 것은 기실 2차 정신의 쾌락으로 이어지길 바람에서가 아닐까 싶은데 실증은 1차 육체 쾌락의 차원을 넘지 못하여 느끼게 되는 것이다.

아무리 허한 곳을 채우고자 네 욕심과 내 욕심이 만났다 하더라도 인간의 욕심은 사람답게 살아가고픈 욕망이라 결코 육생 우송 행위로만은 채울 수 없기에 결국 사랑의 상처를 입히고 떠나게 되는 것이다. 육생 우♀ 행위는 하고 나면 그뿐, 쾌감은 느끼고 나면 그뿐이라 채울 수 있는 그 무엇이 아니라고 말한다. 그렇다면 하고 나면 그뿐인 육생 우♀ 행위에서 찾고자 하는 것이 무엇일까. 과연 허한 곳을 채울 수 있느냐는 것이다. 그 황홀감이 가져다주는 기대치는 꿈과 희망이라고 할까. 그 짓만으로는 채울 수 없음을 잘 알지만 그럼에도 불구하고 때로는 감정이 때로는 감성이 그 기대치에 믿음을 가져본다. 허나 너나 나나 육생을 살아가는 미천한 인간인지라 서로가 허한 곳을 채울까 싶어 만나 사랑하였는데 과연 채울 수 있을까. 있다면 무엇일까.

어찌된 노릇인가. 그놈의 사랑 때문에 기쁨보다 슬픔이 즐거움보다 괴로움이 더 많은 듯싶으니 말이다. 사랑을 하나 행복하지 못하면 하나 되지 못한 것이라 무엇이 잘못되었는지 냉철히 되돌아봐야 하는데도 불구하고 사랑을 찾아 다시 헤맨다. 화합을 이루지 못하는 합의는 하나 마나 한 것처럼 행복하지 못한 사랑은 하나 마나 한 것이다. 앞서도 밝힌 바와 같이 사랑은 받을 때와 할 때와 줄 때가 있는 것처럼 생각만 가벼이 앞세워 빠져든다면 기쁨보다 슬픔이 즐거움보다는 괴로움만이 자리할 것이니 말이다. 관계가 이룹지 못한 만큼 소원해지는 것은 당연지사라 고통은 멀리 있는 인연에게 받는 것이 아니다. 게다가 기대치에 미치지 못하면 성욕까지 감퇴되는데 이로움이 소멸되었기 때문이라고 할까. 육생이 전부인 동물의 삶이야 종족번식이 우선이라 교미를 등 쪽에서 하지만 그 너머 인생을 살아가야 하는 인간은 심장과 심장을 맞대고 얼굴을 마주보며 관계를 맺는다. 예나 지금이나 심장을 마음으로 여겨온지라 맞대고 한다는 것은 마음과 마음을 주고받는다는 의미가 아닐까 싶으며, 얼굴을 마주보고 한다는 것은 상호존중이자 믿음의 뜻이 아닐까. 즉, 사랑을 통한 섹스는 육생만족을 위한 1차 소통행위라면 2차 소통행위는 인생행복 기대주머니에 서로의 이로움을 채워나가는 일이다.

그리고 클라이맥스 그 황홀경에 기대려는 경향이 음(陰)의 기운보다 양(陽)의 기운에서 더 크게 나타난다. 왜 그런 것일까. 남편을 내조하는 운용주체 부인보다 행의 현장에서 꿈과 희망을 실어 나르는 활동주체 남편의 기대심리 때문이라고 하겠다. 물론 부인도 남편의 성공에 대한 기대심리로 내조하는 것이겠지만 부인은 운용주체로서 활동주체인 남편이 성공 너머 출세가도를 달릴 때 채워지게 되어 있다. 육생 우♠ 행위에 두남둘 리야 없겠지만, 있다면 문제가 심각하다. 눈에서 멀어지면 마음도 멀어진다고 했듯이 육생 우♠ 행위를 멀리한다면 쇼윈도부부라 더 이상의 발전이 없는 것도 문제지만 망하게 된다는 것이다.

인간만이 차고 다니는 기대주머니의 진정성을 알지 못하면 인간관계에 꺼둘린 욕구가 성욕을 불러일으키기도 하지만 욕심이 고착화된 것이 바로 성욕이다.

그러나 육생살이 섹스만큼 달콤한 유혹도 없다. 가슴을 맞대고 얼굴을 쳐다보며 한다지만 거의가 내일 당장 죽을 거 마냥 오늘 육생 우♠ 행위의 쾌락을 즐기자고 대들다보니 생활이 나아진다면 이도 참 이상한 일이다. 신앙이 종교로 거듭나지 못하여 피 흘리며 죽어가는 전쟁의 끝이 보이지 않은 것처럼, 섹스도 쾌락만이 목적이라면 각종 흉악범죄의 끝도 보이지 않으리라. 갑자기 흉악범죄가 무슨 말이냐면, 신앙도 하나 되기 위한 방편이듯 섹스도 하나 되기 위한 방편인데, 고작 순간의 쾌락에 집착한다면 머무른 형국이라 발전을 위해서라도 주어지는 표적은 피해갈 수 없기에 하는 소리다. 위대한 음의 기운(유일신)의 본질은 운용주체로서 활동주체의 본성 양의 기운(인간)을 일깨우고 있듯이, 본래 거룩한 음의 기운(여성)은 운용주체로서 원래 활동주체로 자리한 양의 기운(남성)을 운영해야 하나 어찌된 노릇인가. 운용주체가 활동주체가 되려하고 활동주체가 운용주체가 되어가고 있으니 육생물질문명이 발전할수록 합일(合一)이 불가(不可)할 지경이라 이는 육생(肉生)에 머문 신앙의 책임인가. 육성(肉性)에 머문 여성의 책임인가. 아니면 육생 우上 행위에 빠진 남성의 문제인가. 신인합일은 육생신앙이 인생종교로 거듭날 때 이루어지듯, 육생 우上 행위가 인생 우上 행위로 거듭날 때 인간화합이 이루어지는 법인데 본질을 왜곡하고 신앙에 머물렀기에 순고한 섹스의 본성마저도 잃어버렸다. 한 번 유혹에 빠지면 헤어나기 힘들기에 신앙은 영원한 안식을 부르짖으며 다가오고 여인은 사랑을 부르짖으며 다가온다. 하나 되어 살아가자는 것에 있지 않은가. 인간이 신에게 서원(誓願)하듯 남자는 여자에게 사랑을 고백한다. 이로워서 맞이하는 자가 운용주체다. 아쉬워서 찾아온 활동주체를 받아들였다면 화합은 누구의 책임일까. 만약 기대치를 충족시키지 못하거나 뜻한 바를 이루지 못하면 활동주체는 헤맨다는 사실을 알까. 이때는 운용주체도 함께 헤매겠지만 인생사에 다가서지 못한 육생사의 모든 일들은 남녀관계에서 비롯되므로 섹스차원을 분명히 해야 할 것이다. '덕이 되고 득이 된다면' 무엇을 마다하겠느냐만 모든 문제는 상호상생을 이루지 못해 발생하므로 가벼이 생각만을 앞세우지 말아야 한다. 결과는 고통을 가져다 줄 터이니 말이다.

저울질한다면 결정은 빨리 할수록 좋다. 피차간에 발전은 '덕이 되고 득이 될 때' 하게 되는 것이므로 '무덕하니 무익하더라'는 반쪽반생이요, '해 하니 독이 되더라'는 상극상충이라 본인의 발전을 위해서도 현명한 처사다. 제자를 두남둔다거나, 직원을 두남둔다거나, 자식을 두남둔다거나, 특히 배우자를 두남둔다면 미래는 없다고 할 것이다. 이 모두 되먹지 못한 육성 때문인데 누구를 탓하겠는가.

4. 청산은 나를 보고

청산은 나를 보고 말없이 살라 하고   1연
창공은 나를 보고 티 없이 살라 하네
사랑도 벗어 놓고 미움도 벗어 놓고
물같이 바람같이 살다가 가라 하네

青山兮要我以無語   청산혜요아이무어
蒼空兮要我以無垢   창공혜요아이무구
聊無愛以無憎兮   료무애이무증혜
如水如豊以終我   여수여풍이종아

청산은 나를 보고 말없이 살라 하고   2연
창공은 나를 보고 티 없이 살라 하네
성냄도 벗어 놓고 탐욕도 벗어 놓고

물같이 바람같이 살다가 가라 하네

靑山兮要我以無語	청산혜요아이무어
蒼空兮要我以無垢	창공혜요아이무구
聊無怒以無惜兮	료무노이무석혜
如水如風以終我	여수여풍이종아

업그레이드 시대 즈음에 참선과 명상과 기 등의 열풍이 전국을 강타하자 종파(宗派)의 법(法)을 받들겠다는 수도자들이 세인의 관심을 끌었고, 나름의 심신수련원이 도심지 곳곳에 들어서자 정신세계를 갈망하는 이들이 수행을 방편삼아 영산명산으로 찾아들어가기 시작하였다. 그러다가 언제인지 모르게 웰빙(Well-being)을 운위하자 힐링(Healing)을 거론하기 시작하였는데 우리 민족에만 일어나는 특이현상으로서 산속수행자 태반이 베이비부머(Baby boom) 세대라는 점이다. 왜 그런 것인가. 이에 대한 논변은 필자의 저서 『뿌리민족의 혼 업그레이드 시대 역사의 동선』에 수록되었다. 수도나 수련이나 수행을 통해 찾고자 하는 것은 정신세계로서 그야말로 유토피아를 꿈꾸는 이들이 사람처럼 살아가고픈 욕망 때문에 그런 것이라고 할 수 있다. 또한 정신량을 추구하는 이들은 육생활동이 저조할 수밖에 없고 또 육생량을 추구하는 이들은 정신량이 미흡하다 할 것인데 이에 따라 아쉬운 육생량은 이로운 정신량을 찾기 마련이고 이타의 정신량은 이기의 육생량을 기다리고 있다.

예컨대 인간의 사회는 육생활동을 위한 곳이자 양의 기운 활동주체로 자리한다면, 자연을 청산(靑山)이라 논하며 산은 음의 기운 정신량을 배양하는 운용주체로 자리해 왔었다는 것이다. 물론, 물은 음이고 산과 들은 양이겠지만 인간 앞에 물과 산과 들은 자연이기에 음의 기운으로 자리하고 있다는 것이다. 신(神)은 본래 음의 기운 운용주체요 인간은 본디 양의 기운 활동주체이므로, 정신량을 양산하는 음의 기운 자연과 육생량을 생산하는 양의 기운 사회가 하나로 일치할 때의 삶은 풍요로워지는 법이다.

그리하여 인간이 자연을 찾는 것은 음의 기운을 충전코자 함이요 자연이 인간을 받아들이는 것은 양의 기운을 보강하기 위해서라고 할까. '천지기운(天地氣運) 가만히 계시사 인(人)이 동(動)한다'는 말이 있다. 천지는 대자연이자 음의 기운으로서 양의 기운 인간이 존재하기에 거기에 자리하고 있다. 아울러 인의 기운이 동하고 자연과 합일되자 생명이 살아 숨 쉬듯 인의 기운이 자연의 기운과 흡(翕)의하여 삶의 활기를 불어넣는다.

문제는 후천적 정신량이 배재된 행위라면 선천적 육생량은 방편에 불과하여 당면한 어려움에 근본적 대안을 마련하기 어렵다는 점이다. 한순간의 위기를 모면했다고 해서 문제가 해결된 것일까. 벌어진 일은 진화의 발판이라 근본원인을 찾아내지 못한다면 유사한 문제로 골머리를 앓는다. 거기에 주저앉으면 더 큰 문제에 봉착할 것이고 이쯤 되면 발전은 멈추었다고 할 것이다. 모든 일은 운용주체와 활동주체가 화합을 이루지 못할 때 발생하므로, 양기 충천한 행의 현장에서 벗어나 음기 충만한 산과 들과 바다로 떠나는 주말여행은 삶의 활력을 불어넣고자 함에 있다. 만약 그곳에 정신량까지 심어줄 멘토(mentor)가 있다면 금상첨화 아니겠느냐만 어지러운 세사(世事)에서 벗어나고자 무작정 떠난 여행은 어느 정도 스트레스는 풀지는 모르나 이미 벌어진 문제의 근본에 접근하지 못하면 유사한 일로 재차 고통을 호소하기는 마찬가지다. 세상천지 이유 없이 벌어지는 일이 있을까. 벌어지고 있다거나 일어난 일에는 그만한 이유가 있듯, 원인을 규명하지 못해 받는 스트레스는 물론 사소한 일에서까지 문제가 발생한다면 모두 음기 충전을 위한 표적이라는 것이다. 크건 작건 문제의 근본에 접근했다면 기운이 상승한 것이므로 업(up)된 기분은 어지간해서는 식지 않는다. 도시가 고향인 이들이나 시골이 고향인 이들이나 힘들 때마다 아버지보다는 어머니를 부르며 그 품을 그리워한다. 왜 그런 것일까. 아버지 품이 포근하지 않은 것은 아닐 텐데, 언제나 어머니의 품은 음의 기운이 충만해서 그렇다고 할까. 육생량을 담당하는 힘의 아버지는 활동주체 양의 기운이요, 정신량을 담당하는 지혜의 어머니는 운용주체 음의 기운인지라, 활동주체인 자식들의 가슴속에는 언제나 아버지보다 어머니 품을 그리워하게 되어 있다. 음의 기운이 운영하는 인간세상은 양의 기운으로서 활동주체인 너보다는 운용주체인 나를 우선할 때마다 부딪쳐야 하고, 사회라는 행의 현장도 양의 기운이라 바람 잘 날이 없다면 나밖에 모르는 삶을 살아가고 있다는 사실을 알아야 한다. 양지바른 곳에 생활의 터전을 삼은 것은 물은 음의 기운으로서 구석구석 흘러들어 만물을 소생시키기 때문이다. 인간은 서울로 보내고 말은 제주도로 보내야 하는 이유를 알 수 있지 않을까. 말이 살기에는 제주도가 최적지라는 이유도 있겠지만, 우리가 사는 이 땅의 수도 서울은 양기 충천한 곳이요 섬 제주도는 음기 충만한 곳이기 때문이다.

요컨대 인연이 많이 모이면 모일수록 활동주체 행의 현장으로 자리하고, 적으면 적을수록 음의 기운을 충전시키기 위한 곳으로 자리한다. 때문에 어린 시절은 부모님 품속에서 성장하여 성인 시절을 맞이하였다면 사회라는 행의 현장으로 떠나야 한다. 그러고 보면 '아버지 날 낳으시고' '어머니 날 기르신다'는 뜻은, 아버지는 활동주체로서 양의 기운 육생량을 담당하고, 어머니는 운용주체로 음의 기운 정신량을 담당하는 데 있어 음양의 역할분담을 강조한 말이 아닐까 싶다. 그리고 학문에 깊은 뜻을 둔다는 15세 지학(志學)에서부터 20세 약관(弱冠)의 나이까지는 인생을 준비해나가는 육생시절이라는 점이다.

21세 성년(成年)이 되었다면 너를 위해 살아가야 하는 인생시절이므로, 어엿한 활동주체로서의 가치관을 확립시켜야 한다. 뜻을 세운다는 30세 이립(而立)은 파종시기로서 인생의 좌표를 세우지 못하면 미혹되지 않는다는 40세 불혹(不惑)의 나이에 좌초한다. 행의 현장에서 불통으로 좌절할 수도, 부딪쳐 괴로워할 수도, 시기와 질투로 상실감에 빠질 수도 있다. 다시 일어서려면 어떻게 살아야 하는지 정도는 알고 있어야 하지 않은가. 나락의 늪은 다들 자기 고집대로 살아가다가 빠진다. 그리고 고집은 소통과 발전을 저해하는 요인 중에 하나다. 아마도 그 속에는 화합을 불허하는 자존심이 잠재해 있어서가 아닐까. 이를 통해 이루기도 하는 것이겠지만 나 아니면 안 된다는 생각에 사로잡히면 교만의 극치는 하늘을 찌를 터이니 말이다. 대다수 실패의 원인 중에 하나가 자존심과 교만이 일으킨 불통 때문인데 이쯤 되면 육신을 물론이요 정신까지도 피폐해진 상태라 음의 기운을 충전하지 않으면 재기는 어렵다. 내 고집을 양의 기운이라고 한다면 네 의견을 수렴치 못한 행위도 양의 기운이라 양양상충이 일어날 수밖에 없다. 물론 바닥을 쳤다면 식견도 바닥을 쳤을 것인데 이때 네 의견을 받아들인다 해도 결과는 다르지 않다.

양의 기운 내 고집에 음의 기운 네 의견을 존중할 때 상호상생이 이루어지는 법이다.

한편, 음의 기운 자연의 품이 고향의 품이듯, 음의 기운 고향의 품이 부모의 품인지라, 나름 지친 삶을 풀어놓을 곳을 마련했다면 그나마 다행이다. 잡다한 세사를 내려놓을 곳조차 없이 사는 이들이 태반이라, 네 탓이나 해대는 이유를 모른다면 세파에 시달리는 이유를 어찌 알겠는가. 육생의 기본 자리에 올라선 후에 아집과 독선으로 일관한다면 아쉬워서 찾아온 인연은 하나둘 떠나기 마련이고 이 시기에 기본금도 고갈되기 시작한다. 역경은 딛고 넘어가라고 주어진다고 하지만 딛고 일어설 만큼 주변에 인연이 남아있으면 모를까. 육생량은 스스로 걸어들어 오지 않기에 있다면 재기의 소지가 있다. 득 보자고 찾아온 이들을 통해 들어오는 것이므로 이들이 떠난다는 것은 실패를 의미한다. 그러고 보면 최악의 상황은 신이 내리는 벌이 아니다. 내가 만든 고통과 좌절이라 빈다고 모면할 수도 없는 일이다. 언제부터인가 오갈 데 없는 이들에게 '노숙자'라는 이름이 붙여졌다.

분명 신에게 매달려보고 애원해보지 않았을까. 누군가는 귀의(歸依)하라고 권유도 하겠지만 그게 어찌 쉬운 일인가. 그나마 고향이 있는 이들이라면 귀향이라도 하겠지만, 혹여 망한 꼴을 보이기 싫어 삶을 스스로 포기하는 경우도 부지기수다. 양의 기운 도시는 성공을 위해 올라가고 음의 기운 고향은 성공하고 내려가는 곳이다. 물론 이기의 육생량을 위해 이기와 이기들이 살아가는 곳이라 저마다 자기 셈법으로 골머리를 싸매야 할 터이니 소통하는 데 그만한 애로가 따르기 마련이다. 이쯤 되면 소통을 위한 기운을 충전해야 할 텐데 어디에서 해야 할까. 이기의 육생량이 가져다주는 스트레스를 이타의 정신량으로 풀어야 할 텐데 양의 기운 활동주체가 살아가는 행의 현장에는 간이보급소만 자리할 뿐이다. 음의 기운 풍만한 곳이 자연이거나 고향이거나 어머니 품이 아니겠는가. 멀지 않은 곳에 충전할 곳이 있다면 어화둥둥이겠지만 성공 너머 출세 가도를 달리려면 자연과 벗을 삼아야 한다.

활기 왕성한 양의 기운 활동주체가 음기 풍만한 여인을 찾는 이유가 어디에 있을까. 그로 인하여 정신량을 충전시켰다면 육생량은 활기가 넘칠 것이요, 겨우 육생 우☆ 행위를 위한 것이었다면 음음상극으로 고전을 면치 못할 것이다. 아쉬운 육생량 힘의 아버지와 이로운 정신량 지혜의 어머니가 있기에 내가 살아가는 것이므로 음의 기운 고향 산천의 부모님을 멀리 해서는 이로울 것은 아무것도 없다.

정확히 도시에서 살아가는 자식의 모습을 보면 고향의 부모님 모습을 알 수 있다. 효를 부추기기 위한 소리가 아니다. 진정한 효는 행의 현장에서 거침없이 살아가는 것에 있다고 할까. 거침이 없다는 것은 불통하지 않는 자를 가리키는 말이다. 이쯤 되면 성공을 거론하지 않을 수 없고 소통이 자유로운 자의 부모님 모습은 어떠하겠는가. 도시가 고향인 이들도 부지기수겠지만, 도시에 가까운 촌일수록 개발이라는 명분하에 육생살이 공단과 더불어 고층 아파트가 빼곡히 들어섰다. 어린 시절 뛰놀며 호연지기 키우던 고향 산천이 사라진 만큼 생활이 삭막해져 생활의 질도 고작 육생량에 빗대는 실정이다. 산천 구석구석 육생살이 공단이 들어서면 설수록 되레 심화되는 쏠림으로 민초들은 죽지 못해 살아가는 실정인데 이는 어찌된 노릇인가. 도시에서 메마른 감성을 자연 속에서 북돋아 감정을 달래야 하건만 아스팔트와 자동차 소리, 콘크리트 담벼락과 기계굉음에 풀벌레 소리와 흙 내음이 사라지면서 인정까지 메마른 촌에서 구할 것은 상극상충의 원흉 육생량밖에 없을 성 싶다. 언제부터인가 시골의 면(面) 단위는 물론이요 리(里)마저도 흙을 밟을 곳이 여의치 않다. 음의 기운을 무시한 처사인가. 양양상충으로 심화되는 이기의 원인을 육생량으로만 해결하려 들고 있으니 촌마저 아우성이다. 삼천리금수강산 반도의 정기를 어디에다 사장시키고 누구를 위해 육생량을 개발한단 말인가. 나 태어나 뼈를 묻어야 하는 이 땅 한반도가 청산(靑山)이라 위로는 대륙세력과 아래로는 해양세력과 손잡고 나가기 위한 거룩한 정신량이 무한 잠재되어 있는 곳이다. '성냄도 벗어 놓고' '탐욕도 벗어 놓고' '물처럼 바람처럼' '티 없이 살다가 가라'는 곳에서 우리는 한(韓)민족이자 고유의 얼을 이어온 배달민족이다. 육생량을 받아들이기 위해 업그레이드 시대까지 오천년이라는 인고의 세월을 견디어 왔다. 대자연이 품어 안아 음양화합을 이룬 해 돋는 땅 자체가 청산이라 흙 한 줌, 풀 한 포기도 함부로 건드려서 안 된다.

조선이 대한제국의 수의로 갈아입자 일제강점기와 동족상잔 6.25를 치렀다. 이후 86아시안게임과 88서울올림픽을 기점으로 청산 한반도의 기치가 만방에 드러날 무렵 업그레이드 시대를 맞이하기에 이르렀다. 육생경제는 장족의 발전을 이루는 듯싶었으나 정신경제가 바닥을 드러내면서 오늘날 쏠림의 헬조선이라는 불명예를 쓰고 말았는데 이를 씌워준 세대가 바로 베이비부머.

사실 올림픽을 치른 직후에 IMF라는 징조가 나타났었다. 미혹되지 않는다는 40세 불혹(不惑)의 나이에 겪었던 풍파로서, 하늘의 뜻을 안다는 50세 지천명(知天命)의 나이에 허기진 육신을 이끌고 귀농이라는 명분하에 고향 산천을 밟기 시작하였다. 축제문화와 다문화가정과 한류열풍을 부추기고 골골산천마다 속세와 절연하듯 펜션이라는 미명하에 자리를 하나둘 꿰차기 시작하였다. 육생량은 넘쳐나는데 되레 육생량 부족으로 유독 곤혹을 치르는 이 세대의 불편한 진실이 무엇일까. 힘의 아버지가 원하는 것은 무엇이겠느냐는 것이다. 이기의 육생량이 무엇을 바라고 있겠느냐는 것이다. 양의 기운이 넘쳐나는 아쉬운 육생량은 아닐 터, 그렇다면 이로운 정신량이 아닐까. 가정파탄도 육생량이 넘쳐나면서 시작되었다. 왜 그래야만 했던 것일까. 없다가 있어서 그런 것일까. 선천질량은 후천질량을 위해 주어진 것인데 오히려 화합을 위한 합의와 행복을 위한 사랑조차 일구지 못하였으니 골골산천 외진 곳을 찾을 수밖에 없다. 물처럼 바람처럼 살아보겠다고, 나비처럼 자유롭게 날아보겠다고 찾아들어간 그곳이 귀양지라는 생각을 하는 이가 있을까. 그들의 속내를 들여다볼라치면, 고향이 좋아 귀농한다는 것도, 그림 같은 집을 짓고 사랑하는 임과 여생을 조용히 보내겠다는 것도 실상은 궁여지책이다. 행의 현장에서 내 앞의 인연과 하나 되어 살아갔다면 외진 곳으로 들어갈 궁리를 하지 않는다. 그렇다고 너를 위해 살지 않았다는 것이 아니다. 한다고는 했으나 상호 이로움이 무엇인지 몰라 상극상충을 일으켰을 뿐이라는 것이다. 알면서 당한 일일까. 모르고 당한 일일까. 필시 반반일 텐데 이로운 행위를 한다고는 하나 이롭지 않았다면 생색내기에 불과한 것이요, 생색내고자 한 일이 만약 이로웠다면 필경 상호상생일 터, 이러한 현상은 극히 드물다.

　유별나게 이 세대에게 벌어지는 이유가 무엇일까. 때가 되어 들어가는 것도 없지는 않다. 명심해야 할 점은 정신량을 충전치 못하여 양양이 상충을 일으킨 것처럼 도린결에서 외부와의 접촉이 끊긴 채 살아간다면 이번엔 음음이 상극을 일으킬 터, 이쯤 되면 인간구실조차 하기 힘들다는 것이다. 상극상충을 벗어나기 위해 활동주체는 정신량을 충전해야 하는 것이며, 운용주체도 육생량을 충전해야 한다. 한편 동물사회가 자연이듯 인간사회는 행의 현장으로 동물의 자유의지는 자연 속에서 구가하듯이 인간의 자유의지는 행의 현장에서 추구해야 한다. 또한 동물이 자연을 벗어나 인간사회로 간다면 우리(舍)에 갇혀 살아가야 하듯이, 인간도 외부와의 접촉이 끊긴 도린결에서 살아간다면 갇혀 사는 형국이라 자유로울 수 없는 것은 마찬가지다. 인간으로 태어나 사람으로 승화되어 사람답게 살아가고자 하는 일이야말로 자유의지라, 내 앞의 인연과 하나 되어 살아가고자 하는 목적이 있어야 한다. 어울리지 못하는 이들일수록 독단적인 삶을 추구하려 드는 경향이 나타나는데, 대게 이러한 유형의 이들일수록 아집과 독선으로 뭉쳤다고 할까. 도린결에서 정신량을 구할 때까지는 결코 자유롭지 못할 텐데 말이다. 물론 누구의 구애도 받지 않아 절대의 자유를 느낀다고 하겠지만, 만약 구했다면 그날부터 정신적 지도자로 우뚝 설 터이니, 진정한 자유인은 그때서나 된다고 할 수 있다. 무소의 뿔처럼 혼자서 가리라는 이들일수록 우두머리 성향이 짙게 나타난다. 사실 이러한 기질로 인해 쉽사리 어울리지 못한다. 왜 그런 것일까. 가야 할 길은 육생활동이 아니라 정신활동으로서, 자기 뜻을 받아주는 이들과 살아가려는 독특한 성향 때문이라고 할까. 어울리지 못한다는 소리는 노력하지 않는다는 것이 아니다. 나름 노력을 한다하나 타고난 기질로 본의 아니게 어울리지 못하여 인간고락을 많이 겪는다는 것이다. 게다가 육생량을 위한 노력을 해본들 안 풀리는 경향이 적지 않은 이들이다. 가야 하는 길이라면 안 풀리는 표적이 주어질 리 없겠지만, 고통은 받아온 기본금이 다르기에 겪는 것일 뿐 잘못된 것은 없다. 단지 아닌 길을 갔을 뿐이다.

고집과 집착의 대가는 창살 없는 감옥 방목형 독방생활이다. 왕따를 당하여 찾아들어간 적막산중에 찾아오는 이가 만무일 텐데 가야할 곳이 있기라도 할까. 가보고 싶은 곳이야 많겠지만 반겨주는 이가 없을 터, 그저 홀로 지난 시절을 눈시울로 그린다. 어디에서 한번 정도는 눈으로 보고 귀로 들어봄직한 '성냄도 벗어 놓고 탐욕도 벗어 놓고' '물같이 바람같이 살다가 가라 하네'를 무의식적으로 주절거릴 때를 보면 고독에 취해있을 때인데 그러다가 "엄마야 누나야 강변 살자" "뜰에는 반짝이는 금모래빛" "뒷문 밖에는 갈잎의 노래" "엄마야 누나야 강변살자"는 동요가 입가에서 맴돌 때면 눈시울은 이미 뜨겁게 달군다. 연이어 "엄마가 섬 그늘에 굴 따러 가면" "아기가 혼자 남아 집을 보다가" "바다가 불러주는 자장노래에" "팔 베고 스르르르 잠이 듭니다"를 부르기도 하는 날에는 펑펑 흐느낀다. 처량한 신세를 한탄하는 것일까. 엄동설한 긴긴밤 외로움을 달래며, 그리움을 달래며, 무서움을 달래며 뜬눈으로 지새우다가 문득 신세 한탄마저도 사치가 아닐까라는 생각이 드는 날이 아마도 자신의 존재를 잠깐이나마 찾을 때인 모양이다. 산에는 삶에 지쳐 죽으러 가는 자도 있을 것이요, 마지못해 들어가는 자도 있을 것이며, 수행을 구실로 제 발로 걸어 들어가는 자도 있을 것이다. 그 이외엔 태반이 귀농을 방편삼아 펜션을 방편삼아 사랑하는 임과 그림 같은 집을 짓고 살아가고자 들어온다는 것인데 문제는 도시에서 아닌 길을 가다가 들어오고서는 또 아닌 길을 가려고 한다는 사실을 모르고 있다. 이유야 어찌됐건 3년 버티기 버거워 열에 아홉은 귀농자금마저 털어먹고 도시로 되돌아가는 촌극을 빚고 있다는 것이다. 그나마 버티어낸 이들을 농촌인구 유입을 위해 귀농의 롤모델로 적극 활용하고 있지만 아닌 길을 가는데 얼마나 버틸까. 육생살이 농사를 지으면서 정신량으로 지역사회 발전에 기여하지 못한다면 도시나 농촌이나 다를 것이라곤 없다. 제 아무리 귀농을 준비해 본들 아닌 길을 가는데 아닐 수밖에 없지 않은가. 기여할 방도를 찾지 못했다면 신중히 생각해 봐야 할 일이다. 만약 귀농자금 털어먹고 오도가고 못할 형편이 되어 그곳에서 육생살이 공단이나 연연한다면 귀농의 모순을 되돌아봐야 한다. 나 먹고살기 위한 곳이 아니라는 사실에 대해서 말이다.

육생살이 공단이 청산(青山)의 고운 기운을 잠식하여 그 고운 기운 살리려 들어간 곳이건만 오히려 인(人)의 거룩한 기운마저 잃어가고 있으니 양극화의 실상이 오도(誤導)될 수밖에 없다. 자유인이 되고자 청산을 찾아들어간 이들이 그곳에서 조차 육생량에 발이 묶이었다면 이는 어찌된 노릇인가.

☾ 삼세번의 원리

왕년에 잘나갔다고 참견·간섭으로 일관하지 않겠지만 귀농이든 귀촌이든 실패하여 찾아들어 간 곳임을 명심해야 한다. 왜 실패했을까. 나름 그곳에서 재기의 꿈을 키우겠지만, 양의 기운이 넘쳐나는 도시에서 음의 기운이 배어 있는 농촌으로 들어가야만 했던 이유를 짚어 보는 시간을 충분히 가져야 한다. 앞선 장에서 밝힌 바와 같이 실패의 원인은 불통이었다.

'누구와', '바로 앞에 있는 너와' 이로워서 맞이하는 자가 운용주체요 아쉬워서 찾아가는 자가 활동주체인 것처럼, 나 하기 나름에 달리 나타나는 선순환 법에 의거하여 화합과 소통의 책임비율은 맞이하는 운용주체는 7할이요 찾아가는 활동주체는 3할이다.

왜 그런 것인가. 이에 대한 원인을 두 가지로 나누어 볼 수 있다. 첫 번째가 육생의 기본금을 너보다 더 받아왔다는 것에 있으며 두 번째는 아쉬워서 찾아온 활동주체를 받고 안 받는 운용주체의 몫이라는 점이다. 받아들이지 않았다면 그만한 책임량이 없다고 할 수도 있지만, 받아들였다면 손잡고 나가야 하는 만큼 그에 따른 책임을 응당 져야 한다.

갑을관계로 싸우고, 충돌하고, 부딪치는 일이 발생한다면 책임량은 아쉬워서 찾아간 활동주체 을에게 3할이 주어지고 이로워서 맞이하는 운용주체 갑에게 7할이 주어진다. 누구나 경우에 따라 운용주체 갑이 될 수도 있고, 활동주체 을이 될 수도 있기 때문인데 분명 화합치 못한 책임은 불통한 자에게 있겠지만 아쉬워서 찾아간 자가 불통한 것일까, 이로워서 맞이하는 자가 불통한 것일까를 살펴봐야 한다. 실패와 고통의 원인은 인연을 맞이할 줄 몰라 받게 되는 표적으로 시(市)마다 읍(邑)마다 면(面)마다 그리고 리(里)마다 벌이고 있는 축제의 진정성을 안다면 지역사회의 기여는 결코 어려운 일만은 아니다. 왜 축제의 간판을 걸어놓고 인연을 불러들이겠는가. 찾아오는 이들의 호주머니를 노리기 위해서인가, 아니면 사람답게 사는 모습을 보이기 위해서인가. 육생살이 공단으로 물들어버린 금수강산에 사람답게 사는 곳이 있기라도 하는 것일까. 인연맞이 업그레이드 시대를 맞이하여 찾아오는 인연의 바람이 무엇인지부터 알기 위해 노력해야 하는 것이 무엇보다 우선되어야 한다. 게다가 식상한 축제로 인연을 불러들였다면 나름의 이로움이라도 묻어나야 하는데 고작 육생행위가 전부라 치르고 욕먹는다. 찾는 이들의 한결같은 바람은 인정 넘치는 삶의 모습을 보기 위함이고, 맞이하는 고을에서 내 부모, 내 자식처럼 품어 안는다면 무엇이 더 필요하겠는가. 자식들이 고향의 품속을 찾아든 것 마냥 음의 기운 어머니의 정신량까지도 듬뿍 담아 보낼 수만 있다면 특산물과 농산물은 축제기간 뿐만 아니라 연중 내내 호황을 누릴 텐데 말이다.

그리고 분명 귀농이 귀양이라는 사실을 알고나 들어가는 것일까. 이러한 사실을 아마도 모를 것이고 그렇다면 남은 생(生) 잘 먹고 잘살기 위함이 아니던가. 진정 그리 살 수만 있다면 얼마나 좋겠느냐마는 소임을 잃어버린 이들에게는 호사와 치사가 주어지지 않는다는 사실이다.

화합을 위한 합의를 이루지 못하여 들어간 곳이다. 게다가 양의 기운 넘쳐나는 도시의 모순을 누구보다 잘 아는 이들인지라, 음의 기운 넘쳐나는 시골에서 사람 사는 방도를 구하는 일은 그다지 어려운 일만은 아닐 것 같다. 이들 세대가 골골산천마다 들어가 사는 이유를 우연으로 치부하면 곤란하다. 베푸는 삶은 찾아오는 이들이 있어야 가능하듯 손수 찾아가서 베푸는 행위는 자기 명(名) 내고자 하는 일이거나 때에 따라 자기 뜻대로 하기 십상이라 상호상생이 어려워질 수가 있다. 또 누굴 위해 무엇을 어떻게 도와야 하는지를 모른다면 생색내기에 불과할 수도 있다. 누구 방식대로 도우려 했느냐는 것이다. 마지못해 서거나 자기위신 지키기 위한 행위는 아니었느냐는 것이다. 이러하다면 영락없이 뺨을 맞을지도 모른다. '덕이 되고 득이 되는' 행위는 네 처지를 바르게 알고 있어야 가능한 것처럼, 또한 불러들였다면 상대방의 입장을 십분 고려할 줄 알아야 한다. '내 뜻만 받아주면 탓하지 않으리라'는 독선으로 말미암아 불러들인 인연과 부딪쳐야 했으며, 도움 받고자 찾아온 인연과도 부딪치고 말았으니 남은 생 외로움을 면치 못한다는 것이다. 내가 뜻한 바와 다르게 다가오는 너를 받아들이지 못하면 소통이 어려운 법이다. 너나 나나 잣대를 들이밀고 다가서는 것이 인지상정이라 이를 이해하지 못하면 감정은 노상 상해있기 마련이다. 똥 묻은 개가 겨 묻은 개 나무라듯, 남 탓이나 해대며 살아온 결과가 소외다. 혹자는 소외된 이웃을 가리켜 불우한 이웃이라고 말하는데 소외된 이웃과 불우한 이웃과는 차원은 다르다. 불편한 몸으로 태어났거나, 불의의 사고로 불편해 졌거나, 노력해도 빈곤을 면치 못할 처지에 있는 이들이 소외계층이고, 불우한 이웃은 왕년에 잘나갔던 이들을 가리키는 소리가 아닐까. 운이 다되어 어쩔 수 없었다고 말하는 이들도 없지는 않다. 그러나 운이 바뀌는 시기는 있을지라도 다되는 일은 없다. 아마 다됐다는 표현은 죽음을 앞에 두고 하는 말이 아닐까.

세 개의 차원으로 나뉘어 운행되는 세상이라 삼세번의 원리가 적용된다. 왜 그런 것일까. 진화·발전의 연장선이라고 해야 할 듯싶은데 받아온 기본금 육생량은 나 하기 나름이라 정해진 바가 아니다. 소통이 불통할 때마다 표적은 응당 들어가기 마련이고, 또 그렇게 거기에 주저앉았다면 속된 말로 쫄딱 망한 것이다. 그 불통의 원인을 찾으면 재기할 것이요, 남 탓으로 일관한다면 고통이 배가되는 삶을 사는데 사실 '실패는 성공의 어머니'라는 뜻이 선천의 육생행위에 국한된 듯싶어, 하나 되어 살아가는 인생행위에는 무관한 듯 보인다. 받아온 육생의 기본금 사주는 선천적 양의 기운으로서 노력하면 얼마든지 오를 수 있는 성공의 자리다. 그 너머 출세가도를 달리는 일은 후천적 음의 기운으로서 소통에너지 정신량을 첨가하지 않으면 불가능하다. 이를테면 1차 성공은 천기(天氣) 양의 기운 육생량만으로 얼마든지 가능하지만 2차 출세는 내가 만들어 나가는 지기(地氣)의 기운, 즉 정신량이 가미될 때 가능하다는 것이다. 3차 가도를 달리는 행위는 인기(人氣)가 누리는 행복의 차원, 그러니까 천기의 육생량과 지기의 정신량이 하나 될 때 만끽하게 되는 차원이라는 것이다.

아쉬움의 이기와 이로움의 이기가 만나는 것은 이타의 정신량을 얻고자 함이고 화합의 질량으로서 기본의 자리에 올라 하나 되어 나가는 일은 각자의 몫이라는 것이다. 다시 말해서 이기의 육생성공은 나를 위한 일이라면 이타의 인생출세는 너와 함께 달려가야 하는 가도(街道)이므로, 기본의 자리에 올라 육생량에만 몰두하면 정신량 부족으로 주저앉게 되는데 이때가 1차 실패할 때라는 것이다. 재기의 발판도 노력한 만큼 얻는다. 실패의 원인을 육생량에서만 찾으려하지 않는다면 2차 출세가도를 달리는 일도 무난하다. 그러나 재차 육생량에 몰두한다면 2차 실패도 피할 수 없다. 어쩌다가 실패의 원인을 찾았더라도 화합의 차원 음의 정신량이 무엇인지 모른다면 상황은 별반 다르지 않다. 실패는 성공의 어머니, 즉 1차 실패는 육생과 육생량이 일으킨 양양상충에서 비롯됐다는 사실을 깨달았다면 음의 기운이 무엇인지 알 수 있지 않을까.

2차 때 성공하고 또 실패한다면 여건은 1차 때와는 확연히 다르다. 마지막 남은 3번째 기회에 힘을 쏟아 붙는다 해도 2차 때만 하겠는가. 노력하면 3번의 재기도 별문제 없지만 1차, 2차 때와는 사뭇 다르다는 것이다. 분명 2차례 실패 후 3차례나 재기에 성공했다면 대단한 의지라고 치켜세우겠지만 고작 해봐야 육생량을 위한 집착뿐이라, 그럭저럭 먹고사는 정도가 전부라고 할까. 이도 분명 받아온 운용주체의 명(命)이겠지만, 소임을 다하지 못한 것에 대한 책임은 3번째 실패로 이어지는데, 문제는 가장 아끼고 사랑하는 가족에게까지 험한 꼴이라는 표적이 내린다는 것이다. 삼세번의 기회를 살리지 못했다면 누구의 잘못일까. 양(陽)이 음(陰)과 화합을 이루자 춘하추동(春夏秋冬) 사계가 순환하듯, 남자가 여자를 만나 가정을 꾸리고 자식을 낳고 기를 때 행복이 깃드는 법이지 아니한가. 아쉬운 활동주체는 이로운 운용주체와 합일할 때 나래를 펼치듯이, 육생량이 정신량을 만날 때 음양합의 차원은 생장수장(生長收藏) 차원에 접어들므로 영위는 1대 36년에서 3대 108년을 넘어 7대 441년까지는 무난하리라고 말한다. 아울러 1차 천기 육생성공에 2차에 지기 정신량을 실어 출셋길에 들어섰다면 3차는 세계 유수기업으로 발돋움하여 인기로 하여금 행복의 가도를 달리고 있을 것이다. 정신량을 부가치 않은 상태에서 육생량으로 버티다 3대에까지 이르렀다면 음의 기운 부족으로 양양이 상충을 칠 터, 4대 144년에까지 이르지는 못한다. 삼세번의 원리를 좀 더 쉽게 풀이하자면, 첫 번째 육생량 달성은 나를 위한 천기 선천의 질량이고, 두 번째 달성은 너를 위한 지기 후천의 질량과 화합을 위한 것에 두어야한다는 것이다. 화합의 대안은 합의의 정신량으로 1대 활동주체 육생량에 힘입은 2대 운용주체가 반드시 마련해야 하는 차원이다. 한결같이 1대 천기에 힘입은 2대 지기가 방황하다 3대 인기에서 좌절하는 이유가 여기에 있다. 대기업이나, 중기업이나, 소기업이나 2대 지기에서 정신량을 마련하지 못한다면 3대 인기에서 재기한다하더라도 소중기업에 머물다 사라진다. 부자가 망하면 3년 먹을 것이 있다고는 하지만 정신량이 고갈인데 육생량으로 얼마나 버틸까. 먹을 것은 있다하나 왕년에 잘나갔던 초라한 불우한 이웃임에는 분명하다.

소외된 이웃에게 필요한 것은 분명 육생량이다. 정녕 불우한 이웃에게 필요한 것이 육생량일까. 운이 다되어 망한 것이 아니라 정신량 고갈로 인해 망하였다. 물론 재기를 위한 육생량도 필요하겠지만 정신량이 무엇인지 모르고서는 초라함조차 유지가 힘들다는 것이다. 세 개의 차원으로 나뉜 세상이라 삼세번의 원리가 자리하였고 육생량을 상중하 대중소로 구별이 가능해졌다. 물론 나를 위한 유형(有形)의 육생량은 주어진 것이라 임자의 구별이 가능한 것이고, 너를 위한 무형(無形)의 정신량은 만들어 나가는 차원이라 임자의 구별 없이 쓰는 자가 주인이다. 육생은 입으로 육생량을 섭취하여 육을 건사하는 삶이라면, 인생은 귀로 소통량을 청취하여 정신량을 축적해 하나 되어 살아가는 삶을 말한다.

춥고 배고팠던 시대야 전적으로 육생량에 의지해야 했겠지만, 업그레이드 시대는 육생량이 넘쳐나는 시대이므로 삼세번의 의미를 깊게 생각해봐야 한다. 소외된 이웃이라면 모를까. 불우한 이웃이 되어 받은 상처는 동정할 가치도 없다. 나를 위해 살아왔다면 너를 위해 살아가야 하는 것이 아닌가. 너를 위한 후천질량을 외면하고 욕심으로 나를 위한 선천질량에 집착한 결과가 바로 실패이기 때문이다. 업그레이드(upgrade)라는 단어가 유행하자 리모델링(Remodeling)이라는 단어가 입에 오르내리기 시작하였다. 참으로 대조적인 단어다. 육생량에 육생량을 부가시킨 단어와 헐거워진 육생량을 다듬질하여 겉모습만 번지르르한 육생량으로 재탄생시키는 단어가 말이다. 육생량에 정신량을 부가시킨 단어가 만들어져야 할 텐데 물론 리모델링에도 얼마든지 정신량을 부가시킬 수 있겠지만 여기에는 정신량이 창출된 상태에서만 가능하다. 이는 또 성형수술과 흡사하여 정신량이 배재되었다면 부작용을 유발시킬 염려가 있다는 점을 간과하지 말아야 한다. 서양에서 컴퓨터가 발명된 만큼이나 업그레이드 의미는 보이는 육생량에 이기의 육생량을 부가시킴을 뜻하고, 업데이트(update)라는 단어와 함께 하드(hard)와 소프트(soft)라는 이기의 단어도 만들어졌다. 전체와 부분, 지식과 지혜를 뜻하지만 말 그대로 해가 지는 서양은 생각(뇌)의 지식으로 보고, 듣고, 저장하여 부분화된 육생량을 추구하는 곳이라고 한다면, 해 돋는 동양은 마음의 지혜로 보이지 않는 정신량을 투영하여 전체화된 삶을 지향하는 곳이다.

본디 외면의 육생량을 추구해 온 서양의 정신량은 육생(힘)논리와 함께해 온 만큼 사고가 육생량에 치우칠 수밖에 없다. 제아무리 정신량을 마련해 본들 힘의 논리가 다분히 깔려 있을 수밖에 없다는 것이다. 본래부터 동양은 내면의 정신량을 지향했기에 개척한 육생량 하나하나에도 하나 되고자 하는 정신량이 서려 있다. 해가 동쪽에서 뜨고 서쪽으로 지는 만큼 겉으로 드러나는 양의 기운 육생량은 아름이 들었을 것이요, 안으로 스며드는 음의 기운 정신량은 충만했을 것이라, 동서양의 만남은 정신량과 육생량의 합일(合一)을 위한 것에 있다. 누가 먼저라고 할 것도 없이 때가 되어 시작된 교류이므로 업그레이드 시대는 양의 기운(육생량)이 차오른 시대이자, 음의 기운(정신량)이 발로하는 시대다. 그만큼 음의 기운을 소원한다는 것으로 모든 천기의 육생량은 축적된 상태이므로 지기의 정신량으로 음양합일의 차원은 인기, 즉 내가 만들어 나가야 하는 차원 상승의 시대라는 것이다. 나 하기 나름에 달라 나타나는 시대로서 하나 되기 위하여 주어진 기본금이라 정해진 것은 그 무엇도 없다.

작용반작용의 법칙 상대성원리는 바르다는 정(正)과 어질다는 덕(德) 그리고 치우쳤다는 사(邪)와의 혼합비율이 적용되어 무덕무익의 반쪽반생과 유덕유익의 상호상생이 밝혀질 시대라는 점과 착하다는 선(善)과 이득을 취했다는 득(得)과 나쁘다는 악(惡)과 해롭다는 해(害)와 독이 되었다는 독(毒)에 의해 유해유독의 분별이 서는 시대이기도 하다는 것이다. 부분을 관장하는 육생량은 모든 이들이 필요로 하나 상극상충의 소산물로서 전체를 주관하는 정신량과 합일을 위해 쓰이지 못하면 되레 아귀다툼의 시대가 되고 만다. 이 시대를 맞이할 즈음에 다문화가정이 자리하면서 한류열풍이 불기 시작하였고. 전 국토가 축제열기로 달궈질 무렵 귀농열풍을 일으킨 베이비부머 세대가 골골구석구석 자리하였다. 젊은 날 불의와 맞서 싸우던 세대가 늙은 날 비겁하게시리 그것도 나 먹고살기 위해 육생량이 몰려오는 시점에 틀어박혀 꿈적도 하려하지 않고 있

다. 낭만을 유일하게 안다는 세대가 고작 젊은이들에게 분노하라
고 외쳐대는 것밖에 모르는 모양이다. 누구 들으라고 하는 소릴까.
그것도 인연맞이 세대가 인연맞이 시대에 들어서 말이다.

☕ 청산은 나를 보고 말없이 살라 하고

왕왕 깨달음을 수행을 통해서만이 얻게 되는 것이냐는 질문을
받곤 한다. 글쎄 수도를 통해 안식을 찾고 고행을 통해 깨달음을
얻었다는 이들도 적지 않은 모양인데 그러고 보면 저마다 받아온
질량에 따라, 인연에 따라, 공부 방법에 따라 받아들이는 차원이
다른 것 같다. 깨달았다는 것은 알았다, 이해했다는 차원으로 이르
고 구하여 경지에 다다랐다는 표현법이 분명한데, 무엇을 알고 어
디에까지 다다랐다는 것일까. 어떤 이는 체험으로 진리에 한발 다
가서는 일이라고 하는가 하면, 어떤 이는 내 안의 것을 비울 때 자
유로워지므로 자신의 본성을 보는 일이라고 한다. 문자나 언어로
표현할 수 없다고 말하는 이도 있는데 아마도 깨달았다는 이들에
게 주어진 신통력 때문에 쓰는 표현이 아닐까 싶다. 깨달음과 득도
와 도통은 하나의 연장선에 올려놓아도 무관하지만, 신통력과 도
술과는 별개의 차원이다.

왜 그런 것이냐면, 깨달음과 득도와 도통은 자유의지로서 찾았
다면 가야만 하는 길이기에 선천의 육생 너머 후천의 인생을 사는
것이야말로 저마다 궁극의 삶이 아닐까 싶어 하는 소리다. 그러나
신통력과 도술은 이기의 육생질량으로서 이타의 인생질량과는 차
원이 전혀 다르다. 수행 중에는 누구에게나 근기에 맞게 도술이 들

어오기 마련이다. 이를 신통력이라 하는데 예언을 내린다거나, 병든 자를 고친다거나, 상대방의 앞날을 훤히 내다본다거나, 풍수의 뛰어난 안목을 가진다거나, 유체이탈을 한다거나, 공중부양을 한다거나 작게는 점술을 내리기도 하는데 이는 스스로 깨달아 나아갈 길을 밝히는 일과는 무관한 행위다. 한마디로 저마다의 능력을 가진 신(神)이 들어온 것이므로 자유의지에 따른 깨달음과 득도와 도통의 유형과는 판이하다.

물론 그에 따른 신통력이 있어야 깨달음의 빛이 발하는 것이겠지만 신통력은 육생량이고 깨달음은 인생살이 정신량이라고 할 수 있다. 아울러 신통력과 도술은 인연을 불러들이는 방편이라고 한다면 깨달음은 궁극으로 인도해야 하는 강력한 수단이라 육생살이 신통력이 수행 중에 주어지는 것은 인생살이 깨달음과 합일의 쓰임 때문이라고 하겠다.

또한 신통력과 도술은 일종의 개인능력이라 수도, 수련, 수행의 과정을 거치지 않아도 때가 되어 들어오는 경우도 허다하다. 선천의 신통력과 도술이 하나의 차원이듯, 후천의 깨달음과 득도와 도통도 하나의 차원이다. 그리고 육생량은 부분 부분으로 나뉘지만 정신량은 그 무엇도 정해져 있지 않았다는 점에서 분명한 차이가 있다. 즉, 부분을 지향하는 육생량은 활동주체의 전문분야이듯이, 신통력과 도술도 활동주체 육생의 부분을 지향함에 따라 능력이 달리 주어진다. 하지만 깨달음은 전체를 주관하는 운용주체분야이므로 나뉘지 않았으며, 정신능력을 배양하는 수행이나 육생능력을 취하려는 교육이나 근본은 다르지 않다. 단지 보이지 않는 정신능력에 대한 검증이 어렵다뿐이지, 과학으로 검증받은 활동주체 전문의 분야와 다를 바 없다는 것이다. 그리고 양의 기운 부분의 육생량을 추구하는 삶을 사느냐와 음의 기운 전체의 정신량을 지향하는 삶을 사느냐와 차이라고 할까. 육생과 인생을 분별하지 못할 때마다 논리는 논리일 뿐 진리가 아니라는 소리를 한다. 진리는 근본원리에 부합하므로 그 원리를 알 때만이 육생 너머 인생을 이해할 수 있기 때문이 아닐까 싶다. 너를 통해 나를 안다는 것은 보이는 세상으로 하여금 보이지 않는 세상을 이해하는 차원과 같다고 할 수 있다. 아마도 대자연의 섭리와 생활의 이치를 이 때문에 논하는 모양이다. 순리, 도리, 순응, 순환, 소통, 상생, 화합, 융합 등등의 수많은 말들이 만들어진 것도 사실 나를 위한 육생살이 인간에서 너를 위한 인생살이 사람으로 승화를 위한 것에 있다. 따라서 신통력과 도술로 인연을 불러들였다면 깨달은 바대로 행복을 위한 사랑을 일깨워야 한다. 이쯤 되면 신통력에 특별한 의식을 취하지 않더라도 운용주체가 소원하는 바에 따라 정중동(靜中動)하지 않을까. 신통 너머 도통이듯 도술 너머 도법이라 원하는 바를 구하였다면 구한 대로 궁극의 삶을 부여해야 한다는 것이다. 신통력과 도술은 전문분야의 육생량이므로 궁극의 길을 제시하는 도통과 도법의 토대일 뿐이다. 따라서 지난날의 과오만이라도 아는 바대로 일깨워준다면 처한 입장을 바로 볼 수 있을 터, 어려움은 육생량으로 인해 비롯됐기에 힘을 실어줄 정신량을 부여한다면 스스로 해결하는 경지에까지 이른다.

그리고 정법(正法)과 사법(邪法)이 신술(神術)과 도법(道法)의 차원에서 갈리기 시작하였다. 즉, 삶의 방향을 신통력이라는 도술에 의지할 것인가. 도법에 도술을 혼화시킨 삶을 살아갈 것인가. 아니면 깨달음의 도력에 의지할 것인가. 이유 불문하고 어려움을 무조건 빌어서 해결하고자 한다면 치우친 사(邪)의 행위다. 어려워진 이유를 밝히어 해결하려 든다면 바르다는 정(正)의 행위고, 이기의 술(術)에 국한되었다면 사(邪)의 법의 도(道)라 할 것이요, 인생을 위해 이타의 정신량을 부가시킨다면 정(正)법의 도(道)라 할 것이다. 또한 사사로운 개인의 감정에 치우쳤다면 두남두는 사(邪)의 사(私)법이라 할 것이며, 모든 행위가 너를 위한 것에 있다면 함께 도모하는 정(正)도 정(正)법이라 할 것이다. 다시 말해서 선천질량 육생의 사(邪)의 술법(術法)에 의지할 것인가. 후천질량 인생의 정(正)의 도법(道法)에 의지할 것인가에 대한 사항이다. 하나 되기 위해 바르다고 말하는 정법(正法)은 두남두어 치우쳤다는 사법(邪法)을 알았을 때만이 논할 수 있음으로, 깨달음은 치우친 사의 법을 아는 데부터 시작된다. 깨달았다는 이들이 사(邪)의 술법에 놀아난다면 어찌할 것인가. 활동주체로서 육생량의 전문분야를 담당하는 이들도 역시 자기분야에서 만큼은 옳고 그름을 통달했을 텐데 어찌 깨달았다하지 않을 수 있겠으며, 정신량을 지향해야 하는 운용주체가 육생의 부분을 가지고 논다면 어찌 깨달음이라고 할 수 있겠는가. 깨달았음에도 깨달은 만큼의 삶을 다하기보다 고작 주어진 신통력에 의지한다면 남은 행로가 평탄치 않으리라는 것이다. 정녕 깨달음에 다가선 자는 도술에 놀아나지도 않는다. 진정으로 쓰고자 한다면 생로병사(生老病死)와 희로애락(喜怒哀樂)의 순리부터 바로 알아야 할 것이다. 예컨대 생로사(生老死)는 태어났다면 거쳐야 하는 과정이다. 또 늙어서는 거두어드려야 하는 수확의 수(收)이어야 하건만 질병으로 고생하다 죽는다는 병(病)이다. 왜 그래야만 하는 것일까.

물론, 늙은이의 로(老)도 표적의 일환이겠지만 병(病)보다는 질이 달리 나타나는 부분이고, 죽음에 이르는 사(死)의 농도는 이승에서의 마지막 표적으로 어떻게 태어났느냐도 중요하지만, 어떻게 살다가 가느냐가 더 중요하다. 살아생전의 공적은 보이지 않는 무형의 자원으로 저승으로 돌아가는 영혼과 함께한다. 생(生) 태어나서, 로(老) 늙고, 사(死) 죽기까지 거의가 수확의 수(收)가 아니라 병들 병(病)인 것은 나 하기 나름에 달리 나타나는 작용반작용의 법칙 희로애락(喜怒哀樂) 때문이라고 할까. 육신은 흥을 돋우고 정신은 신명을 나게 해야 기쁘고 즐거울 수 있는 법인데 둘 중에 하나만 나지 않더라도 실의와 낙담에 빠지게 된다. 그리고 났다 한들 나밖에 모르면 병들어 깨지기 십상이고, 기쁨의 희(喜)와 즐거움의 락(樂)을 자연스럽게 잃어버리므로 노여움의 로(怒)과 슬픔의 애(哀)가 그 자리를 대신한다. 육생살이의 골격은 받아온 사주의 질량에 나타나고 피와 살은 살아갈 때 가감되는 부분이다. 삶의 모습이 판이한 것이 육생의 기본금 때문이기도 하겠지만, 하늘의 뜻을 알게 된다는 50세 지천명의 나이에 수확보다는 기운이 쇠락한다는 데 있다. 그렇다면 왜 50줄에 들어 급격히 어려워지는 것인가. 30대에 파종하여 40대에 성장시켜야 하는 과정이 부실한 결과다.

본래 비렁뱅이는 살아가다가 되듯이 근기마다 달리 주어지는 육생의 기본금에는 비렁뱅이란 없다. 물론 육생량이 없다면 비루한 육생살이 어디에서 인간취급을 받겠느냐마는 수행자에게는 그다지 필요하지 않을 수도 있지 않느냐고 반문을 가하기도 하는데 물론 가능하다. 한시적으로 말이다. 부족하니 수행자라 그 수행은 나를 위한 시간이니만큼 마칠 때까지는 아쉬운 활동주체 잠룡(潛龍)이라 하겠으니 누구에게도 이로울 수가 없다. 이로움의 운용주체는 부족함을 채우고 나서나 가능하다. 반면 죽을 때까지 구도자가 아니라 수도자의 삶을 살아가겠다는 이들도 있다. 나만을 위해 살아가겠다는 소리지 않은가. 나를 위한 어린 시절은 너를 위한 성인 시절을 위한 시간이듯이, 활동주체로서의 수행은 언제나 운용주체를 위한 시간이라는 것이다.

산속에서 홀로 살아가겠다는 이유가 어찌되든 나름 '청산은 나를 보고'를 읊조린다면 온갖 풍상 다 겪은 이들이 아닐 수 없는데 과연 가능할까. 한마디 한마디가 서정적이면서 청렴하게 다가오기 때문에 선뜻 삶의 무게를 다 내려놓고 싶은 심정을 헤아린 듯하다. 또 그리 내려놓고 살아갈 수 있다면 그 얼마나 좋으련만 혹여 산속이라 가능할지도 모른다는 생각을 가졌다면 접어야 한다. 자유인이란 그리고 자연인이란 행의 현장에서 사람들과 사람처럼 살아가는 일이다. 도린결은 힐링의 차원만으로도 충분하다. 방안도 없이 자유인을 동경하다 들어가면 언제부터인지 모르게 가진 자, 있는 자, 명 낸 자들이나 은근히 탓해대다가 제가 사는 삶이 진정한 자유인 마냥 으스대면서 외로움에 묻혀 죽어간다.

에둘러 표현하자면 '말없이' 한번 살아보겠다고 나대는 이들이 왕년에 잘나갔던 이들이다. 여하튼 좋다. 그러나 그렇게 스스로를 죽여가고 있다는 사실을 모르고 살아가는 것이 문제가 아닐까. 사람처럼 살고 싶어도 안 되다보니 어쩔 수 없이, 하는 수 없이 들어가야 하는 이도 있겠지만 그 생활에 고착되면 동물과 다를 바가 무엇이 있으랴. 이쯤에서 '청산은 나를 보고 말없이 살라 하고' 육생 너머 인생에 맞추어 보자.

青山兮要我以無語(청산혜요아이무어)
청산은 나를 보고 말없이 살라 하고   1연 1구

청산(靑山)이 변함없기에 모든 이들이 선망하는 모양이다. 태초의 모습을 보고 싶어서 일까. 아니면 시원을 보고자 함에 있을까. 푸름에는 언제나 꿈이 서려 있는 만치 시작과 종착을 뜻하지만, 춘하추동(春夏秋冬) 사계(四季)의 변화에 끊임없이 대처해나가는 푸른 산이 안겨다 주는 희망은 변함이 없다. 또한 생동하는 사계는 오행(五行)과 오화(五化)의 생장수장(生長收藏)을 대변하고 있다. 즉, 봄의 춘생(春生)에 파종하니, 여름의 하장(夏長)에 성장하고, 가을의 추수(秋收)에 수확하여, 겨울의 동장(冬藏)에 저장시켜 동면에 들어가 동지섣달과 엄동설한을 꿋꿋하게 이겨내어, 영등달을 무사히 보내고 꽃피는 춘삼월을 열어 간다. 더욱이 푸름은 기운의 태동이라, 오화의 기운을 머금은 청산은 육생 너머 인생이 담겨 있다. 늘 멀지도 가깝지도 않는 곳에 자리한 그곳엔 과연 누가 살고 있는 것일까. 인간보다 신선들이 사는 곳쯤으로 여길지도 모른다. 그리고 틀린 말은 아닐 듯싶다. "청산에 살어리랏다"는 청산별곡이 유행할 무렵 육생경제가 피치(pitch)를 가하면서, 지혜를 구하고자 하는 이들이 '말없이 살라고' 운을 띠기 시작하였으니 말이다. 작자가 누구인지에 대해서는 접어두자. 한(韓)민족은 배달의 민족이자 신선의 후예로서 상고시대 그 이전부터 이미 그곳에 대해 훤히 알고 있는 터라, '범나비가 청산'에 가고 싶어 하듯이 가능한 대로 시의 본질에 접근해 보자는 것이다. 해서 육생의 청산과 정신량이 부과된 인생의 청산에 대한 필자의 견해는, 우선 이 지상에서 가장 안정적인 음양비율이 3:7의 함수에 있다는 데 의견을 두고, 한반도가 길이는

3천리, 둘레는 7천리로 이루어진 국가라는 점을 상기해보자는 것이다. 위로는 대륙세력이, 아래로는 해양세력이 마주하고 3면의 바다로서 7천음(天陰)과 3지양(地揚)의 화합을 이루어 해 돋는 땅이야말로 청산이 아니겠는가. 과연 이곳에서 살아가는 민족은 이에 대한 사실을 알고 있는 것일까. 늘 푸른 꿈과 희망을 끊임없이 자아내어 찾아오는 이들의 미래를 품게 하는 곳으로서 그에 걸맞은 삶을 살아가야 한다는 사실에 대해서 말이다.

이곳보다 이상적인 데가 없지 않나 싶은데 육생자원이 빈약하지만 정신질량이 무한 배어 있는 곳이다. 팔도로 나뉜 삼천리금수강산 그 고운 기운을 다스리지 못하여 내 뜻만 받아주면 탓하지 않으리라는 독선의 핏발을 세우는가 싶더니 어느덧 혈연, 지연, 학연으로 뭉치기에 이르렀다. 고조선 붕괴 이후 열국에서 하나 된 민족국가 고려를 건국하기까지 1천 년이라는 세월이 흘렀다. 고려·조선 하나 된 민족국가로 살아온 1천 년 동안 붕당의 진정성을 깨우치지 못하는 바람에 애처롭고 애달픈 세월을 보내야 했다. 결국 천여 번이 넘는 외침(外侵) 속에 대한제국의 수의로 갈아입고 일제강점기라는 특급 해일로 비루한 1천 년 세월이 쏠리었고, 곧 이은 6.25라는 동족상잔의 강력한 태풍으로 청산은 민주·공산으로 분단되었다. 흩어져 살아온 1천 년의 역사보다 하나 된 민족국가로 살아온 1천 년의 역사가 자닝하기 그지없다. 뭉치면 살고 흩어지면 죽는다는 민족이 어느 날 부터인가 뭉치면 죽고 흩어지면 사는 민족이 되어 버리고 말았다. 남북은 보이는 이념의 장벽이, 동서는 보이지 않는 지역감정의 선이 그어지자 마주하는 대륙세력과 해양세력의 삼각관계가 인류공영 숙원사업의 과제로 주어졌다. 정녕 남북의 통일을 소원한다면 동서부터 하나 되어 나가야 할 것인데 기미가 보이지 않는다. 팔도의 특이한 사투리만큼이나 청산의 고운 기운을 머금었다는 사실을 안다면 독특한 성향의 우두머리들도 하나 되어 나갈 수 있으련만 특이와 독특의 화합의 방안을 마련하지 못한다면 사분오열된 민족의 미래는 없다고 할 것이다. 언제까지 대륙세력과 해양세력의 눈치만 볼 것인가. 이 땅에 육생량이 흘러넘친다고 해도 도와 덕으로 살아온 민족의 혼을 되찾지 못하면 나아질 것은 아무것도 없다. 왜 청산을 동경해 온 민족이겠는가. 이금(而今) 이 땅이 청산인지 몰라서 일까. 쏠림이 심화되자 풍요 속에 빈곤이라는 괴이한 시대가 펼쳐지고 있다. 이기의 육생량이 가져다주는 것이라곤 밥그릇 싸움에 주둥이 터지는 일뿐인데 만백성의 아우성을 어떻게 잠재우겠다는 말인가.

육생을 동경해 온 시대의 청산과 인생을 선망하는 시대에서의 청산은 다르다. 집에는 컴퓨터, 손에는 최고의 소통수단인 스마트폰을 가지고 있다. 육생량을 위한 것일까. 아니면 하나 되기 위한 것일까. 아쉬운 자가 전화하듯 아쉬운 자가 찾으려 할 터이니 아마도 여기에 정신량을 실어 놓는다면 그야말로 SNS 스타가 아니 될까 싶다. 무엇보다 업그레이드 시대는 베일에 가려진 모든 사항이 낱낱이 파헤쳐지는 세상이 될 것이므로 숨길 수 있는 것도 감출 수 있는 것도 없다는 사실을 알까. 육생량에 정신량을 투여하여 수정구슬보다 더 투명한 세상을 열어가기 위해 시시각각 변화한다. '누가', '사람답게 살아가고 싶어 하는 이들이', '어떻게', '실개천이 강을 이루어 바다로 흘러가듯이', 민초들이 원성과 아쉬움이 쌓이는 곳이 바로 스마트폰이라, 운용주체의 갑질은 물론이요 을이라 일컫는 활동주체의 항변에 모두 귀 기울일 수 있기 때문이다. 물론 간판을 걸고 맞이하는 자가 운용주체 갑이요 찾아가는 자가 활동주체 을로서, 운용과 활동의 근본을 바로 알고 있어야 을의 항변을 통해 갑과 하나 되어나갈 수 있다. 그리고 청산은 말했다. '나를 보고 말없이 살라'고 말이다. 정녕 아무런 말없이 살 수 있어 하는 소리일까. 배우는 자는 흡수하는 자이므로 무슨 말이 필요하겠느냐만 하나 되기 위해 행의 현장에서 살아가는 이들도 과연 그럴 수 있느냐는 것이다. 분명 고귀하고 거룩한 행위는 말에 담겨 있건만 가깝고 친한 사이 일수록 눈빛만 봐도 서로의 뜻한 바를 안다고 말하는 이들도 부지기수다. 그만큼 허물없이 지내는 사이라 감으로도 충분히 통한다는 뜻인데, 과연 어느 때 얼마만큼 소통이 가능한지를 감으로 알 수 있을까. 눈빛 몸짓만으로 통하는 일은 간단한 육생행위 정도일 터이고, 인생행위 수준이라며 정신적 대화가 뒤따라야 하는 법이다. 대화나 소통이 없다면 단절을 뜻하므로 절친한 사이일수록 상대방의 의사를 존중해야 한다. 대화가 오가지 않았는데 인연이라고 할 수 있을까. 아쉬워서 찾아온 이와도 말이 통해야 인연이다. 반면 지인과 하루아침에 멀어지는 일은 허물없다고 불쑥불쑥 내뱉은 한마디 말들이 쌓여 일어난 일이다.

쌓인 것은 소통치 못한 티끌이요 폭발은 소화시키지 못한 때로서, 응당 책임은 티끌을 소화하지 못한 나에게 있지 화의 때를 내뱉은 너에게 있지 않다. 왜 그런 것이냐면 소화불량을 일으킬 소리를 들어야 했던 원인이 나에게 있었기 때문이다. 특히 부부지간이나 부모자식지간이 멀어지는 이유도 대화단절 때문인데 기실 소통을 바란다면 대화가 누굴 위해 이루어져야 하는 것인가를 알아야 한다. 내 뜻을 받아달라고, 제발 내 말 좀 들어달라는 식으로 임한다면 소통이 가능할까. 육신의 건강은 영양이 듬뿍 담긴 음식으로 유지해 나가듯이 가치 있는 한마디의 말이 상호 정신건강을 이롭게 한다는 것이다. 동물이야 입으로 먹고 육을 건사하는 육생차원이 전부라 육생량을 앞에 두고 으르렁 거리지만 하나 되기 위해 입으로는 육생량을 먹고 귀로는 정신량을 흡수하는 인간의 화답은 이로움이 묻어나야 한다는 것이다. 부딪침은 언제나 너보다 나를 우선할 때 움트므로 정신량을 머금은 자는 너부터 우선할 터이니 탈이 날 일이 없다. 하물며 독이 되는 말을 들었다 한들 정신량이 소화시키므로 적이 있을 수 있을까. 왜 너는 독기를 쏟아내야 하느냐는 것이다. 그리고 나는 왜 너의 독기에 받쳐 씩씩대야 하느냐는 것이다. 둘 다 똑같기 때문이 아닐까. 자기말만 해놓고 알아듣지 못한다고 핀잔을 주는 것과 알아듣지 못한 말을 되물어보지 않고 화를 내뿜는 것과 다를 바가 없다. 입으로 섭취한 음식은 오장육부가 소화하지 못하더라도 배설물은 그래도 거름이야 되지만, 귀로 먹고 소화하지 못한 불통의 때는 아무짝에도 쓸모없는 부딪침만 일으킬 뿐이다. 일상에서 무심코 내뱉는 한마디가 상대의 심장에 비수로 꽂히는 일이 허다하게 벌어지고 있다. 육생량이야 육 건사를 위해 쓰일 터, 하나 되기 위한 소통의 원천은 입에서 비롯되므로 본래 언어에 장애를 가지고 태어났다면 모를까 죽을 때까지 묵언을 할 수는 없지 않은가. 따라서 '말없이 살라 하고'는 도와 덕의 본질을 알 때까지는 삼가야 하지 않겠느냐는 것이다. 내 말은 내게 맞는 내 답일 뿐이다. 상처는 상대방의 근기를 무시하고 네게도 맞는 거 마냥 나불대다가 받는다. 무심코 던진 돌에 개구리 맞아 죽는 것처럼 아무렇지도 않게 내뱉은 한마디에 잘못됐다면 누가 책임을 질것인가.

☾ 창공은 나를 보고 티 없이 살라 하네

책임지지 못 할 일을 알고 할까. 아마 하다 보니 못하는 데까지 이르지 않나 싶다. 작당한 이들이야 어쩔 수 없다. 이도 욕심에 눈이 멀면 당해야 하는 일로서 누구들 탓하겠느냐만 권유는 내게 맞는다고 네게까지 맞을 거라는 생각으로 하게 된다는 것이다. 그러다가 낭패를 보면 한결같이 이로울까 싶어 그랬다고 한다. 틀린 소릴까. 선택은 나의 몫이므로 틀리지 않다. 여하튼 이로운 행위는 육생량만으로 가능하지 않다는 점을 잊지 말아야 한다. 물론 당장의 이득이 날지 몰라도 행위에 이로움까지는 되어주지 못한다는 것이다. 생활의 이로움이 육생량에 스며있다면 착하게 살아온 나날이 얼마인데 다들 요 모양 요 꼴일까.

혹여 혼자하기 두려워 물귀신 작전을 쓰는지 책임지지 못할 일들을 서슴지 않고 벌인다. 정녕 너를 위한 행위였을까. 생색내기를 넘어선 자기 득 보자고 벌인 일을 가지고 잘못 되는 날에는 너를 위한 일이었다고 떠벌리지만 당한 너 또한 그만한 욕심이 있지 않았겠나. 닭 잡아먹고 오리발을 내민다면 무어라 할 말은 없겠지만 과연 아무런 대가 없이 도와줄 이가 있을까. 각박한 세상에 너무 각박한 소리만 한다고 할지 모르나 인간이 육생에 머문 이상 각박하지 않은 것은 아무것도 없기에 하는 소리다. 정이야 살아가다보면 붙는 것이고, 이웃에 이사 오면 안면은 터야 하는 것이고, 지나가는 객이 물 한 사발 원한다면 기꺼이 대접해야 하는 것이 인지상정이거늘 이조차 행하지 못하면 어찌 인간끼리 모여 살 수 있겠는가 이 말이다. 하지만 예의가 기본덕목을 넘어섰다면 절대로 그리해서는 안 된다는 것이다. 예나 지금이나 제 잘난 잣대 들이밀기는 매한가지라 득 볼 건더기가 없다면 업둥이 신세 면치 못한다. 누군가는 신앙을 들먹이겠지만 이도 마찬가지 아닐까 싶다. 언제나 자기 계산법은 알파고보다 빠르다고 자부할 터이니 말이다. 신앙에 귀의하여 목숨을 바치겠다면 그저 감사할 따름이요, 그렇지 아니하면 밥 한 수저도 전부다. 이보다 문제는 기본덕목조차 무시하고 살아가는 이들이 늘어가고 있다는 것이다. 자신은 밥 한 수저도 주지 않는 주제에 탓할 자격이 주어졌을까만 필경 나만 잘하면 되는데 어떻게 해야 잘하는 일인지를 모른다는 것이다.

먹고살기 위해 어쩔 수 없이 만나야 하는 이들이 있다면 필요에 따라 가식의 가면도 써야 하겠지만 과연 참거나 속여서 될 일이었는지 냉철히 생각해 봐야 한다. 그 일로 소통의 계기를 마련하였다면 방편이었다고 하겠지만 결과가 되레 상극상충이라면 안 하느니만 못하기 때문이다. 문제의 발단은 의견이 일치하지 않는다는 데 있다. 부당한 일로 직장에서 불이익을 본다거나 점차 존재감을 잃어간다면 더 이상의 발전은 없을 터, 당장은 참아야 하겠지만 참는 것만이 능사가 아니라는 것이다. 그렇다고 꼬치꼬치 따지라는 이야기가 아니다. 상명하복은 자유의지 말살이요 자존감 상실은 권위주의로 시작되므로 창의력은 있을 수 없고, 가뜩이나 활동주체의 에너지는 운용주체에서 비롯되는데 장시간 계속된다면 심히 생각해볼 일이다. 먹고사는 일에 목을 맨다면 어쩔 수 없지만 운용주체에게 에너지를 충전하지 못하는 활동주체의 미래는 없기 때문이다. 나 하기 나름의 상대성원리가 작용반작용의 법칙이다. 억하심정은 진정 너를 위한다면 날 리 없겠지만 한순간 밀지고 손해 본다는 생각이 든다면 충돌은 불가피하다. 또 몸싸움을 먼저 일으키는 것일까. 소화시키지 못한 상대방의 언행에 불만이 쌓여 무심코 내뱉은 독설이 불씨가 된 것은 아닐까. 태반이 너보다 나를 위할 때마다 자존심을 거론하는데, 참으로 웃기는 노릇은 자신을 위하자는 자존심을 거론하면서 심기 불편해 한다는 것이다. 그만큼 자신밖에 몰랐다는 반증이 아닐까 싶은데 부딪침이 나밖에 모를 때 일어나듯이 불통도 나밖에 모르는 데 있다.

도와주고 뺨 맞는 일처럼 억울한 일도 없겠지만, 만약 너를 위하는 일인데도 눈치를 봐야 한다면 참으로 문제는 심각하다. 이쯤 되면 미래를 위해 하루속히 뒤돌아봐야 하지 않을까. '덕이 되고 득이 되지' 않는다면 이롭지 않았다는 방증이므로 너를 위한다는 봉사의 깊이에 대해 생각해볼 일이다. 과연 너를 위한 행위가 몸으로 때우는 일인지에 대해서 말이다. 혹여 내 속 편코자 한 일이라면 모를까. 때론 덕이 되는 말 한마디가 기운을 북돋아주기도 하므로 너의 탁한 소리를 자정시킬 인성이 배양되지 않았다면 봉사를 해본들 변할 것은 없다.

蒼空兮要我以無垢(창공혜요아이무구)
창공은 나를 보고 티 없이 살라 하네   1연 2구

그리하여 청산은 나에게 말하였다. '말없이 살라'고 말이다. 필요치 않은 행위에 중요한 시간을 낭비하지 않고, 불필요한 언행을 삼가 한다면 발전이 따른다는 것이다. 나의 발전을 위해 내가 노력하듯이 너는 네 발전을 위해 노력하는 것인데, 내 뜻대로 안 된다고 해서 어떻게 네 탓이 될까. 소통치 못할 때마다 그에 따른 표적을 받는 것처럼 너 또한 불통할 때마다 그에 적절한 표적을 받을 터이니 말이다. 부딪침의 결과는 쓸데없이 주절거리는 말에 있었을까. 그리고서는 창공이 '티 없이' 살라고 말하였다. 청산이 말없이 살라고 가르친 것은 저마다 자신의 주가를 올리기 위한 것에 있었다면, 창공이 티 없이 살라고 가르친 것은 하나 되어 살아가려거든 나밖에 모르는 생각과 나 아니면 안 된다는 아상(我相)을 벗어 놓으라는 것이다.

청산(青山)이 만물을 소생시키고 창공(蒼空)이 만물을 주관하기에 자연과 하늘은 불가분의 관계다. 이를테면 아버님 날 낳으시고 어머님 날 기르시는 바와 같이 물 번식하는 육을 가진 모든 생명체는 하늘에서 뿌리는 비로 산의 녹음이 우거지는 것처럼 천지와 인간은 하나이듯 부모와 자식도 하나이다. 그리고 음의 기운 창공이 운용주체라며 양의 기운 청산은 활동주체가 되므로 삼라만상을 빚어 낸 천과 지는 절대불변의 음과 양으로 자리하고 있다는 것이다. 인간의 사회와 만물이 소생하는 자연을 엄밀히 구분하자면 운용주체와 활동주체의 관계이지만, 육의 생명체를 주관하는 거룩한 운용주체 창공(하늘) 앞에서는 모두 활동주체일 따름이다. 이에 운용주체는 사랑의 모태로서 판타지아 꿈을 꾸는 활동주체를 주도하여 행복의 동산을 사랑으로 만들어 나가도록 주도하고 있다. 사랑 없는 행복 없듯, 행복 없는 사랑은 있을 수 없다. 있다 한다면 자기만족이거나 육생 우♦ 행위 정도가 아닐까 싶은데 이도 물론 채울 수 있는 그 무엇이 아니어서 찾아 헤매야 한다. 하나 되는 일은 사랑으로 가능하지만 활동주체의 꿈은 운용주체의 사랑이 없다면 이루기 어렵다. 이기의 소산물 육생량에서 비롯되는 사랑도 이기의 형태로서 이타의 정신량을 충전시킬 때서나 가능하다는 것이다.

운용주체의 '티 없음'과 활동주체의 '말없음'은 누구나가 동경하는 사항이 아닐까. 그래서 그 경지에 다다르고 싶어 하는데 방법을 모른다. 천지가 불변이면 음양도 불변이다. 말없음의 너머 티 없음에 이른다면 분명 만인이 우러러보는 삶을 살아가는 거룩한 자일터, 오를 수 있는 방도를 강구해 달라는 의미다. 나를 위한 생각과 너를 위한 마음이 내 안에 함께하는 것은 진화·발전을 위한 것이므로 적대보완적인 관계를 유지하고 있다.

그런데 우리는 최소 십 수 년을 공부하고 나고서도 소통에 장애를 겪고 있다. 이유가 어디에 있을까. 혹 부분을 관장하는 활동주체 육생량에만 몰두하여 그런 것일까. 아니면 전체를 주관하는 정신량을 인성교육 정도만으로도 충분하다는 생각을 하고 있어서 그런 것은 아닐까. 운용주체는 지도자로서 국가를 운영하거나, 사회를 운영하거나, 기업을 운영하거나, 하나의 단체를 이끌어 나가는 장(長)으로서의 위치다. 물론 활동주체에서부터 오르는 것이겠지만 다들 오르는 데만 주력하다보니 오른 후에 해야 할 일을 몰라 떨어지는 경우가 허다하게 발생한다. 더군다나 성과위주 주입식 교육 일변도라 참견·간섭을 아니 할 수 없고, 인성교육 또한 주입식 예절교육이 전부인데도 정신량을 채운 것쯤으로 알고 있으니 간판만 명문일 따름이지 인성은 저속하기 그지없지 않은가. 정신량은 그렇다 치고 인성만이라도 걸어놓은 명문 간판에 가깝다면 육생살이 버거워 하지 않을 텐데 아쉽게도 모든 생각이 이기의 육생량에 발목 잡힌 형국이라 밥그릇 지키는 일마저도 여간 곤욕스럽지 않은 모양이다. 지식이 이기의 육생량을 생산하고 나의 생각이 나를 관장하므로 화의 때가 쌓일 수밖에 없어 육생의 삶은 무겁다. 활동주체일지언정 말없이 묵묵히 살아왔다면야 쌓일 리가 없겠지만 주입식 인성교육이 전부인지라 지혜가 이타의 정신량을 창출하고 너를 위한 마음이 너를 주관한다는 사실을 알 리가 없다.

　나를 위한 무거운 생각과 너를 위한 가벼운 마음이 내 안에 공존하기에 집착을 놓고, 욕심을 버리고, 생각을 비우라는 말을 한다. 이유는 이기의 육생량에서 비롯되는 집착과 내 뜻대로 해보려는 욕심과 나밖에 모르는 생각으로 인해 하늘에 떠 있는 구름보다 가벼운 마음에 한 뜸도 다가서지 못하고 있기 때문이라고 할까. '그런데 말이야', '어떻게 해야 놓고, 버리고, 비울 수 있는 것이지', '누구 알고 있는 이 없나' 도를 닦겠다고 가부좌를 틀은 세월이 족히 수천 년은 될 텐데 아직까지 구하지 못하여 여전히 놓고, 버리고, 비우려고 안간힘쓰는 이들뿐이니 말이다. 분명 육생량이건 정신량이건 필요해서 구했을 텐데, 구했다면 써야 하는 것이 아닌가. 또 나를 위해 써본들 얼마나 쓰겠는가. 그렇다고 너를 위해 쓸 줄 안다면 모를까. 이도저도 아니다보니 가지고 있다가 화만 자초하고 있는 걸 보아하니 육생살이 티끌만 가득 배어 있지 않나 싶다. 그러고 보면 벌어들이는 법을 알고나 있는지 모르겠다. 받아온 육생의 기본금에 집착하여 돈이 될 만하다 싶으면 득달같이 달려들고 있으니 말이다. 자기 자신한테도 못쓰고 그렇다고 너한테도 쓸 줄 모르니 역시 욕심의 산물 육생량을 쓸 줄 모르면 어두운 것은 생각이요 티 없이 맑은 것이 마음이라는 사실을 어찌 받아들일까.
　분명 버는 것을 가르치는 곳은 많은데 쓰는 것을 가르치는 곳은 왜 없는 것일까. 재테크도 벌자는 행위와 다를 바 없으니 노년이 평탄할 리가 없다. 아마도 상호상생이 선순환의 돈 법으로 자리하고 있다는 사실을 모르기 때문일 것 같다. 이기의 육생량을 벌어들이는 행위를 활동주체라면 이타의 정신량을 부합하여 쓰는 행위는 운용주체다. 아울러 돈 버는 원리가 이러하다는 사실을 안다면 집착과 욕심과 생각을 비워나가려 하지 않을까. 인기(人氣)가 인육(人肉)을 쓰고 인간(人間)으로 사는 동안 가장 필요한 것이 육생량이요 또한 없어서도 안 될 것이 육생량이므로 쓰임을 풀어내기만 한다면 사랑과 행복은 덤이라 해도 무방할 것 같다. 아마 그래서 창공은 티 없이 맑고 깨끗하기를 원하는 것 같다. 참나의 본심(本心)은 태양(太陽)보다 더 맑고 깨끗하여 감히 인간의 눈으로 바라볼 수조차 없는 티 없이 깨끗한 존자였는데 육생량에 물들어 혼탁해지고 말았다는 것이다.

그리하여 창공은 보이는 3차원의 하늘이요 보이지 않는 4차원에서는 천상이라, 전지전능하신 창조주가 인간을 보우하사 절대권위에 자리하고 있다. 따라서 3차원의 활동주체는 보이는 이승의 차원이므로 말없이 살라고 가르치는 것이고, 4차원의 운용주체는 보이지 않는 저승의 차원이므로 가르침은 티 없이 살라는 것에 있다. 말없이 벌고 티 없이 쓰는 것이야말로 놓고, 버리고, 비우는 행위라서 그렇다는 것이다.

그렇다면 과연 수행과 수도와 수련은 무엇을 얻고자 하는 행위인가. 궁극에 도달하기 위한 수단이라고 하겠지만 육생행위의 본질은 나를 위한 것이라 하나의 방편이고 과정일 따름이다. 왜 그런 것인가. 행위 중에는 네가 없다. 나만 있을 뿐이다. 천지 음양이 불변인데 어떻게 네가 없는 내가 있을 수 있겠는가. 수행을 통해 사랑의 행위를 깨달았다면 행복의 본질은 너를 위해 살아갈 때 나타나는 법이지 않은가. 행의 현장에서의 행위자도 너를 내 뜻대로 부리려다가 좌절을 맛보듯이 수행자도 내 안의 기운을 나를 위해 무리하게 부리다가 상기병(주화입마)에 걸린다. 즉, 내 앞의 인연을 내 뜻대로 해보려다가 좌절하는 것이나, 명상수행자들이 주화입마(走火入魔)로 요절하는 것이나 별반 다르지 않다는 것이다. 상호상생을 일으키지 못하는 행위는 사회든, 산속이든, 도량이든, 제아무리 원력(願力)이 큰 스승과 함께하더라도 과한 욕심을 일깨울 표적은 반드시 들어간다는 것이다. 힘껏 부풀린 풍선을 좀 더 부풀릴 요량으로 불어재끼면 터질 일밖에 없다. 그렇다고 힘껏 부풀려 놓은 풍선을 쓸모없다고 방치해 두면 요번에는 빠지듯 안 빠지듯 모르는 사이에 바람이 빠져나간다. 허한 곳을 채우려 시작한 수행이 아니었나. 지식 너머 지혜이고 도술 너머 도법 아닌가. 어떻게 살아야 하는지도 모르는데 도술에까지 꺼둘렸으니 허한 곳이 무엇인지 어찌 알고 살아가겠는가. 창공의 비를 소가 마시면 우유가 된다 할 것이요 뱀이 마시면 독이 된다 할 것이고, 청산의 아침 이슬로 누군가는 분명 깨달음을 얻을 것이요, 누군가는 주화입마로 포기할 지경에까지 이른다면 이를 변괴라고만 할 것인가. 허하다는 것과 고프다는 것과 부족하다는 것은 거둬들이는 일에 있지 않다. 쓸 줄도 모르고 거둬들이려고만 했으니 쌓인 화의 티끌로 마장(魔障)에 걸려야 했던 것이다. 쓰는 법을 모르면 거둬들이는 행위를 삼가라 가르치는 것도 수행과 수련과 수도는 행복하기 위해 사랑을 배우는 과정이라 그렇다고 할까. 이기에서 비롯된 사랑을 내 안에 가두려 할 때 이타를 모르는 내 욕으로 말미암아 가두어 놓은 이기심과 새롭게 유입되는 이기심이 충돌을 일으킨다는 사실을 몰라서 겪게 되는 일이다.

　가지려고만 들고, 채우려고만 들고, 내 것으로 만들려고만 드는 행위를 양의 기운 이기의 육생행위라고 한다면, 풀어주고, 덮어주고, 함께 공유하려는 행위는 음의 기운 이타의 인생행위다. 안팎이 하나 되어 나갈 때 음양도 화합을 이루는 법이라 이기의 사랑이 이타의 사랑으로 화하는 무렵이 아닐까. 썩은 물은 고여 있듯이 제아무리 훌륭한 육생량이더라도 내 안에 가둬둔다면 화의 티끌밖에 되지 않는다. 가두어 놓은 화를 다스려나가는 것이야말로 쓰는 법을 배우는 행위일 터, 화를 다스리는 법만 찾으면 되는데 당최 어떻게 찾아야 하는지를 모른다.

　정신량은 이타의 발로요 육생량은 이기의 소산물로 모든 인간이 먼저 필요한 육생량을 위해 치달리다가 벌이는 일이 양양상충이므로 오직 나를 위해 주(走) 치달리면 소통치 못한 화(火)가 내 안에 입(入) 들어차 마(魔)가 붙기 마련이다. 1안의 육생 안(案)을 가르치는 교육이나 2안의 정신 안(案)을 찾는 수행이나, 바르게 쓰는 법을 배우는 행위가 아니고서는 빛 좋은 개살구라고 할까. 분명 거치기는 거쳤는데, 무엇을 배웠는지 또 어디에 필요로 하는 것인지를 모르기에 취직을 하고 나서 다시 배우겠다는 이들이 늘어가는 실정이다. 그런데도 모른다. 참으로 희한한 일이지 않은가. 버는 법을 모르면 쓰는 법을 알 리 있을까. 입학이나 졸업이나 자신의 근기와는 무관하게 오직 취직을 위해 매달린 결과가 아닐까 싶은데 배우고 익히고 기른다는 것은 벌기 위한 것이므로 써야 들어온다는 사실을 왜곡하고 있다. 죽을 둥 살 둥 나를 위해 배우고 닦아온 결과가 고작 육 건사 행위를 벗어나지 못하니 참으로 허망한 노릇이다. 만약에 쓰는 법을 안다면 육 건사를 위해 죽을 등 살 등 매달릴까. 아마 사람답게 살아가고 있을 것 같다. 학생이나 교육생이나 수행자나 행위자나 무엇이 다를까. 그래도 행위자는 행의 현장에서 육생활동이라도 하지만 육생 안에 머무른 수행자는 이도저도 아니다. 그 누구보다도 티 없이 살아야 하는 이들이건만 도술만 가지고 우쭐대는 형국이라 반겨줄 리 누가 있겠는가 이 말이다. 삶에 지친 이들에게 꿈과 희망을 심어줘야 하는 이들이 되레 의지하려는 모양새라 행위자들은 말없음과 티 없음을 누구한테 가르침을 받아야 하는 것일까.

☾ 사랑도 벗어 놓고 미움도 벗어 놓고

육생량이 소통의 수단이라는 사실을 망각할 때마다 싸우고 충돌하고 부딪치는 일들이 다반사로 빚어진다. 이기의 소산물이자 욕심의 발로이긴 하지만 사랑의 시발점이라 시기와 질투가 자리하지 않을 수 없는 모양이다. 혹여 허한 곳을 채울 수 있지 않을까 싶어 만나다가, 채울 수 있을 듯싶을 때 사랑의 감정이 움트는 것이므로 사랑은 그야말로 이기의 행위가 아닐 수 없다. 없으면 죽고 못 살겠다는 사이라도 이로울 법한 자원이 고갈되면 죽고 못 산다는 행위도 서서히 식어가는 것이 인지상정 아닐까. 왜 서로는 죽고 못 사는 사이가 되었을까. 허한 곳을 채울 수 있을 법하니까, 고픈 곳을 채울 듯싶었으니까 그래서 너무 좋은 나머지 떨어지기 싫어 사랑하게 되었던 것이다. 그러다가도 이로울 법한 자원이 고갈되거나 식상하다면 멀어지기 마련이라, 사랑과 미움의 관계는 이로움과 아쉬움 두 개의 차원인 듯싶지만 이기적인 하나의 차원이다. 그래서 그런 것인가. 득이 될 기미가 보이지 않아 떠나려는 이와 미련이 남아 붙잡으려는 이 사이에 애증밖에 남지 않지 않으니 말이다.

부모자식지간은 그 무엇으로도 떼래야 뗄 수 없는 불가분의 관계이지만, 부부지간은 남남이 하나로 살아가는 사이라 '덕이 되고 득이 되는' 상호상생을 이루지 못하면 언제라도 갈라설 수 있다. 그래서 사랑은 득 될 성 싶을 때 받고, 미움은 득 될 성 싶지 않을 때 받는다. 물론 사랑도 이기요 미움도 이기라는 차원에서는 다를 바 없지만, 사랑할 때는 파랑새가 날아들 법하니 행복의 꿈을 꾸는 것이요, 미움은 파랑새가 날아가 버린 것이라 실연이 가져다주는 절망은 그야말로 쓰라린 아픔이다. 허한 곳을 채워 줄법한 이가 곁을 떠난다는 것은 희망을 잃어버린 바라 사랑할 때 모습과 이별할 때의 모습과 절교할 때의 모습에서 자신의 이기적인 행태를 얼마든지 엿볼 수 있다. 사랑은 행복을 꿈꾸지만 언제 어느 때 미움과 절망에 이를지 몰라 '사랑도 벗어 놓고', '미움도 벗어 놓으라'고 한 모양인데 도린결에서 수행하는 이들에게 적합한 말일지는 몰라도 행의 현장에서 하나 되어 살아가야 하는 행위자들에게 있어서는 전혀 그렇지 못하다.

사회라는 행의 현장은 자신의 포부를 펼쳐야 하는 곳이라 그 뜻을 이루려면 반드시 사랑을 받을 때와 할 때와 줄 때를 알아야 한다. 생활의 활력소는 남녀가 사랑할 때 넘쳐나므로 사랑을 벗어 놓는 행위는 수행자라면 모를까, 행위자들에게는 전혀 이로울 수 없다. 물론 집착을 놓고, 욕심을 버리고, 생각을 비울 때 창의성이 발휘되는 것이겠지만, 너를 위해 살아가야 하는 것이 인생이라, 최소 '줄 때'의 사랑행위만이라도 일깨워야 하지 않을까. 사랑이나 미움이나 이로움의 질량에 따라 달리 나타는 것이므로 미움을 벗어 놓으려 한다면, 그 사랑을 잊어버리려 한다면 시간이 약이라고는 하지만 사랑하며 살아가는 길밖에 없다. 사랑을 벗어 놓겠다는 것은 사실 사랑받을 에너지가 없다던가 아니면 전적으로 나를 위한 삶을 살아가겠다는 이야기로 밖에는 안 들린다.

　육생살이 인간은 분명 너를 위해 살아가야 하기 때문에 미움은 벗어 놔야겠지만 사랑까지 벗어 놓고 살아갈 수는 없는 일이다. 쓰는 법을 배워야 하듯이 줄 때를 알기 위해 노력해야 하는데, 과연 있을까. 한사코 사랑까지 벗어 놓겠다면 뭐라고 할 말은 없지만 사단이 육생량을 벌어들이려고만 하는 데에서 나듯이 사랑을 받으려고만 하기에 시기와 질투로 미움과 원한까지 사게 되는 것이다. '얻고', '받고', '보이려 할 때' 자존심이 드러나듯이 '주고', '인정하고', '배려할 때' 자존감이 배어난다. 성을 낸다는 것 또한 마찬가지 아닐. 내 뜻대로 안 될 때마다 절로 나게 되어 있으니까 말이다. 따라서 이기의 소산물 육생량을 더 가지려고 욕심부리는 것이 탐욕이기보다 쓸 줄 모르는 것이 탐욕이 아닐까 싶은데 그렇다면 소통을 위해 거둬들이는 행위가 욕심일 수가 없다. 욕심은 아쉬워 찾아온 인연을 내 뜻대로 해보려는 데 있다고 말해 온 것처럼, 다들 사랑했기 때문이라는 이유를 붙이는데 이기적인 행위가 사랑이라는 점을 감안한다면 핑계에 불과할 따름이다. 네 허한 곳을 채워줄 때 내 고픈 곳도 채워지는 법이라, 남녀지간의 사랑에서도 선순환법의 진정성이 여실히 드러나는 데도 불구하고 모르는 모양이다. 낭만이 살아있다는 70, 80년대만 하더라도 연민과 동정이 나름 통하기도 했었다. 밀레니엄 시대에 들어서면서 동정은 없다고 할 것이요 매우 특수한 경우가 아니고서는 연민마저도 썩 오래가지 못한다. 무엇보다 성냄과 탐욕도 분명 벗어 놔야 할 사항이겠지만 사랑하는 법을 모른다면 이도 사실 불가능한 일이다.

聊無愛以無憎兮(료무애이무증혜)
사랑도 벗어 놓고 미움도 벗어 놓고   1연 3구

聊無怒以無惜兮(료무노이무석혜)
성냄도 벗어 놓고 탐욕도 벗어 놓고   2연 3구

'고프다'는 것과, '허하다'는 것과, '부족하다'는 것은 거둬들이는 데 있지 않다. 수확은 파종을 하기 위함이라 거둬들이기만 하고 쓰임을 다하지 못하면 종례에는 '싸우고', '부딪치고', '충돌하는' 일로 골몰한다. 때론 고파하는 것이 육생량일수도 있지만 허한 곳마저 육생량으로 채울 수만은 없기에 항상 무언가 부족함을 느끼며 살아가고 있다. 고프고, 허하고, 부족함을 면하고자 한다면 사랑과 미움까지도 벗어 놓아야 한다고 말하지만 육생을 살아가는 인간에게는 사실상 불가능한 일이다. 육생 너머 인생이듯, 사회의 존재가치는 육생량에 의해 좌우되고 삶의 질은 정신량이 좌우한다는 것인데 그러니까 이기의 육생량으로는 나만의 만족을 느낀다면 이타의 정신량이 부합된다면 너와 함께하는 행복을 느끼게 된다는 것이다. 왜 그런 것인가. 인간관계는 이기의 육생량에서 비롯되므로 나라는 이기와 너라는 이기, 즉 나는 내 욕심을 위해 너는 네 욕심을 채우기 위해 만나는 데에서부터 모든 문제가 발생하기 때문이다. 필히 풀어주고 덮어주고 함께 공유하기 위한 방안을 하루속히 마련해야 하는데 이는 누가 해야 하는 일인 것일까. 분명 민초들의 몫은 아닌 것 같고, 이보다도 우선 실의 낙담에 빠지지 않으려면 행위가 안팎(부부)으로 하나 되어 나가야 한다는 사실을 알아야 한다. 만약 부부가 미움으로 일관한다면 대화단절을 의심해야 할 것이며, 성냄과 탐욕일색이라면 부딪치어 고통 받을 때가 다가왔음을 알아야 할 것이다. 여기에 지인들의 쫄딱 망했다는 소리가 들려오기 시작한다면 그리 될 수 있다는 전조라 우선의 할 일은 부부소통을 위해 노력하는 일이다. 생각해볼 일은 실속보다는 겉치레에 열중한 나머지 말만 하면 무조건 들어줄 것이라는 착각을 하고 있지 않았나를 살펴보는 일이다. 한 치 걸러 두 치라고 했거늘 부부지간의 믿음조차 져버리고 살아가는데 그 너머 세 치에서 살아가는 이들이 자신의 처지를 알아주리라 생각하는 데서 재차 문제가 발생한다. 득 볼 것이 있다면 받아주겠지만 없다면 죽고 못 살겠다던 부부도 파경에 이르는데 제아무리 우정과 의리를 표방하는 지인이더라도 얼마나 갈까. 물론 없지는 않겠지만 이웃과 하나 되기 위해 노력한 만큼 부부간에도 노력했다면 어떠했을까. 쫄딱 망했어도 부부가 합심하면 얼마든지 재기 가능하지만 절친이나 지인에게 매달리면 얼마나 가능하겠느냐는 것이다. 이도 결국엔 부부가 합심해야 하는 일이다. 왜 동업을 어려워하는 것일까. 때로는 부부지간에 지지고 볶고 싸울 수도 있는 일이지만 만약 동업자끼리 싸움이 일면 어떻게 될까. 부부지간은 운용주체와 활동주체의 본분이 확연히 드러난 만큼 용이하지만 동업관계에 확실한 선이 그어졌다면 모를까. 그렇지 않다면 어려운 일이다.

한편 1연 3구절에서는 '사랑도 벗어 놓고', '미움도 벗어 놓고'라는 아주 그럴듯한 문구로 분별을 현혹시켜 놓았다. 앞서 설명한 바처럼 언뜻 이해한 듯싶어 선뜻 그리 될 것 같았으나 그리 쉽게 되지 않는다는 것이다. 미움조차 벗어버리고 싶을 때가 언제일까. 실연의 아픔은 성장의 호르몬이라 시간이 흐르고 성숙해진 후 아마 또 다른 사랑을 할 때 즈음이 아닐까. 그래서 세상을 요지경이라고 말하는 모양이다. 모든 이들이 육생량 앞에서 이기의 핏발을 드리우는 것도 사랑하며 살아가기 위해서다. 비록 이기에서 사랑이 비롯될지언정 이를 통해 이타의 행복을 꿈꾸며 나름 허한 곳을 채울 수 있었던 것은 네가 있었기에 가능했다는 것이다. 이처럼 세상이 요지경인 것은 이기의 육생량에서 사랑이 비롯되었기 때문에 행복이라는 기대주머니도 생겨나고 있으니 말이다. 물론 번뇌 망상의 출발선이기도 하겠지만 허하다하여 가지려하지 않고, 고프다 하여 채우려하지 않고, 부족하다 하여 내 것으로 만들려고 하지 않는다면 번뇌로 괴로워해야 할 이유도 없고, 망상에 사로잡힐 이유가 없다. 분명 풀어주고, 덮어주고, 함께 공유하려 든다면 번뇌 망상을 넘어 선망의 대상일 텐데, 이 때문에 사랑을 하되 사랑에 빠지지 말라는 아리송한 소리를 하는 모양이다. 득 볼 요량으로 사랑을 파종했다면 덕의 밑거름으로 행복의 싹을 틔워야 하는데도 밑거름이 무엇인지 모르기 때문에 미련과 아쉬움을 남긴다. 사랑을 상호 이기적인 행위라 하더라도 상대방의 형편을 고려하지 않고 기대주머니만 채우려든다면 순수한 사랑이기보다 애욕이라 해야 할 것이다.

2연 3구절에는 '성냄도 벗어 놓고', '탐욕도 벗어 놓고'라고 표현하였다. 이도 자칫 생각하기에는 자신의 의지와는 아무 상관도 없는데 너로 인해 화가 났고 너로 인해 욕심까지 부려야 했던 것으로 오해하기 쉬운 구절이다.

아니 땐 굴뚝에 연기 날까. 내 앞에서 벌어진 일을 해결하지 못하면 작용반작용의 법칙 부메랑 원리로 되돌아오기 마련 아닌가. 나 하기 나름에 달리 나타나는 인생방정식에 대입해 보면 확연히 나타나는 사항이다.

추락하는 것은 날개가 있듯이 일어나는 일에는 그만한 이유가 있다. 부메랑의 표적을 받고나면 벗어 놓고 비워야 한다는 볼멘소리를 하는데 그나마 다행이라면 남 탓을 하지 않는 것이다. 작용반작용의 법칙 인생방정식에 어떻게 대입해야 하는 것일까. 선순환 행위는 나 하기 나름이라 '덕이 되고 득이 되는' 상호상생이 일지 않는다면 그 대가로 표적을 받아야 하므로 딱히 피할 방법이 없다는 것이다. 선행 너머 덕행차원은 벗어 놓고 비워 놓는 차원과는 다르다. 물론 비우고 벗는다는 자체가 행을 위한 것에 있겠지만 어떻게 해야 비우고 벗을 수 있느냐고 한 번 정도 되물어 볼 일이다. 만약 호흡법 주(走)에 치달리면 화(火)가 입(入)하여 고통 받을 것이요 명상법 주(走)로 치달리면 마(魔)가 들러붙을 것이라, 이러저러한 행위로는 없을 성 싶으니 벗어 놓고 비워 놓겠다는 집착부터 놔야 하지 않을까 싶다. 그 무엇을 하든 문제를 일으키는 주범은 나밖에 모르는 생각이라 '무덕하니 무익하다'는 반쪽반생하고 '해하니 독이 되더라'는 상극상충이 상대성원리에서 비롯된다는 사실을 받아들인다면 적어도 손해 보는 짓은 하지 않을 텐데 말이다. 그러나 뛰어넘겠다는 차원은 나 하기 나름의 차원으로서 버리고 비우는 차원과는 판이하다. 언제나 발목은 생각에서 기인되는 욕심과 집착에 잡히어 나아가려거든 버리고 비우려하기보다 그 자체를 뛰어넘어야 한다는 것이다.

무슨 소리냐면, 육생의 실력을 기른 만큼 정신량을 함양한다면 새로운 출발선상에 서게 되는 것이므로 벗고 비움은 정신량을 배양하는 일에 있다는 것이다. 개개인이 단체를 이루고자 할 때가 언제인가. 너와 나에게 기대감이 찰 무렵이다. 또 그 단체의 기대감이 찰 즈음엔 사회를 주도한다. 누군가가 이를 빗대어 인간은 사회적 동물이라고 표현했지만, 만물의 영장이 어찌 본능으로 군집을 이루어 갈 수 있다고 생각하는지 모르겠다. 이기의 지식과 본능에 이타의 분별과 지혜를 부가시켜 살아가는 화합의 집합체는 상호상생을 이룰 때만이 가능하다. 생각차원 본능을 절대적 이기라고 할 수도 있겠지만 대자연의 섭리라, 동물의 세계에서는 이기도 이타도 없다. 마음차원의 분별로 상호상생을 쫓는 이기의 인간만이 저마다의 기대치에 부흥하는 쪽으로 다가서는 것이다.

위 사항 때문에 이기와 이타가 숱한 논리를 양산시켰고, 본능 너머 분별을 일깨워주기 위한 상대적 차원으로 삶의 질을 높여나가려거든 육생 너머 인생, 생각 너머 마음, 지식 너머 지혜의 차원을 인식해야 하는데 하게 된다면 나를 위해 네가 있음을 알게 된다. 아마도 이기와 이타의 차원을 식별할 수 없다면 나를 위한 육생본능과 너를 위한 인생분별에 대한 사항에서 어려움을 겪는다.

사람으로 승화되기 전의 인간은 이기의 육생 먼저 살아야 하는 관계로 분열, 분쟁, 갈등을 조장하게 된다. 합의를 통해 화합을 이루듯 사랑은 행복을 위해 하는 것이므로 물론 이기의 소산물 육생량에서 비롯되겠지만, 육생살이 힘의 논리는 자유의지 발산이 어려워 관료주의에 발목 잡힌다는 사실이다. 창조력은 정신량이 부가될 때 발휘되므로 IT시대를 맞이하여 사람으로의 승화는 그 어느 때보다 절실하다. 육생량에 정신량이 부가된다면야 사랑과 미움은 물론이요 성냄과 탐욕까지도 억지로 벗어 놓으려 하지 않아도 된다. 그야말로 사람 사는 세상일 터이니 말이다. 누군가는 꿈같은 이야기라고 할 수도 있겠으나 양의 기운 육생량이 만연한 세상사에 잘 나타나다시피 음의 기운 정신량이 충만한 세상을 바라고 있지 않은가. 한결같이 육생량에 육생량을 부가시키면 정신량까지 부가되어 삶의 질이 향상될 것으로 믿고 있다가 양양상충으로 호되게 당할 때마다 아우성이지만 그런데도 그것이 무엇인지 모른다. 표적의 일환으로 쏠림의 결정체 상극상충을 일게 했으나 삼면등가의 원칙(三面等價-原則)이나 따지며 대안을 육생량에서 구하려드니 무엇이든 정신량이 배재되면 육생논리라 쏠림의 극치를 그저 바라볼 수밖에 없다. 하나 되어 나가지 못할 때 받는 표적, 나밖에 모르는 짓거리를 할 때 받는 표적을 우연으로 치부하지 않는다면 삶의 질은 확연히 달라질 것이다. 각설하고, 사랑하며 살아가는 일이 그 얼마나 힘든 일이기에, 이기 그 사랑의 모순을 얼마나 봐왔기에 사랑과 미움도, 성냄과 탐욕까지도 벗어 놔야 하는 것이라고 성토할까. 그런데 그 뒤를 이어 '물 같이 바람 같이', '살다가 가라 하네'라 받쳐주고 있다. 당최 어떠한 삶을 살아가라는 것일까.

사랑이 성을 내게 만드는 것일까. 미움이 탐욕을 불러일으키는 것일까. 물처럼 바람처럼 사는 법을 안다면 거부할 행위가 어디에 있겠느냐만 너의 모순을 받아들일 때 나의 모순도 받아들이게 되는 것이므로, 사랑할 줄 몰라 욕심만 부리다가 뜻대로 안 되자 미워하며 성까지 내야 했던 것이 아닌가 싶다. 생각의 본질은 안중에 없고 마음을 자기 자신으로 아는 통에 골머리 싸매고 골골산천은 당연지사 도시의 중심에서까지 가부좌를 트는 이들이 제법 된다. 생각과 마음의 본질을 바르게 투영하여 미움의 본질과 사랑의 본성을 들여다보게 된다면 탐욕의 본성과 성냄의 본질까지도 얼마든지 들여다 볼 수 있다. 사실 눈앞에 놓인 육생량을 어떻게 나누어 써야 하는지를 몰라 벌어지는 일이 부딪침이다. 언제쯤이나 바르게 나누어 쓰는 법도가 나올까. 사랑조차 바로 하지 못하는데 그 쓰임을 어찌 바로 알겠는가. 여하튼 받아온 육생의 기본금을 바탕으로 이롭게 쓰는 자의 것이라고 할까. 언제나 육생량은 내 앞의 인연을 통해 들어오므로 두남두지 않고 의견조율과 상호합의를 이끌어 내는 자의 몫이다. 이쯤 되면 나름 거침없는 삶을 산다고 할 수 있는데, 소통이 자유롭다면 그 무엇에도 걸릴 것이 없는 자유인이다. 과연 얼마나 될까. 육생량만으로 될까. 정신량이 없으면 어림없을까. 하고 싶어도 없어서 못하는 이들이 태반이다. 이 또한 사랑할 줄 몰라 받는 고통이겠지만, 반면 있어도 못 주는 이들도 있다. 이는 왜 그런 것일까. 반쪽반생의 결과를 알고 취하는 행위라고 하는데 과연 얼마나 될까. 그런데 있으면서도 안 주는 이들이 부지기수다. 이는 또 왜 그런 것일까. 나밖에 모르는 삶을 살아가는 자들이라고 한다. 숙성은 생활의 이치요, 부패의 원인은 불통이라 썩은 물은 고여 있기 때문인데 인연이 한둘씩 멀어지기 시작할 때가 육생량도 썩어 문드러지기 시작할 때다.

주변에 인연이 없는 만큼 육생량도 없다고 하겠으니 이쯤 되면 없어서 못 주는 처지다. 쓰는 법을 배우는 일은 사랑을 배우는 일이라 후에 분명 그에 걸맞은 행복의 맛을 본다. 배움은 상호 이로움을 아는 것으로 가르침은 이를 통해 하나 되어 가자는 데 있다.

☾ 물같이 바람같이 살다가 가라 하네

천지(天地)가 인(人)을 빚고 만물을 빚자 육(肉)의 모든 생명체는 물로 번식을 시작하였다. 본래 천지인은 하나였지만 인을 빚고 천과 지 셋으로 나뉘면서 다시 천지는 7천음(天陰)과 3지양(地陽)으로 분리되면서 어느 쪽으로 치우쳐서는 아니 되는 인(人)도 0의 차원이었으나 여음(女陰)과 남양(男陽)으로 분리되었다. 그리하여 천기(天氣)가 음의 기운 운용주체로 자리하자 지기(地氣)는 양의 기운 활동주체로 자리하면서 인기(人氣)는 운용주체 천지의 자식으로 살아가는 활동주체가 되었다. 따라서 음의 기운 천기는 삼라만상 지기를 주관하는 운용주체요 양의 기운 지기는 삼라만상을 관장하는 활동주체다. 다시 삼라만상 지기는 인기의 앞에서는 음의 기운 운용주체요 만물을 방편으로 살아가는 인의 기운은 활동주체다. 아울러 인기는 음의 기운 만물(자연) 앞에서 양의 기운이지만 분리된 여음은 생명을 주관하는 운용주체로 자리하였고 남양은 생명을 관장하는 활동주체로 자리하였다. 그 만물은 인간 삶의 편의를 제공하는 방편이지만 운용주체 자연(청산)이고 인간은 정신량을 갈망하는 육생살이 활동주체다. 천지인은 본래 공한한 차원의 대우주였었다. 인을 낳기 위해 천지로 분리되었듯이 여음과 남양으로 분리된 인기도 하나에서 둘로 분리된 것이므로 여음남양이 하나가 될 때 자식을 잉태한다. 그리하여 부모(천지)는 운용주체요 자식(인)은 활동주체로 자리하였는데 아버님 날 낳으시고 어머님 날 기르시는 근본을 여기에서 알 수 있다.

한편 지기는 양의 기운 활동주체로서 삼라만상을 빚었고 이를 번식시키는 물은 운용주체 음의 기운이자 천기의 운송수단으로 자리한다. 예컨대 하늘에서 비(천기)를 내리어 육의 모든 생명체가 생동하자 춘하추동(春夏秋冬) 생장수장(生長收藏)의 원리가 자리하였다는 것이다. 생명의 원천인 물은 음의 기운 운용주체이고 인간을 포함한 육을 가진 모든 생명체는 활동주체다. 왜 물 앞에 자연은 활동주체일까. 빛, 색깔, 바람 등을 포함한 육의 모든 생명을 주관하고 있기 때문이다. 인간생활에 있어서도 양의 기운 활동주체가 이기의 육생량을 위해 일할 때 음의 기운 운용주체가 이타의 정신량을 적셔주면 제 소임을 다하게 되는 원리다.

아울러 천기로서 물은 음의 기운 운용주체이자 활동주체 지기의 만물을 주관하듯이 음의 기운 어머니는 운용주체로서 활동주체 양의 기운 아버지를 정신량으로 주도해 나가야 한다. 이리하여 지혜의 어머니 정신량을 천기의 물이라고 한다면 힘(지식)의 아버지 육생량을 지기의 만물이라 할 수 있다. 육의 생명체 생장(生長)과 수장(收藏)은 빛, 색깔, 바람 등의 원소가 활동주체와 운용주체의 물과 화합이 이루어져 가능하다는 것이다. 그리하여 부부화합은 남편의 입지는 물론 자식까지도 바르게 성장시키는 원동력으로서 음양화합은 운용주체 음의 기운 정신량(물)이 활동주체 양의 기운 육생량(만물)에 생명을 불어넣는 행위다. 아쉬워서 찾아가는 활동주체를 맞이하는 것은 이로운 운용주체이지 아니힌가. 이기의 육생량이 오만상을 쓰고 있더라도 이타의 정신량은 막힘없이 스며드는 만큼이나 자정능력 또한 뛰어나 운용주체의 사랑은 언제나 물과 같다는 표현을 곧잘 쓴다.

이쯤 되면 활동주체도 막힘없는 성장을 시작하고, 만약 운용주체가 활동주체의 일을 한다거나 활동주체가 운용주체 일을 해야 하는 지경에 이르렀다면 활동주체의 성장은 멈춘 것이라 맞벌이 부부에게는 내조가 없다고 말한다. 왜 그런 것인가. 양의 기운 육생량이 원하는 것은 음의 기운 정신량이므로 상호 발전은 육생량에 정신량을 부가시키는 일에 있다. 만약 운용주체가 이로운 정신량을 공급치 못하고 활동주체의 아쉬운 육생량만 부가시키는 행위를 한다면 이기와 이기가 따로따로 노는 형국이라 상호 발전과는 관계가 멀어지기 때문이라고 할까. 천기가 지기를 주관하고 지기는 인기를 관장하여 천지인이 하나 되는 것처럼, 육생량을 관장하는 활동주체는 정신량을 주관하는 운용주체 하기 나름이다. 게다가 가정화합이 행의 현장(사회)에 그대로 투영되는 만큼 운용주체 행위에 따라 활동주체 입지가 좌우되므로 아쉬운 남녀가 만나 사랑으로 가정을 꾸려 자식을 낳고 행복하게 잘 사는 일이야 말로 물같이 바람같이 사는 것이 아닐까 싶다.

결혼하고 행복하지 못한 이유가 어디에 있는 것일까. 자식 양육 문제는 백년지대계(百年之大計) 커리큘럼(curriculum)으로서 국가적인 차원이라 예서는 제외하자. 부부지간에 대화소통이 원활하다면 별 문제가 있겠느냐만 막히는 시점부터 분별력 저하로 뜻하지 않는 상극상충으로 애먹기 시작한다.

그러다가 급격히 어려워지면 물처럼 바람처럼 살아가는 꿈을 꾸며 방황을 하게 되는데 도(道)는 음의 기운을 갈망하는 활동주체 양의 기운이 닦으려 들고, 양의 기운을 열망하는 운용주체 음의 기운은 도시에서 찾으려 든다.

如水如風以終我(여수여풍이종아)
물같이 바람같이 살다가 가라 하네   1연 4구

특히 음의 기운을 갈망하는 남자일수록 어려워질 때마다 벌, 나비처럼 하늘을 자유로이 노니는 꿈을 꾸곤 하는 모양이다. 그러나 음의 기운 여자의 본질은 덕과 지혜의 정신량이므로 되도록 꿈을 양의 기운이 넘쳐나는 사회에서 이루고자 하며, 남자의 본성은 힘과 지식의 육생량이므로 아내에게 기운을 충전하지 못하면 음기 충만한 자연에서 원하는 바를 구할 수 있지 않나 싶어 기웃거린다. 물론 여성들 태반이 신앙에 의존하지만 도를 구하고자 하는 차원과는 맥락이 다르다. 양의 기운 육생량이 갈망하는 음의 차원하고, 음의 기운 정신량이 갈망하는 양의 차원과는 판이하기에 운용주체와 활동주체로 나뉘었다. 때문에 여성들은 내조자로서 벌, 나비처럼 훨훨 날고자하는 꿈을 활동주체 사회에서 이루려 하는 것이고, 남성들은 행위자로서 운용주체 자연에서 찾으려드는 것이다. 누구나가 물처럼 바람처럼 자연 속에서 훨훨 나는 자유인의 꿈을 한 번 정도 꾸지 않았을까. 무소유를 부르짖으면서 말이다. 그러다가 그 꿈을 실현에 옮기려는 이들도 상당수 되는 모양인데 과연 이룰 수 있는 꿈일까. 아니면 이상에 불과한 것일까. 분명 물과 바람은 하모니를 이루어 자연에 생명을 불어넣고 있는데도 제멋대로 불고 흐르고 있는 줄 아는 모양이다.

　그래서 하는 소린데 '자유인은 말이야', '이기의 육생량에 이타의 정신량이 가미되었을 때나 가능하다는 것이야', '운용주체도 마찬가지 아니겠어', '활동주체 양의 기운에 음의 기운을 첨가시켰을 때 훨훨 날 수 있다는 것이지' 그리고 무소유를 부르짖은 만큼 너를 위해 살아가야 한다는 사실을 알까. 물론 도린결에서 동물처럼 살아가겠다면 육생량이 그다지 필요하겠느냐만 사실이 그렇지 않은가. 육생량이 나름 있다면 도린결에서 홀로 살아가려 들겠는가 말이다. 있으나 없으나 자유인이 되고자 하는 관념에 사로잡혔다면 집착의 틀에 갇힌 형태라 어느 곳에 가더라도 자유로울 수가 없다. 가뜩이나 자기 뜻대로 해보려는 욕심이라 그 굴레에서 벗어날 수 없을 터이니 나아질 것은 없다. 놀고먹고 한가로이 노니는 자유인이 있을까. 다들 어울리지 못하여 홀로 사는 것인데 자유인을 그리며 도린결에서 생활을 시작하였다면 하나 되어 살아가지 못하는 이유를 밝혀낼 때 자유로워진다는 사실이다.

서민층일수록 무소유가 화두로 주어지는 이유는 다른 데 있지 않다. 이면은 육생량을 선망하기 때문에 은근히 사회 환원을 부추기는 소리라고 할까. 그러한 이들이 어느 날 로또에 당첨이 됐다면 어떻게 할까. 태반이 그려보는 것이라고 함부로 말하는데 너와 나를 연결 짓는 소통의 방편이라는 사실을 알면 심각해진다. 가진 자들이 환원을 했다고 치자. 정신량을 부가치 못하면 어림없는 일이다. 안 하느니만 못하다는 것이다. 간혹 무소유를 집착에서 벗어난 청정한 삶의 모습이라 말하는 이도 있다. 형형색색 비춰지는 모습이 다를 뿐, 기실 청정한 것도 하나 되어 살아가자는 것에 있다. 아무런 이유 없이 소유하게 되는 육생량이 있을까. 분명 쓰임이 있어 주어지는 것일 텐데 이기의 산물인지라 그 쓰임을 잃어버리게 되는 것이 문제다. 무소유를 통해 번뇌 망상에서 벗어나고자 하는 것이겠지만 그렇다고 벗어날 수 있는 문제가 아니다. 까닭 없이 주어지는 육생량은 없다. 또 육생량이 없다면 까닭을 잃어버린 삶이라 하겠으니 죽음을 기다리는 형국이 아닌가. 만약 저승에서 영원한 안식을 구하고자 한 짓이라면 오히려 그 집착으로 유주무주(有主無主) 고혼(孤魂)이 되기 십상이다.

왜 그러할까. 이승의 삶이 그대로 반영되는 곳이 저승이므로 생전의 집착이 강하면 강할수록 이곳도 저곳도 못 가는 떠돌이 구신이 되기 때문이다. 제아무리 깊은 선정 삼매에 빠져본들, 유체이탈과 공중부양의 맛을 본들, 먼 미래를 바라보는 능력과 병 고치는 능력을 가졌던들, 화수분에서 육생량이 쏟아진들 그저 생전의 흔적일 뿐, 치적과 공적이 없다면 아무 소용이 없다. 더구나 거기에 집착은 머무른 것이라 나아간 바가 있을까.

일개(一介)를 위하기보다는 부분(部分)이 낫고, 부분보다는 전체(全體)가 낫다. 육생량을 추구하는 활동주체와 정신량을 지향하는 운용주체와의 차이라고 할 수 있는데, 내 것이 아무리 옳다 해도 결과는 만인에 의해 드러난다. 함께하는 무리가 내린 결정이더라도 받아들이지 않는다면 왕따를 당할지 모른다. 때론, 집착과 고집이 의외의 결과를 가져다주기도 하지만 아주 드문 일이니 이쯤에서 접어두자. 요지는 극히 일부분이나 몇몇이 동조하는 일을 가지고 모두의 것 마냥 요란 떨지 말라는 것이다.

맞는 것과 맞지 않는 것이라고 해야 할까. 아니면 좋은 것과 나쁜 것이라고 해야 할까. 득이 된다면 옳다고 할 것이요 되지 않으면 그르다고 할 것인데 그래도 옳다고 하는 이들은 무소의 뿔처럼 혼자라도 간다. 자유인을 꿈꾸면서 말이다. 그러고서 하는 말이 물같이 바람같이 살다가 가는 이들이 많다는 것이다. 아니 그렇다면 고집과 집착으로 점철된 삶이 물처럼 바람처럼 사는 일이라는 소리지 않은가. 물론 자신이 원하는 삶을 살아가는 일이 벌, 나비처럼 자유로이 노니는 삶일 수도 있겠지만, 자칫 벌, 나비가 백수건달의 로망이 되지 않을까 심히 우려된다. 아마 물과 바람도 자신처럼 조화를 이루지 못하여 제멋대로 흐르고 불어대는 것쯤으로 인식하는 모양새다. 꽃을 찾아든 벌과 나비는 음양화합의 조력자다. 물은 생명을 불어넣고 바람은 생기를 돋우며 빛은 광합성을 발한다. 이처럼 구석구석 스며들어 조화롭게 어울리지 않은 곳이 없는데 자기 하고 싶은 대로 하는 것 마냥 해석하고 있다. 그리고 분명자유인은 물처럼 바람처럼 살아가는 이를 가리키는 소리다. 과연있을까. 있다면 어디에 있을까. 사회일까 도린결일까. 동물의 사회는 동물의 삶을 위해 살아가는 자연이고, 인간의 사회는 인간의 삶을 위해 살아가는 행의 현장 사회다. 이쯤 되면 자유는 어디에서 누려야 하는 것인지 알 수 있을 터, 소통이 자유롭지 못한 이들일수록 자유를 부르짖으며 궁벽한 곳을 찾아들어가 홀로 살아가려든다. 부족하니 수행자라, 이들마저도 소기의 목적을 달성했다면 진정한 자유인이 되기 위하여 인연맞이 준비로 분주할 텐데, 불통은 구속이라 나 홀로 사는 것만큼 자유롭지 못한 삶은 없다고 할 것이다. '물같이 바람같이 살다가 가라 하네'는 1연 4구로서 마지막 대미를 장식한다. 진정한 자유를 찾고자 한다면 자연의 품속에서 살아야 한다는 소리로 들릴 수도 있다. 자유는 내 앞의 인연과 하나되어 나갈 때 만끽하는 삶의 찬미다. 만약 그곳에서 무소의 뿔처럼 혼자가기를 작정한 이가 있다면 해야 할 일이 하나 있다. 그것은 왜 혼자만 가야 하는지 대해서 알아내는 일이다. 번뇌와 망상은 내 앞의 인연과 하나 되지 못할 때 빠지는 것이므로 이를 밝혀낸다면 위대한 운용주체로 우뚝 설 터이니 말이다.

사회가 어지럽다는 것은 하나 되어 살아가지 못하다는 방증인데 이러할수록 자유를 갈망하는 이들이 많아 물처럼 바람처럼을 꿈꾸며 전국 곳곳을 누비지만 자유로운 곳은 그 어디에도 없다고 한다. 이곳이나 그곳이나 이기 육생량만을 노리는 이들만 있을 뿐이라고 하면서 말이다. 초야에 묻힌 자유인은 아니더라도 자연을 벗 삼으며 살아가고 싶어 하는 이들이 귀농한다고 하는데 음, 그렇다면 늙은 말년에 농자(農者)를 꿈꾸는 것인가. 자연인을 꿈꾸는 것인가. 농자 또한 누구나 할 수 있는 일이 아니거늘 진정성을 안다면 궁벽한 곳에 찾아들지 않으리라는 것이다. 자연인이라 참으로 멋지고 화려한 말인 듯싶지만 육생 너머 인생의 꿈을 꾸는 곳이 사회라는 사실을 알까. 육생을 살아가는 동물들의 삶의 터전이 자연인데 집착하면 머무는 것이라 육생 너머의 삶을 살고자 한다면 육생살이가 무엇인지 알기만 하면 된다. 힐링 차원이라면 모를까. 세상과 소통하지는 못하고 자연과 벗 삼는다고 하여 자연인이라고 말하면 곤란하다. 사회에서 고집과 독선으로 일관하다 스스로 옭아매고서는 아무도 찾지 않는 외진 곳에서 살아가는 이들의 진정성은 무엇일까. 특히 궁벽한 곳일수록 소통이 자유롭지 못한 이들이 살아가는데 과연 그곳이 뜻하는 바가 무엇이냐는 것이다.

때론 피를 부르며 살아가는 꼴이 보기 싫어서 찾아들어가는 이도 있겠고 병든 목숨 부지코자 들어가는 이도 있다. 죽으러 들어가는 이도 있을 터 무엇을 찾고자 하는 것일까.

청산은 운용주체 음의 기운으로서 활동주체 양의 기운인 인간을 때가 되면 불러들이기도 한다. 거의가 꿈과 희망을 불어넣어 주기 위해서인데 사회구성원과 하나 되어 살아간다면 과연 불러들이겠는가. 병자이거나 실패자이거나 아집과 독선과 이상에 사로잡힌 이들이 불려 들어가는 곳이라고 해야 할까. 이기 육생량을 위해 살아가야 하는 활동주체다. 이상에 사로잡혀 독선으로 일관하는 만

큰 양의 에너지를 고갈시킬 텐데 그러다가 이타의 정신량을 불어 넣지 못하여 자멸한다.

　물처럼 바람처럼을 외치며 자유인이 되고자 찾아들어 갔을 땐 그만한 이유가 있다는 것이다. 이유를 외면하고 자연인이 되겠다 고 자연 속에서 발가벗고 뛰논다고 자유를 만끽하는 것일까. 동물 들처럼 이산저산 뛰어논다고 자연인이 아니라는 것이다. 나물 먹 고 물마시고 하늘을 이불 삼아 땅을 베게 삼아 들판에 누워 바뀔 것이 있다면 모를까. 쓸모없는 자신을 자신이 그렇게 해서 하루하 루를 죽여가고 있는지조차 모른다. 사회라는 행의 현장에서 거침 없이 행하는 자가 자유인으로, 이쯤 되면 요소요소에 물과 바람이 되어 살아가는 자일 터, 음기 충만한 자연 속에서 하나 되어 살아 가지 못한 이유를 찾는다면 그때야 말로 진정한 자유인으로 거듭 나지 않을까 싶다. 사실 그만한 근기를 가졌기에 아무도 찾지 않는 외로운 곳에서 홀로 사는 것이고, 결코 누구나 살아갈 수 없는 삶 이 아니기에 물같이 바람같이는 사람들과 사람처럼 살아가는 것이 라고 청산은 이르고 있다.

6. 삶이 그대를 속일지라도

삶이 그대를 속일지라도   1연
슬퍼하거나 노하지 말라
슬픈 날을 참고 견디라
즐거운 날이 오고야 말리니

마음은 미래를 바라느니   2연
현재는 한없이 우울한 것
모든 것 하염없이 사라지나
지나가 버린 것 그리움 되리니

삶이 그대를 속일지라도   3연
노하거나 서러워하지 말라
절망의 나날 참고 견디면

기쁨의 날 반드시 찾아오리라

마음은 미래에 살고   4연
현재는 언제나 슬픈 법
모든 것은 한순간 사라지지만
가버린 것은 마음에 소중하리라

삶이 그대를 속일지라도   5연
슬퍼하거나 노하지 말라
우울한 날들을 견디며 믿으라
기쁨의 날이 오리니

마음은 미래에 사는 것   6연
현재는 슬픈 것
모든 것은 순간적인 것, 지나가는 것이니
그리고 지나가는 것은 훗날 소중하게 되리니

삶이 그대를 속일지라도   7연
슬퍼하거나 노하지 말라
설움의 날을 참고 견디면
기쁨의 날이 오고야 말리니

민둥산이 하나 있었다. 도시개발로 철거민들이 한둘 늘어나나
싶더니만 언제인가 모르게 무허가 판잣집들이 산꼭대기까지 빼곡
히 들어차면서 똥산이 되어가고 있었다. 제법 수풀이 우거져 토끼

가 뛰놀았었다. 화장실 수요가 인구수에 못 미쳐 자연발생적인 일이었다고 할까. 아마 그렇게 똥산이 된 것은 이후에 맨션아파트가 들어서기 위한 일련의 과정이었던 같다. 하룻밤 자고 나면 뚝딱 판잣집 한 채가 들어섰고 그렇게 또 암암리에 거래가 되었다. 예닐곱 식구가 한 평이 채 못 되는 부엌과 신문지를 덕지덕지 바른 두어 평짜리 방에서 인사를 건넨다. 밤새 이사 온 것이다. 이제는 철거민 수보다 무작정 상경한 집들이 훨씬 많아졌다. 어디에서 올라오는지 조금이라도 남은 터가 있다면 화장실을 짓기보다 무허가 판잣집을 연신 지어댔으니 청결을 제아무리 부르짖어 봤자 화장실 수요가 미치지 못하면 어쩔 수 없었다. 씻는 물이야 우물(펌프)에서 그럭저럭 퍼다 쓰면 되겠지만 해감내가 나는 통에 식수는 돈 주고 수돗물을 길어 먹어야 했다. 퍼다 쓰는 우물도 그렇고 사다 쓰는 수돗물도 그렇고 산 중턱에 쯤에 사는 이들은 여간 곤욕이 아니었다. 무허가 판자촌인데다가 달동네다보니 물을 길어 나르는 것이 빼 놓을 수 없는 하루일과 중에 하나로, 특히 겨울은 고양이 세수만이라도 하는 것이 감지덕지라고 할까. 코흘리개가 유난히 많았던 시절이라 초등학교 입학을 하고서도 엄마 손에 이끌려 공중목욕탕에 간 기억이 어렴풋하다. 명절 때면 먹고 입는 것만큼 목간도 중요했으니 몇 날 며칠 떡 방앗간만큼이나 북새통을 이룬 곳이 목욕탕이 아니었을까 싶다. 한 번 들어가면 서너 시간은 기본으로 땟물을 쪽 뺐으며 손이 부르터야 목간을 한 번 했구나 싶었다. 기억 속엔 상수도가 초등학교 고학년 무렵에 설치된 걸로 아는데, 달동네가 재개발로 철거되면서 몇몇 이웃과 이주한 곳이 건너편 산기슭이여서 그다지 낯설지는 않았지만 그 덕분에 판자촌 하꼬방 인연들과 뿔뿔이 흩어져야 했다. 그 옆 동리가 하늘이 받쳐 주고 있다는 봉천동(奉天洞)이다. 수재민과 철거민이 함께 이주하여 판잣집보다는 천막촌이었다고 하며 바로 그 옆 동리는 신림동(新林洞) 낙골(난곡)인데 관악산(冠岳山) 기슭인데다가 숲이 울창하게 우거진데에서 유래된 동명이다.

이 무렵에 서울대학교가 종로구 동숭동에서 관악캠퍼스로 이전하면서 일명 서울대학교 뒷산과 낙성대는 여름 한철 물놀이 장소로 적격이었다. 까까머리 민소매 러닝셔츠에 검정고무신을 신고족히 1시간을 걸어야 당도할 수 있는 거리인데도 불구하고 신났으니까 즐거웠으니까 기꺼이 또래들과 가곤 했었다. 대가는 그만한배고픔을 감수하는 것이었지만 그만한 낙이 있었기에 갔다 오고나면 꼭 다음을 기약하곤 했었다. 탱글탱글한 머리통과 새까맣게그을린 몸뚱이하며 영락없는 상거지라고 할까. 그때의 신나고 즐거움을 어디에 비할까. 간혹 낙골까지 걸어갔다가 마을의 산봉우리에 나무가 없어서 벌거숭이산이라는 동명을 가진 황량하기 그지없는 독산동(禿山洞)을 바라보고 올 때도 있었다. 그 당시 거기까지가 걸어서 세상을 엿볼 수 있는 한계였던 모양이다. 무척이나 배고팠던 시절이었던 만큼 겨울나기가 힘겨웠다. 특히 연탄가스로밤새 안녕이라는 소리를 들어야 하던 시대는 똥구멍이 찢어지게가난하던 시절이었다. 신림동(낙골)이나 봉천동이나 사당동이나 도토리 키 재기라고 할까. 달동네 판자촌은 신림동이나 봉천동이나사당동(舍堂洞)이나 배고픔의 상황은 별반 다르지 않았고 어른들이웬 싸움질을 그리 했는지 모르겠다. 참으로 희한한 노릇은, 옛날에큰 사당이 있는 데에서 유래된 동명인 사당동과 우면산(牛眠山)을등지고 있는 동리라 뜻에서 유래된 방배동(方背洞)이 마주보고 있는데, 예나 지금이나 그곳엔 부자들만 살고 있다. 이유가 어디에 있는 것일까. 혹자는 풍수를 들먹이지만 사실 황무지와 다름없었던 철거민들이 사당동에 정착했던 이유 중에 하나가 1968년 무렵 서울 동부이촌동 공유수면 매립공사 때문이었고 1970년에 한강맨션아파트와 외인아파트가 준공하였다. 그 무렵부터 철거민들은 낙동강 오리알 신세가 되어 사당동, 봉천동, 신림동의 낙골로 이어지는 산동네 판잣집을 전전했는데 당시 분명 두어 번 강제 철거로 쫓겨났음에도 불구하고 무허가 판자촌 신세 면치 못한 것은 매한가지였었다.

아마도 베이비부머 세대의 성장기에 맞춰 시행된 경제개발5개년계획(1962~1966)의 일환으로 경부고속도로가 1970년에 완공되면서, 필연인데 우연인 마냥 흐르는 개울이 마을로 서리서리 굽이쳐 흐르는 서릿고개(구반포)였던 반포(盤浦)에도 1970년에 아파트가 들어서기 시작하였다. 마침내 1978년에 강남터미널이 준공되자 강남 개발에 박차를 가하기에 이르렀다. 그러고 보면 철거민들이 떠난 동부이촌동은 상위 1%의 거주지가 되었고, 마주 보는 방배동과 반포 그리고 서리풀이 무성한 데서 유래된 서초동(瑞草洞)도 상위 1%들이 살아가는 곳이 되었다. 사실 동부이촌동은 1960년 후반까지만 하더라도 드넓은 모래사장이라기보다 모래광장이라고 해야 할까. 선거 유세 때는 30만 명까지 수용할 수 있었다고 하니 말이다. 지금도 기억이 생생한 것은 10월 1일 국군의 날의 행사다. 한강 인도교 부근 강물 가까이에 모형 탱크를 세워 놓고 네이팜을 터트리며 제트기가 공중포격을 가할 때 하늘에서는 오색연막탄을 터트리며 공수부대 낙하산이 내려오는 광경은 그야말로 장관이었다. 가

끔 낙하산이 바람에 밀리어 동구 밖 미루나무에 걸리곤 하였고 이보다 재미있는 일이 또 어디에 있을까 싶어 죽을 둥 살 둥 뛰어가 대롱대롱 매달린 낙하병 아저씨들 신기한 듯이 쳐다본 땅꼬마다. 제방에는 헤아릴 수조차 없을 만큼의 인파가 몰려들어 그저 사람 구경하는 것만으로도 얼마나 즐거웠는지 모른다. 그 시절 어머니께서는 물에 얼음과 색소를 띄우고 신화당으로 단맛을 낸 양동이 냉차 장사를 하셨고, 코찔찔이 땅꼬마는 쫄랑쫄랑 따라다니다 어쩌다 한 모금씩 맛을 봤던 그 맛이 아직까지도 입가에 맴돈다. 공유수면 매립공사로 인해 철거당하고 맨션아파트가 들어설 무렵 한강에 어린 추억도 아스라이 사라져 갔다. 왜 시시콜콜한 소리까지 하냐면 베이비부머 세대를 먹이고 입히고 가르치기 위한 민초들의 힘겨운 여정이 시작되어서다.

용산의 철거민들의 애환은 달동네에서 시작될 무렵 여의도를 필두로 강남을 개발하기에까지 이르렀다. 그야말로 사당동 봉천동 신림동(낙골)의 산동네로 팔도에서 상경한 이들로 북새통을 이루었지만 판잣집에서 달동네 삶을 최초로 시작한 이들이 동부이촌동 철거민단이 아닐까 싶다. 당시 얼마나 많은 가구가 있었는지는 모르겠다. 강남이 개발될 때마다 변두리로 변두리로 밀려나야 했는데 시대의 흐름상 육생경제 개발 최하의 노가다 인력부대가 자리하기 시작하였던 것 같다. 당시 한강다리를 건너 우측 노량진 쪽보다는 좌측 흑석동을 경유하여 이수교를 지나면 좌측은 반포, 방배동, 서초동이요 우측이 사당동이었다. 계속 직진하면 과천을 넘어가는 남태령(南泰嶺)이요, 또다시 좌측은 서초구 우면산 예술의 전당 방면이고, 우측은 낙성대, 봉천동, 신림동 방면이다. 일부의 철거민은 사당동에, 또 다른 일부는 봉천동에, 나머지는 신림동 낙골에서 달동네 삶을 살아가지 않았나 싶다. 한강 다리 건너 우측으로는 노량진, 대방동, 영등포 방면이고 쭉 가다 노량진과 대방동사이에 이어지는 길을 따라 오르면 숲이 후미져 장승을 세웠다는 장승배기가 나온다. 우측으로 가면 상여꾼들이 집단으로 거주하여 상투굴이라고 부르는 데서 유래되었다는 상도동(上道洞)이다. 좌측이 봉천고개로서 봉천동, 신림동에 거주한 대다수의 철거민들은 이 고개를 넘어가지 않았나 싶은데 상도동 쪽에는 얼마나 거주했는지 모르겠다. 마주보는 방배동과 사당동과는 빈부격차가 현격하였는데 아마도 정관계와 결탁한 강남개발업자들이 살아가기 시작했던 모양이다. 80년대에 들어서면서 강남 졸부들이 등장하였다.

무엇 때문인지는 몰라도 철거민과 수재민은 물론이요 팔도에서 상경한 대다수가 그쪽 방면으로는 가지도 않았다. 환경 때문일까 땅값 때문일까. 빈부의 격차는 시간이 흐를수록 더 벌어지기 시작하였고 달동네 판자촌으로 거주하면서부터 배고픔은 더해갔다. 철거 전의 동부이촌동에는 미군부대가 가까이 있어 '헬로 초코릿 기부미'라든가 '헬로 기부미 짭짭'을 외치면 곧잘 얻어먹었기 때문이라고 할까. 배고픈 기억은 없다. 구제품인지는 잘 모르겠으나 나름의 옷가지들도 제법 얻어 입고 겨울을 났었으나 그야말로 판자촌에서는 먹을 것이 궁색하기 이를 데 없었다.

아마도 그 시절 그때가 반포, 방배동, 서초동은 강남동으로, 사당동, 봉천동, 신림동은 강남서로 양극화의 시발점이 아니었나 싶으며 거의 노가다 인력은 사당동, 봉천동, 신림동 강남서권에서 넘어가 반포, 방배동, 서초동 강남동권이 부를 이루었는데 지금에까지 격차는 좀처럼 좁혀지지 않는 것 같다. 당시야 꿈을 막고 자라는 베이비부머가 판잣집일망정 왁자지껄 달동네를 달구어 놓을 때라서 그런지는 몰라도 부자들이 그렇게까지는 선망에 오르지는 않은 것 같다. 물론 중산층도 흔치 않은 시대라는 점도 있었고, 태반이 하루 벌어 하루 먹고 살아가는 입장이라 일거리가 있다면 무슨 일이든 마다하지 않았다. 자가용이 흔치 않은 시절이라 검은색은 자가용이요 그 외의 색상은 영업용으로 알고 있었으니 말이다. 비록 판잣집 하꼬방을 신문지로 대충 도배했지만 벽면 어디엔가 "삶이 그대를 속일지라도 슬퍼하거나 노여워하지 말라"는 시가 걸려 있었던 걸로 기억된다. 분명 어머니는 까막눈이요 아버지는 간신히 한글을 떼신 정도로 알고 있는데 어떠한 과정을 거쳤는지 몰라도 가난이 부끄럽지 않을 시대에 베이비부머가 가슴으로 받아들인 시였다. 현학의 허세마저 부릴 이들조차 그리 많지 않았던 시대이고, 메뚜기도 한철이라 여름에 벌어야 겨울을 날 수 있었으니 실상 시는 부모에게는 사치였을지도 모른다.

그리고 빛바랜 액자에 걸려 있던 그 당시 시 구절은 2연까지가 태반이었고 사실 7연의 시는 작금의 인터넷에서 접하였는데 솔직히 그 이유에 대해서는 잘 모르겠다. 당시 물갈이 일제강점기와 밭갈이 동족상잔 6.25를 치르고 육생경제개발에 박차를 가하던 시대상과 너무나도 절묘하게 맞아 떨어졌다. 일자무식 까막눈이 아니라면 누구나가 한 번쯤은 가슴에 새기지 않았을까. 한편 미국의 베이비부머는 1946년~1964년까지 7,200만 명, 일본은 1947년~1949년까지 806만 명, 우리나라는 1955년~1964년까지 900만 명으로서 그 핵심세대가 58년 개띠로서 무려 100만 명에 달한다고 한다. 전쟁의 상흔이 자리한 마당에 구절구절 서정적 낭만과 감성이 깃들어있어 심금을 울리기에 그지없다.

삶이 그대를 속일지라도   1연
슬퍼하거나 노하지 말라
슬픈 날을 참고 견디라
즐거운 날이 오고야 말리니

마음은 미래를 바라느니   2연
현재는 한없이 우울한 것
모든 것 하염없이 사라지나
지나가 버린 것 그리움 되리니

1979년~1992년 사이에 태어난 에코부머와는 시대상과 세대차이로 전율이랄까 아니면 회열이랄까. 게다가 업그레이드 시대인지라 받아들이는 감명이 다를 수밖에 없다. 2010년 기준으로 베이비부머는 696만 명, 에코부머 세대는 954만 명으로서 취업난으로 결혼과 출산을 포기했다 하여 3포세대라고 불리다가 인간관계와 집을 포기하기에 이르자 5포세대로 전락하였고 급기야 심화되는 쏠림으로 꿈과 희망마저 포기해야 하는 지경으로까지 몰려 7포세대라 부르기에 이르렀다. 베이비부머 어린 시절의 가난이 흉이 아니었기에 배고픔도 잠깐이었다. 이후 부모님의 뼈골로 갈아놓은 육생량 덕택에 은수저 세대가 되었다고 할까. 뼈골이 묻어 있는 은수저로 나름대로 육생행위를 구가하였으나 너무 긴 시간을 육생량에 빠져 생활한 나머지 희망을 그만 우물에 빠뜨렸으니 에코 세대가 미래를 잃고 말았다. 원대한 꿈을 먹고 자란 베이비부머와 공무원이 꿈인 에코 세대와의 가치관이 같을 수 있을까. 게다가 물 갈고 밭 갈고 태어나 중년 무렵 은수저가 된 세대와 업그레이드 시대에

금수저가 될 뻔했던 세대와 꿈과 희망이 차이날 수밖에 없다.

육생량을 토대로 정신량을 창출해야 하는 세대답게 포부도 그만큼 원대했다. 반면 육생량에 부가된 정신량을 물려받을 때에나 나래를 펼치는 에코부머의 포부는 매우 안정적인 것에 두고 있다. 말 그대로 메아리 세대가 아닌가. 할아버지가 일제강점기 물갈이 육생량 개척1세대라면, 아버지는 동족상잔 6.25 밭갈이 정신량 창출2세대이고, 자식은 육생량에 부과된 정신량을 퍼트리며 살아가야 하는 IT 시대의 주역 에코3세대라는 점에 주목해야 한다. 업그레이드 세대이자 IT 세대인 메아리 세대는 개척과 창출을 위한 세대가 아닌 만큼 주어진 조건에 맞추어 현실에 안주하려는 경향이 짙다. 때문에 도전이나 개발이나 모험적인 삶을 구사하기보다 언제나 안정적인 생활 쪽으로 가닥을 잡는다. 대기업에 입사는 누구나가 선망하는 바라 접고, 물론 중기업의 입사도 택하겠지만 무엇보다 공무원을 선호한다는 것이다. 그중에 으뜸이 교육공무원이라고 하겠는데 현실이 이러하다보니 직업은 턱없이 부족할 수밖에 없다. 청년 실업난 해소를 위해 창조경제를 운운하지만 정신량을 배제된 육생량에 국한되어 있다면 7포세대로 전락한 에코부머 세대는 쏠림의 희생양이 될 뿐이다. 때는 바야흐로 하나 되어 나가는 인연맞이 시대다. 너를 위해 살아가야 하는 시대인데도 불구하고 나를 위해 살아가다가 베이비부머가 사달이 나고 있다. 누구의 책임이냐는 것이다. 방도를 강구했느냐는 것이다.

☕ 삶이 그대를 속일지라도 슬퍼하거나 노하지 말라

꿈이 원대했던 베이비부머의 어린 시절로 돌아가 보자. 거의가 상고머리 아니면 까까머리 코흘리개 천지에 버짐과 손등에 왜 그리도 사마귀가 난 아이들이 많았는지. 초등학교 입학 무렵 그나마 먹고살만한 집안의 아이는 니꾸사꾸(rucksack)를 메었고, 여의치 못한 집안의 아이는 물려받은 헌 가방이었으며, 그것도 여의치 못한 아이는 책보자기를 둘러매었다. 당시만 해도 유치원은 상위 1%의 혜택이었고 도시빈민가 초등학교일지언정 분명 없지는 않았을 터, 아마도 입학하자마자 반장을 한 아이가 아닌가 싶다. 당시에는 이상하게도 공부는 잘사는 집 애들보다 못사는 집 애들이 잘했었다는 소문이 떠돌았다. 무엇을 입고 무엇을 신었느냐보다는 입을 수만 있으면 입어야 했고, 먹을 수만 있으면 먹어야 했던 시절이었다. 가난했으나 해맑은 눈동자만큼이나 천진난만 순수 그 자체의 시대이기도 했었다. 기술과 가정, 도덕과 국민윤리를 배우던 중고등학교 시절에는 가훈마냥 빛바랜 액자에 걸려 있던 시 구절을 한 달에 두어 번은 중얼거리지 않았나 싶다. 밀가루와 강냉이가루 배급에 영양은 꿀꿀이죽으로 보충했었다. 이후 꽁보리밥에 된장, 고추장이었는데 모진풍상 견디어 온 육생량 개척1세대가 있었기에 꿈을 잃지 않았다. 무엇보다 유신 때와 맞물려 창출2세대에게 정서적 감흥을 불러일으키기에 충분하지 않았겠나 싶다. 사실 개척1세대가 있었기에 창출2세대가 있다. 육생경제의 초석으로서 자식을 가르치고자 하는 지극한 열망이 없었다면 IT강국에 발을 들여놓을 수 있었을까. 그 사랑을 먹고 자란 창출2세대의 간절한 열망은 무엇일까. 에코부머 메아리3세대를 위한 발자취는 남겨놓아야 했으나 어찌된 노릇인가 오히려 헬조선을 물려줘야 할 판이다.

창출2세대의 순수열망이 육생량에 희석되면서 금수저, 흙수저 논란에 자살로 생을 마감하는 청춘들이 부지기순데 가뜩이나 만백성의 피와 살로 살아가는 교육부 정책기획관에게 민중은 개·돼지라는 소리까지 들어야 한다면 이는 누구의 책임이란 말인가. 개인의 책임이기보다 정신량과 육생량을 분별치 못하여 이 지경으로까지 몰고 간 세대의 책임이 아니겠는가.

메아리 세대의 순수열망은 헬조선이 되어 버린 조국을 떠나고자 하는 것에 있지 않을까 심히 우려된다. 창출세대가 책임을 회피하는 이상 치닫는 쏠림은 물론이요 극에 달한 정부와 정치의 불신을 종식시킬 대안마련은 어렵다. 고작해야 IT산업 강국을 부르짖는 정도인데다가 IT강국이 된 이유를 밝혀내지 못하면 메아리 세대의 방황을 바로 알 리가 없다. IT육생기술 강국이 될 것인가. IT인생강국이 될 것인가는 창출세대 하기 나름에 달려있어 하는 소리다. 즉, 육생량 개척세대의 먹어야 산다는 지극한 열망으로 육생경제를 일으켰다면 정신량 창출세대는 본연의 삶을 찾아들어가 정신문화를 일으켰어야 하는데 안타깝게도 육생량에 대한 열망뿐이라 외형의 IT산업만 일으켰을 뿐, 전 세계로 실어 나를 내형의 정신량을 마련하지 못하였다. 메아리 에코부머 세대의 순수열망은 창출세대가 본연의 삶을 사는 일에 달려있었다고 할까. 육생량에 빠졌다는 것은 거기에 머물렀다는 뜻으로 육생 너머 인생을 보지 못한 바와 같아 IT육생강국에 머물러 치르는 성장통은 3세대뿐만 아니라 1, 2세대 모두에게 가해지는 아픔이라는 것이다. 총체적 난국을 타개하려 한다면 IT콘텐츠 개발도 중요하지만 무엇보다 여기에 실릴 정신문화를 지향해야 하는 데 있다. 업그레이드 시대는 양의 기운이 넘쳐나는 인연맞이 시대이자 음양이 하나 되어 나가는 시대로서, 개척에서 창출하기에까지 이르렀다는 것은 육생 너머 인생을 지향하고 있기 때문이라고 할 것이다. 이를 위해 필요한 것은 정신량이라 메아리 세대가 자리하는 것은 이를 퍼뜨리기 위함이라 불신이 만연한 시대상은 하나 되어 나가는 정신량 없이는 종식시키지 못한다. 한편 시는 개척세대가 걸어놓았지만 거룩한 세상을 열어 가야 하는 창출세대답게 배움의 여건도 그와 같이 주어지고 있었다. 자식을 가르치는 낙으로 살아온 1세대야 꽁보리밥에 된장 한술 떠먹어도 삶이 고된 줄 몰랐다고 하던데, 어찌된 노릇인지 2세대는 사교육비 지출로 허리가 휘청거리더니 3세대에 들어서는 가정까지 말아먹을 지경이라고 한다. 배고픈 시절에 미군부대의 물건은 무조건 상한가라 양코배기 똥은 보약이라는 말까지 나돌 정도였으니 누군가가 어눌하게라도 팝송을 따라 부른다거나 쏼라쏼라 영어를 섞어 쓰는 모양새를 보노라면 유식의 차원을 넘어 최신식 삶을 살아가는 이가 아닐까 싶어 은근히 부러움을 사기도 했었다. 그래서 그랬던 모양이다. '삶'의 시를 접할 때마다 '알렉산드르 세르게예비치 푸시킨'(Alexandr Sergeevitch Pushkin, 1799~1837)을 한글로 적어놓고 혀 꼬부라지게 나불거렸으니 말이다.

삶이 그대를 속일지라도　　　　1연 1구
슬퍼하거나 노여워 마라　　　　1연 2구

허한 곳을 채워 줄 듯 하니 기대어 살아가고픈 심정 간절하다. 먹어야 산다는 시절에 누구나가 한 번쯤 가슴에 품어 쓸법한 구절이지 않나 싶다. 게다가 나만의 정신적 지주로 자리한 때도 적지 않았었는데 작자 푸시킨은 그렇지 않는 모양이다. 사생활이 무척 이나 문란했다 하니 말이다. 카사노바로서 젊은 생을 마감하기 전 까지 많은 여인을 사랑했고 그중에 한 여인을 위해 지은 시라고 하 는데 이러한 작자의 과거를 모른다면 정신량 창출세대를 위해 지 은 시라 해도 곧이곧대로 받아들일 정도다. 정작 방편은 누가 쓰느 냐에 따라 가치가 달라지므로 더 나은 삶을 위해 이롭게 쓰는 자가 임자가 아닐까. "도와줘요 뽀빠이", 브루터스에게 잡힌 올리브의 외침으로 뽀빠이 바지가 유행할 적에만 하더라도 도시변두리 골목 다방에도 3류 DJ를 위한 뮤직 박스가 있었다.

군 입대를 앞두고 할 일 없이 지내던 시절, 5.18 광주항쟁이 터지 자 공수부대원들이 삼청교육대를 거론하며 후미진 곳의 다방은 물 론이요 산동네 마을까지 들이닥쳤다. 사회가 으슬으슬 공포분위기 에 휩싸여도 비오는 날이면 유독 영웅심리가 발동하여 쇼윈도를 바라보며 장발머리를 쌍갈래로 빗겨 넘기곤 했는데 5공화국을 앞 두고 선포한 계엄령이라 '삶이 그대를 속일지라도', '슬퍼하거나 노 여워 마라'는 시 구절구절이 그대로 가슴에 와 닿았다. 펑키타운 (Funky Town)과 헬로 미스터 몽키(Hello Mr Monkey), 징기스칸 (Dschinghis Khan) 등과 같은 디스코 팝송이 창출세대 심장을 뜨겁게 달굴 무렵 대학가요제와 강변가요제가 선풍적인 인기몰이를 하였 다. 그렇게 하나둘씩 서양의 육생물질문명에 물들면서 삶과 죽음 앞에 인생무상 삶의 회의 어쩌고저쩌고 해대면 뭐가 되는 것인 마 냥 고독을 음미하기도 했었다. 사랑과 우정과 정의를 한 번쯤은 노 트에 낙서하듯 써내려간 세대답게 젊은 날 최루가스에 맞서 민주 화를 부르짖었건만 육생량의 맛에 취하면서 정의도 취해 가고 있었다. 민주화가 찾아와서 그런 것일까. 나이를 먹어서일까. 아니라면 육생량에 빠져 살아간다는 것인데 노동쟁의가 끊이질 않는 것을 보아하니 방안이라고 해봐야 제 밥그릇 챙기는 일이었다.

1연 1구 '삶이 그대를 속일지라도'를 논하자면 소중한 삶을 한낱 불한당에게 피습 당한 것쯤으로 표현한 듯싶다. 자신은 아무 잘못도 없이 열심히 사는데 어느 날 갑자기 불한당이 나타나 고난에 빠뜨린 것으로 연상하게 만드니 말이다. 본연의 삶을 살아가면 있을 수 있는 일일까. 너를 위한 인생을 위해 나를 위한 육생을 살아가는 관계로, 나 하기 나름에 달리 나타나는 작용반작용의 법칙 인생방정식을 무시해서는 이로울 것이 없다. '덕이 되니 득이 되고', '무덕하니 무익하고', '해 하니 독이 되더라'는 상대성원리가 가리키는 것은 '일어나고', '벌어지는' 일에는 그만한 이유가 있으니 살펴보라는 것이다. 물론 전쟁이나 쿠데타 혹은 자연재해나 국책사업 일환으로 얼마든지 일어날 수도 있겠지만 이도 따지고 보면 그럴만한 이유가 있다는 것이다. 이에 대한 자세한 내용은 '너 자신을 알라'에서 임금은 임금답고 신하는 신하답고 아버지는 아버지답고 자식은 자식다워야 한다는 군군신신부부자자(君君臣臣父父子子)에 서술하였다. 한편 인간관계에서 가장 의미심장한 말이 '속다'라는 말이 아닌가 싶다. '속기 때문에' 속인다는 이가 있는 반면에 '속이기 때문에' 속는다는 이도 있다. 닭과 알의 논쟁과도 같은 바라 언제나 이원화체제는 진화·발전을 위한 적대보완적인 대립구도라나 하기에 달린 문제로서 속일 때 속으면 거기에 머무른 것이요 속지 않으면 나아간 것이라 나의 발전은 너를 통해 나타나게 되어있다. 물론 속는다고 속이는 이가 없어야 하겠지만 이기의 육생량 앞에서는 자의든 타의든 속고 속이는 자가 양산된다. 왜 속고 속이게 되는 것일까. 거의가 받아온 육생의 기본 자리에서 벌어지는데, 즉 오를 때까지의 행보는 나를 위한 것이므로 오른 후에 행보는 너를 위한 것에 있어야 하지만 이기의 육생량에 집착을 보이는 순간 실패의 표적을 받게 되므로 속고 속는 일에는 그 누구도 예외는 없다는 것이다. 간혹 분별이 어리석어질 때가 있다고 하는데 너를 위한다면 어리석어질까. 육생량을 앞에 두고 자기 셈법을 들이밀 때마다 자연스레 어리석어지는 것이 분별력이다.

아쉬워서 찾아가는 것이거늘, 이로워서 맞이하는 것이거늘 과연 도와주기 위해 찾아오는 이가 있을까. 이유와 원인에 대해서는 일언반구도 없이 은근히 슬쩍 넘어가고자 1연 2구에서는 '슬퍼하거나 노여워 마라'라고 그럴듯한 위로의 말을 건네고 있다. 머물러 집착의 원인을 모른다면 삶은 한 뜸도 나아지지 않을 터 그러다가 고착이라도 되는 날에는 좌절에까지 이른다.

이유와 원인을 배제하고 속인 이만 탓한 결과가 속는 세상을 만들고 말았다. 더군다나 이기가 이기의 고삐를 낚아채려는 아귀다툼으로 인정이 메말라버린 사회는 속이려는 자와 속지 않으려는 자와의 우매한 육생살이 놀음에 우스꽝스러운 법도를 만들어 때리고 막고 때리는 고통의 연속이다.

재차 유사한 상황을 마주하지 않으려면 이유와 원인을 분석하여 슬플 땐 슬퍼하고, 노여울 땐 노여워하고, 기쁠 땐 기뻐할 줄도 알아야 한다. 평계 없는 무덤 없듯이 이유 없이 불어 닥치는 바람이 있을까. 그저 사탕발림으로 환심이나 사려는 자와 속이려 드는 자와 그에 현혹되는 자와 다른 바가 무엇일까. 이롭지 못해 탈나고,

하나 되지 못해 탈나고, 분별이 어리석어 탈나는 것인데 이는 분명 속이는 자보다 속는 자의 잘못이 크다고 할 것이다. 속이는 자는 그저 자기 욕심만큼 분별이 어리석어진 이들을 깨우쳐주기 위해 사자 짓을 해대는 것이라고 할까. 자기 분수를 안다면 분별이 어리석어지지는 않을 텐데 어찌해야 자기 분수를 알 수 있는 것일까. 숱한 상황이 내 앞에서 벌어지는 것도 분수를 깨우쳐주기 위한 일환인데 그럼 알고도 모르는 것일까. 욕심이 분별력을 가로막았기 때문이다. 매 순간 분별을 일깨우기 위한 상황이 전개되고 있다. '누구와', '내 앞에 있는 너와', '언제부터', '어리석어지는 순간부터' 모두 이기의 소산물 육생량으로 인해 이로워서 맞이하는 자와 아쉬워서 찾아가는 자 사이에 벌어지고 있다. 도움을 청한 일이라면 몰라도 도와준다는 미명하에 충고나 어쭙잖게 참견이나 하려 든다면 이로울 리도 없거니와 부딪쳐 발생한 모순에 접근조차 용의치 않다. 자칫 이래라저래라 참견과 간섭으로 일관하는 날에는 상호 감정이 상할 수도 있기 때문에 너를 위한 행위인가, 나를 위한 행위인가부터 알고 해야 할 것이다.

너를 존중하지 못한다면 잘난 척에 불과하므로 이쯤 되면 지휘 고하를 막론하고 '누구든지', '어디에서든지' 표적의 일환으로 후회할 일을 맞게 된다. 후회란 득보다 실이 클 때, 내 뜻대로 되지 않을 때 하게 되는 것이므로 무엇이 잘못되어 후회를 하는 것인지 이에 대한 통찰이 가능하다면 이보다 큰 보약은 없다. 하지만 가능하냐는 것이다. 하나 되기 위해 주어지는 선택권은 나를 위한 것에 있지만 선택하였다면 너를 위한 것이므로 좌절도 나를 위한 것이요 사랑도 나를 위한 것이라 성공을 하려거든 실패를 두려워하지 말아야 한다. 받아온 육생의 기본 자리는 반드시 올라서야 하는 자리다. 또 올라설 때까지 유사한 기회가 주어진다. 그 기회를 잡으려면 어떻게 해야 하는 것일까.

　물론 끝없는 자기성찰이 필요하겠지만 무서워서 피하고, 더러워서 피하고, 아니꼽다고 피해봤자 이로울 게 없듯이, 해보지 않고 하는 후회보다 해보고 하는 후회가 성공을 향해 간다. 실패 없는 성공이 있을 수만 있다면 이보다 좋을 수가 있겠느냐마는 이기의 육생량으로 이타의 정신량을 쌓아가는 것이므로 어느 시기에는 분명 시련에 처하기도 한다. 성공을 위해서라도 육생량 구별을 통해 정신량 분별에 도달해야 하는데 그만 시련이라는 성장통에 무릎 꿇는 일이 허다하다. 하나 되어 나가지 못할 때마다 치르는 아픔이 시련으로서, 하나 되어 나간다면 어려운 일만도 아니다. 게다가 속았다는 개념은 불통일 때 따르는 감정으로, 하나 되지 못할 때 받는 고통이자 성숙을 위해 주어지는 표적이라고 할까. 이기의 육생량에서 비롯된 고난과 시련, 에서 벗어나고자 한다면 참는 것만이 대수가 아니라는 사실도 알아야 한다. 득 보기 위해 나라는 이기와 너라는 이기가 만났다. 상호 이기의 핏발만 세운다면 양양상충은 불 보듯 빤한 일이고, 그렇다고 무조건 참는다는 것은 음음상극으로 골병들기는 마찬가지 아닌가. 이쯤 되면 속았다는 생각으로 상대방 탓을 하기 시작하는데 이미 엎질러진 물이다. 무엇을 얻고자 탓을 하는 것일까. 네 탓으로 일관하는 순간 자기발전과는 거리가 멀어지고, 보다 큰 고난이 찾아온다는 사실을 알아야 한다. 자기발전을 이루었더라도 바른 행위가 이런 것이라는 흔적이 어디에도 배어 있지 않다. 육생량에 꺼둘려 벌어진 일이라 행위가 바르지 않았다는 분별이 섰을 뿐, 바른 것이 무엇인지 모르는 상태지 않은

가. 이롭지 않은 행위로 이로운 행위를 찾게 되는 것이므로 치우쳤다고 말하는 사(邪)의 행위는 바르다고 말하는 정(正)의 토대라. 언제나 바르다는 정은 내 앞에 있는 네게 이로워야 하는 것에 있다. 분명 네게 이로웠다면 내게도 이로움이 될 텐데 어찌 삶이 나를 속이려 들었을까. 운용주체가 누구냐에 따라 슬픔과 노여움의 강도가 달리 나타나지만 득 보자고 찾아온 너에게 이롭지 못할 때마다 삶이 나를 속이려 든다. 작용반작용의 법칙 상호상생의 원리를 몰라 슬퍼하거나 노하지 말라고 부추기고만 있다. 만약 구체적인 방안까지 제시해 줬더라면 푸시킨은 사랑 때문에 귀족과의 결투로 젊은 날 비운의 죽음을 당하지 않았을 것이다.

고작해야 슬픔의 날은 참고 견디라는 말뿐이고 바르게보다는 다르게 살아가는 나를 삶이 속여 버린 사실을 알았다면 슬퍼하거나 노여워할 일이 있을까. 자신의 무지를 알고 크게 슬퍼한다면 모를까. 속아 버린 자신에게 노할 수는 없지 않은가.

어떤 이는 가끔씩 자기 자신에게 화를 내는 경우도 있다고도 하는데 참으로 유별난 행위다. 자책이라면 모를까 자신에게 화를 낸다. 그래서 무엇을 어쩌자는 것인가. 그로 인해 문제가 해결된다거나 한결 소통이 수월해진다면 모른다. 그 외는 자존심을 옹호하는 처사라 이로울 것이라곤 없다. 자신에게 화풀이를 해대는 이들치고 소통이 수월한 이들이 흔치 않은데 아마 자신을 교묘히 위장하는 퍼포먼스가 아닐 듯싶다. 자책마저도 깊어지면 속으로 멍이 드는 법인데 스스로를 아끼고 사랑해도 시원찮은 판에 실속 없는 보여주기식 행위는 고통만 가중시킬 따름이다. 아무런 이유 없이 삶이 나를 속일 일도 없겠지만 만약에 있더라도 슬퍼하거나 노여워하지 말아야 한다. 한 땀 한 땀 원인규명에 힘쓸 때 새로운 기회가 주어지는 법이므로 분명 남 탓을 해댄 만큼이나 삶이 어려워졌다는 사실을 알 수 있을 것이다. 괜한 삶이 나를 속여 화가 머리끝까지 치솟아 원통하고 분통하여 낱낱이 고하다가 감정과 감성의 제어장치인 이성을 잃기라도 하는 날에는 더 큰 화를 감수해야 한다. 이도 분명 그만한 이유가 있을 터, 이성만 잃지 않는다면 호미만으로도 거뜬히 막을 수 있다. 언제나 문제의 발생시점은 내 뜻대로 안 된다고 속을 끓이고 있을 때가 아닌가.

육생량보다 내 앞에 있는 인연으로 속을 끓인다면 더더욱 내 욕심이라, 선순환의 표적이 욕심 때문에 받게 된다는 사실을 안다면 자존심 상할 일이 있을까. 태반이 자존심으로 일관된 삶을 살아가는 이들이 받게 되는데, 이유 없이 삶이 나를 속인다는 미천한 생각을 떨쳐버리지 못하면 노여움에 가득한 나의 모순을 찾아내기 어렵다. 내가 내 자신에게 화를 내는 것도 나를 부리지 못하기 때문이요. 너한테 화를 내는 것도 내 뜻대로 하지 못하기 때문이라 그러니 어찌 삶이 나를 속이고 아니 들어올 수 있겠는가.

☾ 슬픈 날을 참고 견디라 즐거운 날이 오고야 말리니

슬퍼하거나 노여워하지 말라고 운을 띄우고서는 구체적인 방안을 모색이나 했는지 그저 설움의 날을 참고 견디라고만 한다. 그렇게 기다리면 기쁨의 날이 무조건 찾아올 것 마냥 부추기면서 말이다. 어찌 보면 권선징악(勸善懲惡)과 인과응보(因果應報)를 두둔하지 않나 싶은데 착한 일도 물론 해야 하겠지만 맹목적으로 착한 일을 한다고 나아질 것이 있을까.

착하게만 군다면 하나 되어 나가고자 하는 소통행위일지라도 되레 바가지 쓰기 십상이라 그만한 손해를 감수해야 한다. 그에 따른 악한 짓도 경계해야 하겠지만 사실 악하다고 말하는 악(惡)은 누가 만들어 내고 있는가. 착한 짓거리가 일조하지 않나 싶은데 나 하기 나름에 달리 나타나는 법칙을 무시하고는 상호상생을 이루어 나가기는 어렵다. 그리고 선행(善行)을 하면 선행의 결과가 나타난다고 하는데 과연 그럴까. 옳고 그름에 대한 판단이 서지 않고 하는 행위는 쏠림만 조장할 뿐이다.

악행(惡行)에 있어서도 마찬가지다. 바르다는 정행(正行)에 대한 판단이 서지 않았다면 선행만으로 무엇이 악한 행위인지를 알 수 있을까. 필시 너한테 이롭지 못하다면 악행이라 할 것이요 이로우면 선행이라 할 것이라, 사실 그 이로움이 다른 이에게 이롭지 못하면 그 또한 악행이라 하지 않겠는가. 너한테 악행도 나한테 이로우면 선행이 될 터이니 말이다. 이처럼 슬픔의 날을 참고 견디어 기쁨의 날을 맞이했더라도 슬픔이 찾아든 이유와 원인을 모른다면 지난날을 착하게만 살아온 것이므로 오매불망 기다리던 기쁨도 자기셈법의 선행에 묻혀버릴 텐데 오래갈 수 없다. 업그레이드 시대 이전이야 육생량을 위해 살아야 했으니 선행의 차원도 나름의 가치가 있었겠지만 정신량을 부가시켜 나가야 하는 시대에서는 자칫하다간 속고 속이는 삶을 살아가야 할지 모른다. 무조건 참고 견디면 모든 일을 '하늘'에서 처리해 주면 모를까. 그럴수록 삶이 어려워지는 것을 보아하니 이도 그야말로 착한 짓일 따름이다. 하늘이 스스로 돕는 자를 도울 때가 언제인가. 상호상생 덕이 되고 득이 되는 선순환 행위를 행할 때가 아닌가. 물론 어느 정도까지는 사태의 추이를 파악해야 하겠지만 이는 참는다는 개념보다는 분별의 시간이라고 해야 할 것 같다.

때론 참는 자에게 기회가 주어지기도 한다. 하지만 참기만 하는 자에게 그 이상의 발전이 가능한 것일까. 부딪침은 상호모순을 드러내기 위함이라면 부딪쳐 드러낸 모순은 도약의 발판이어야 할 텐데 그저 좋은 게 좋은 거라고 술에 술 탄 듯 스리슬쩍 넘어가려 한다면 거기에 머무르는 것과 다를 바 없다. 이기와 이기의 만남에 있어 너의 아쉬움부터 채워 주지 않으면 싸우고 충돌하고 부닥치는 일이 발생하는데도 불구하고 꾹 참고 견디었더니 역시 기회가 찾아오더라는 이들도 없지 않다.

그런데 얼마 가지 못하더라는 것이다. 무엇이 문제였을까. 듣 보자고 만나는 이기와 이기의 관계는 욕심의 소산물 육생량을 앞에 두면 자기 셈법을 먼저 튕긴다. 이때 이기의 모순을 들여다본 이는 화합을 위한 합의를 이끌어 낼 것이고, 참아서 기회를 부여받은 이는 상호조율이 버거워 표적으로 유사한 위기를 재차 맞이하게 된다. 그리고 거듭 주어지는 기회가 과연 행운일까. 세 개의 차원으로 나뉘어 운행되는 세상이라 3번의 기회가 주어지는 것이고 이유는 나를 위한 육생 너머 너를 위한 인생에 다가서도록 하기 위한 것에 있다. 따라서 받아온 육생의 기본의 자리에는 노력하면 누구나가 오를 수 있고, 또 오를 때까지는 나를 위한 행보인 만큼 오른 후에 행보는 너를 위한 것에 있어야 한다. 좌절과 실패는 너를 위할 때임에도 불구하고 나를 위하다 받게 되는 것이므로 재차 부여받은 기회는 너를 위해 살아가야 하는데 있다는 것이다. 또 다른 기회를 부여받았을 때를 행운이라 말하며 아주 특별한 이들에게 주어지는 것쯤으로 알고 있지만 근기마다 받아온 기본금이 다르듯이 대소경중의 차이가 있을 뿐 누구에게나 주어지고 있다. 물론 뜻하지 않는 행운을 맞이하는 경우도 없지는 않으나, 노력하여 기본의 자리에 오르고 실패하는 경우나 행운을 부여받고 실패하는 경우나 이유는 한 가지다. 쓸 줄 몰랐다는 것에 있는데, 다들 내 것마냥 나를 위한 것으로만 알고 있었기 때문이라고 할까. 행운도 기본의 육생량이요, 받아온 육생의 기본금 사주도 육생량으로서 분명 나를 위한 것이지만 너를 위한 것에 있다는 것이다.

슬픈 날을 참고 견디라   1연 3구
즐거운 날이 오고야 말리니   1연 4구

삼세번의 원리를 모른다면 삼세번의 기회를 준다 해도 실패할 수밖에 없다. 육생에서 인생을 살아가기 위해 3번의 기회가 부여된 것을 가지고 절치부심(切齒腐心) 혹은 권토중래(捲土重來) 삼세번이라고도 하고, 기적의 삼세번이라고도 한다. 그런데 마지막이라는 사실을 알고 있을까. 기회가 너를 위해 살아가라는 표적이라는 사실을 받아들이지 못하면 나아질 것이 없어 하는 소리다. 어떠한 직종을 막론하고 슬럼프(slump)가 찾아든다. 특히 프로 스포츠에 종사하는 이들이 징크스(jinx)에 꺼둘리다가 곧잘 빠져든다. 잘해 보겠다고 하는 행위마다 내 욕심으로 가득차 있을 때이므로 자신의 뒤를 돌아보라는 선순환의 표적이라 하겠으며, 징크스는 스스로 만들어 버리는 차원, 즉 잘해 보겠다는 차원을 넘어선 잘 보이려 들 때 받게 되는 표적이라고 할까. 특히 자기 자신을 위해 뛰면서 조국과 민족을 위해 뛴다고 떠벌이는 순간부터 성장이 멈추곤 하는

데 부진하다 싶을 즈음에 되돌아보면 충분히 인지할 수 있는 대목이다. 좀 더 잘해 보겠다는 욕망과 더 잘 보이겠다는 욕심으로 기본의 자리에 오르는 것이겠지만 프로가 되기까지는 나를 위한 행보일 수밖에 없다. 프로가 되었다면 너를 위한 행보여야 하건만 신인의 티를 벗을 무렵 너무 잘해 보겠다는 욕심으로 그만 새로운 징크스도 만들고 그로 인해 슬럼프에 빠진다. 그러다가 큰 부상으로까지 이어져 애를 먹기도 하는데 어떤 이는 초발심(初發心)을 운운하기도 하지만 나를 위한 것에 국한되었다면 자칫 더 큰 좌절을 맞볼지 모른다. 되돌아보기 위한 쉬어가는 슬럼프라, 마인드(mind)를 너를 위한 것으로 바꿔야 하는 시점이라고 할까. 두 번째 기회도 자기 자신을 위한 것에 초점이 맞춰있다면 기운 상실은 시간문제라, 세 번째 기회는 바닥을 치고 올라와야 하는 형국이므로 피눈물로 발끝에서 머리까지 만들어야 하는 차원이다. 받아온 육생의 기본 자리에는 성공이 없다. 나밖에 모른다면 시련과 실패만 자리할 뿐이다. 왜냐고 묻는다면, 자격은 너를 위해 살아갈 때 주어지기 때문인데, 이로워서 맞이하는 운용주체가 되었다면 아쉬워서 찾아오는 활동주체와 하나 되기 위한 명분이라 성공 너머에 출세가 자리하고 있는 이유다.

문제가 일기 시작하는 시점은 기본 자리에 오르고 나서부터다. 오로지 초점은 육생량에 꽂혀 있을 터이니 무조건 오르고 보자는 데에서 생겨나는 불찰이 아닐까 싶다. 더 심각한 문제는 오르기만 하면 승승장구할 것이라는 믿음을 가지고 있다는 것이다.

너와 나의 발전은 이기의 육생량에서 비롯되듯이 이를 조율하지 못하면 부딪쳐 어려워진다는 사실을 망각하지 말아야 한다. 게다가 이기와 이기는 언제나 아쉬운 육생량을 통해 만나게 되므로 하나 되어 살아가고자 한다면 아쉬운 육생량을 토대로 이로운 정신량 행위를 정립시켜야 한다. 이는 필히 기본의 자리에 오른 운용주체가 해야 할 일로서 과연 이를 준비하는 자가 있기나 할까. 운용주체는 활동주체를 위한 자리인데 오르는 것에 목숨 걸다시피 하면 오르고 난 후에 하나 되는 법을 몰라 거기에 잠시 머물다가 좌초한다. 공든 탑이 왜 무너지는 것일까. 소기업에서 중기업일수록, 중기업에서 대기업일수록, 크면 클수록 한 번 무너지면 재기는 어렵다. 타고난 역량차이기도 하겠지만 그만큼 클수록 많은 활동주체를 책임져야 하기에 정신량도 비례하여 커져야 하는 바라, 이것이야말로 운용주체의 책임역량이다. 좌절은 그에 걸맞은 대안을 마련하지 못한 대가라고 할 수도 있고, 이유는 오를 만큼 오른 후에 오직 함께하는 활동주체와 출세가도를 달려가야 하기 때문이다. 이는 차후에 다룰 문제니 이쯤하고, 1연 3구에서는 '슬픔의 날을 참고 견디라'고 조언하고 있다. 눈을 감기고 귀를 막은 만큼 생각의 차원이 달리 나타날 수밖에. 배고픈 시절이야 슬픔의 날을 참고 견디어야 하겠지만 풍요 속에 빈곤이 자리한 작금의 상황이 다르다. 참고 견디어 온 결과가 요 모양 요 꼴이라면 문제는 심각한 것이 아닌가. 1연 4구에서는 '즐거운 날이 오고야 말리니'라고 운을 띠웠다. 그래서 요 모양인가. 누가 이 꼴로 만들어 놓은 것인가. 이제는 알아야 할 때다. 물갈이 일제강점기와 밭갈이 동족상잔 6.25를 치른 후에는 참아야 했었다. 기쁘고 즐거운 날을 위해서 말이다.

그리고 드디어 즐거운 날을 위하여 육생량이 물밀듯이 들어왔다. 그런데 어찌된 노릇인가. 육생량이 넘쳐나는 데도 불구하고 즐겁기는커녕 서민들의 고통이 여전한 걸 보아하니 참고 사는 것이 만사가 아닐 듯싶은데, 말만 있고 행위가 뒤따를 수 없는 언사에 놀아난 결과다. 물론 서민층도 중산층으로 도약을 했지만 미흡한 탓에 IMF로 무너지자 쏠림이 심화되었고 그 세대가 바로 말도 많고 탈도 많은 베이비부머. 무엇이 잘못되었던 것인가. 아니 누구의 잘못이겠느냐는 것이다. 나름 운용주체의 자리에까지 올라섰다가 몰락한 의미는 이타의 정신량을 외면하고 이기의 육생량에 놀아난 결과가 아닌가. 상층과 하층의 중심을 잡아나갈 중산층 몰락은 사회체제의 붕괴를 의미하는 바라, 중산층의 부활만이 심화된 쏠림을 추스르는 유일한 방법이다. 그런데 재차 정신량을 배제하고 육생량만으로 중산층 반열에 올라서려 한다면 밖으로는 양양상층으로 쌍코피요, 안으로는 음음상극으로 골병이 깊어지면 새로운 물갈이와 밭갈이가 시작될지도 몰라 심히 걱정된다.

아쉬운 육생량이 밀려오는 만큼 이로운 정신량으로 맞이해야 하는데 정신량조차 육생량에서 구하려 들고 있으니 심각하다. 중산층이 무너진 이유는 다른 데 있지 않다. 인연맞이 시대에 인연을 맞이할 줄 몰라서인데 무슨 귀신 씨나락 까먹는 소리냐고 하겠지만 아쉬워서 찾는 자가 활동주체요 이로워서 맞이하는 자가 운용주체다. 육생량은 활동주체의 몫이요 정신량은 운용주체의 몫이라, 표적의 일환으로 중산층이 몰락했던 것이다. 서민으로 주저앉은 이들의 경험을 바탕으로 인연을 맞이할 정신량을 위해 노력한다면 기회는 분명 다시 주어진다. 설령 자신에게 오지 않더라도 선례를 남긴다면 중산층의 부활은 그다지 어렵지 않은 문제이고, 슬픔의 날을 참고 견디는 일은 재기를 위해서라도 자신의 모순을 되돌아보는 일이어야 한다.

과연 즐거운 날이 뜻하는 바가 무엇일까. 부자 되어 잘 먹고 잘 사는 일일까. 꿈에 그리던 사랑하는 님을 만나는 일일까. 아니면 고통 속에서 해방되는 일일까. 사랑은 행복을 위해 하듯이 화합을 위한 합의의 정신량을 마련하지 못했다면 기쁨 뒤에 슬픔이 자리한다는 사실을 알아야 한다. 혹자는 "삶이 다 그런 거지 뭐 있겠습니까"라고 반문을 던지는데 앞선 장에서도 밝힌 바처럼 희로애락(喜怒哀樂)은 작용반작용의 법칙에 의해 달리 나타나므로 나 하기 나름에 있다고 말해 왔다. 육생 너머 인생을 깨우치지 못하면 노여움의 노(怒)와 슬프다는 애(哀)가 좀 더 많은 표적으로 자리할 것이고, 그러다가 한 번씩 기쁘다는 희(喜)와 즐겁다는 락(樂)이 찾아오는 날이면 기쁨에 젖어 매우 특별한 날로 정할지도 모른다. 물론 기쁨 뒤에 슬픔이 자리하는 것은 진화의 표상으로 적절한 자극제가 되기도 하겠지만 내 뜻대로 안 된다고 노여워한다면 육생살이 고통을 피할 길이 없다는 것이다. "젊어서 고생은 사서도 한다"는 말이 있다. 혈기왕성할 때 경험을 쌓으라는 소리로 육생량을 우선할 시대라면 몰라도 인연맞이 시대에서는 정신량이 뒤를 받쳐주지 않으면 고생을 사서 한 것 밖에는 안 된다. 고생도 소통을 위한 것이므로 이기의 소산물 육생량에서 가치관을 상실했을 때에는 자살이라는 극단의 선택을 서슴지 않는다. 살아가야 할 명분이 선다면 누가 극단의 선택을 하겠느냐만 인생을 몰라 육생량에 꺼둘리다가 부여된 기회가 있는지조차 모르고 서두른다. 육생을 인생으로 아는 이상 더하면 더했지 덜하진 않을 것이다. 왜 그런 것인가. 육생에는 노여움의 노와 슬픔의 애가 크게 자리하고 있어서라고 할까. 그렇다면 기쁘다는 희와 즐겁다는 락이 더 크게 자리할 수 있는 방법은 없는 것인가. 물론 있다. 나를 위한 인간으로 태어났다는 것은 너를 위한 사람으로 승화를 위한 것이므로, 선천적 육생량을 바탕으로 후천적 정신량을 창출하면 된다. 1안의 육생의 인프라가 구축된 시점이 인연맞이 업그레이드 시대로서 이 무렵부터 2안의 인생의 인프라를 구축해 나가야 하는 시점이라는 것이다.

다소 황당무계한 이야기가 될 수도 있겠지만 자살에 대해 논해보자. 자살하려는 이나, 계획한 이나, 한 번 정도 숙고해 본 이들의 공통점은 죽으면 모든 것이 해결되리라고 생각한다는 점이다. 그런데 절대로 그렇지 않다. 거룩한 죽음은 무엇일까. 조국과 민족을 위해 아낌없이 한목숨 바친 주검이다. 그 다음이 벽에 똥칠을 할지언정 제명대로 살다가는 이들이다. 불의의 불상사로 죽은 이들은 깨우침을 위한 표적의 일환으로서 그 죽음을 보고 가장 슬퍼하는 이 하기 나름에 달렸다. 그렇지만 자살은 타고난 명을 스스로 거부한 행위로서 이승이나 저승이나 집착에 의한 원한만 자리할 뿐이라 해가 되면 되었지 이로울 것은 하나도 없다. 물론 저승으로 올라가지 못하여 구신으로 구천을 떠돌다가 자손에게라도 빙의되는 날이면 줄초상을 치를지도 모른다. 이승의 한을 풀어야 저승으로 올라가는 법인데 구신이 되어 버린 영혼은 생전의 한을 풀어볼 요량으로 이승을 오간다. 구천을 떠도는 구신이 많은 집안일수록 폐가망신하고 직계존속조차 육생의 기본금이 미약할 수밖에 없어 가문을 일으키기가 여간 힘든 일이 아니다. 사고사도 그렇고 그런데 왜 일어나는 것일까. 제 짓을 다하지 못하기 때문인데 부모에게는 제일 잘난 자식이, 부부는 누구라고 할 것 없이 쌍방 간에 사자 짓만 골라서 해대기 시작한다. 제 짓거리 못하는 부인이나 제 노릇 다하지 못하는 남편이나, 제 짓거리 다하지 못하는 부모나 그 속을 썩이는 자식이나 이를 쳐다보고 가슴 아파하는 자에게 주어진 공부라는 것이다. 분명 열과 성을 다하는 자식도 없지는 않겠으나 부모가 도리를 다하지 못하면 크게 눈물 흘릴 일이 일어난다. 배우자의 경우도 마찬가지다. 살만하니까 안타깝게 유명을 달리했다는 소리가 종종 들리는데 살만할 때 삶의 차원을 달리해 나가지 못해 벌어지는 일이다. 불의의 사고로 가버린 자도 나름의 이유가 있고, 그렇게 떠나보낸 자도 나름의 이유가 있다. 그런데 그 모든 책임은 살아있는 가족이 져야한다는 것이다.

제 스스로 목숨을 끊었다는 것은 영혼이 되어서도 영원히 지울 수 없는 과오를 범한 것이므로 저승에서조차 의지할 곳이 없어 구천을 떠돌 일밖에 없다. 낙타가 바늘구멍에 들어가는 것만큼이나 어려운 일이 바로 환생이다. 원한 귀(鬼)든 집착 귀(鬼)든 생전에 집착이 강한 곳에 거주지를 튼다고 할까. 특히 원한의 골이 깊을수록 이승에 많은 관여를 하려 들고 머무는 횟수가 길어질수록 음기가 엄습해 인간의 범접이 녹록치만은 않다. 인간으로의 환생은 업 소멸을 위한 것에 있다면 구천을 떠돌다가 귀신으로 되돌아오는 것은 생전의 한을 풀기 위해서다. 저승으로조차 돌아가지 못하는 구신들이 이승을 제집 들락거리는 횟수만큼 환생의 순위도 그만큼 멀어진다. 이렇듯 저승으로 돌아가지 못하는데 이승의 인간으로 환생하여 오고 싶다고 해서 올 수 있을까. 그래도 사고사는 나름 사자 역할이라도 하고나 갔지, 자살은 거부한 이탈자로서 그 차원은 엄연히 다르다. 이를 이해하고자 한다면 이승을 위해 저승에서 받아오는 육생의 기본금 사주의 의미부터 알아야 한다. 무형의 4차원에서 유형의 3차원을 위해 받아오는 것으로 그 질량은 조상의 음덕과 전생의 공덕의 가치로 부여받은 기본금으로 이승에서 하나 되어 살아가느냐 못 사느냐가 가문의 흥망을 결정한다. 재산을 탕진했건, 사업에 실패했건 기본의 자리에서 등 따시고 배만 부르면 그만이라는 사고(思考)를 방지하기 위해 성공과 실패라는 적대보완적인 이원화체제를 형성시켜 놓았다.

그런데 나밖에 모르는 육생살이 십이지(十二支) 동물차원을 넘지 못하여 다들 좌절에 이른다. 인생의 자산이 육생이니 만치 기본금에는 농축 엑기스가 담겨 있다. 육생(肉生)의 실패로 우려지는 육골(肉骨)은 인생(人生)의 심골(心骨)로 삭혀짐에 따라 나를 위한 육생의 사주(四柱)는 내가 만들어 나가는 인생의 차원 사주(私主)로 진화한다. 그리하여 실패는 성공의 어머니로 자리하였다. 한 번 실수는 병가지상사라고 하듯이, 실패는 나를 위할 때 비롯되고 성공은 너를 위할 때 시작된다. 그만큼 이기의 소산물 육생량은 활동주체 양의 기운으로서 실패와 좌절의 질량까지도 함유되어 있다는 것인데 음의 기운 운용주체 정신량을 부가시키면 언제든지 거듭 태어날 수 있다.

☾ 마음은 미래를 바라느니 현재는 한없이 우울한 것

1연 3구와 4구에서는 슬픔의 날을 참고 견디면 즐거운 날이 온다고 운을 떼더니, 2연 1구에서는 '마음은 미래를 바라느니'라고 하였다. 육생량을 우선하던 시대야 등 따시고 배부르면 행복이었고 또 그만큼 사랑하면 행복해지는 것으로 알고 있었다. 그래서 그랬던 모양이다. 결혼하면 행복해질 것이라는 생각으로 아들딸 낳고 검은 머리 파뿌리 되도록 잘 살라는 상투적인 주례사가 빠지지 않았으니 말이다. 물론 행복을 소원하는 바람이겠지만, 사랑은 나를 위해 하듯, 나를 위한 사랑이 깊어감에 따라 너의 이로움이 절실했기에 결혼에까지 이르게 됐다는 사실 정도는 밝힐 필요가 있지 않았을까. 너의 이로움이 나의 허한 곳을 채워줄 때마다 나는 너의 허한 곳을 채워주려 하였고, 받고자만 하던 나의 열망이 너의 이로움으로 행복을 위한 사랑의 싹을 틔우게 됐다는 사실에 대해서도 말이다. 이렇듯 내 욕심과 네 욕심이 사랑하는 차원하고, 욕심과 욕심이 이타가 되어 느끼는 행복하고는 차원이 전혀 다르다. 나를 위한 사랑과 너를 위할 때 느끼는 행복이 같을 수는 없지 않은가. 만약 내 욕심에서 기인된 사랑행위처럼 받기만 하는 행복이 있을 수 있을까를 생각해보자. 순간의 만족이라면 모를까 사랑마저 오래가지 못할 것이다. 따로따로 놀아도 사랑 놀음은 얼마든지 할 수 있지만, 행복은 둘이 하나 되어 나갈 때 느끼는 차원이다. 너의 고픈 곳을 외면하고 나의 허한 곳만 채우려든다면 지속될 것은 아무것도 없다. 이기의 사랑에서 이타의 행복은 채워줄 때 채워지는, 먼저 주고 후에 받는 상호상생의 선순환 법이 적용된다. 이기의 사랑을 통해 얻은 만족은 육생량만으로도 충분하므로 이별도 허한 곳을 채우지 못할 때마다 고려한다. 그러나 행복은 둘이 하나되어 나가는 이타의 사랑에서 비롯되므로 검은 머리 파뿌리가 되어도 살아간다.

또 '마음은 미래를 바라느니' 하고서는 2연 2구에서는 '현재는 한없이 우울한 것'이라고 묘사하고 있다. 어제의 모습이 오늘에 나타나듯이 내일의 모습도 오늘에서 비춰지므로 지금 여기에 있어서 한없이 우울해서는 안 되는 일이다. 왜 우울해지는 것일까. 사랑받지 못해서일까. 사랑하지 못해서일까. 아니면 화합을 위한 합의를 이끌어 내지 못해서일까. 이유 없이 우울할 리는 없고 불이익을 봤을 성 싶은데 그에 대한 언급은 일언도 없다. 아니 그렇다면 그냥 손해보고 살아가도 괜찮다는 이야기인가. 아니면 감당하지 못할 큰일을 벌였기 때문일까. 수습하지 못할 정도의 일을 저질렀다면 후에 응당한 대가를 치러야 하겠지만 손해보고 살아가라면 권리 자체를 포기하라는 소리지 않은가. 기실 서정과 낭만이 가득찬 시 자체를 읊조리려도 꿈에 부풀린 허상의 세계에 발을 들여놓은 것만 같은데 미래가 있기에 현재는 슬플 수밖에 없다는 얼토당토않은 구절로 분별을 현혹시키고 있다. 자칫하다간 이성마저 마비되어 감성에 의존해야 할 듯싶은데 분명 이치에 어긋남에도 불구하고 모든 이의 바람에는 허황도 깃들었기에 그대로 이루어 졌으면 하는 심정이다.

그 꿈에 **빠지**면 허무주의가 될 것이요 현실을 맞이하면 고통을 호소할 것이라, 내 욕심이 저지른 부정을 회피하려 들 때마다 회의를 느낀다. 자유롭지 못한 이일수록 도린곁에서 홀로 살아가려 하듯이 나밖에 모르는 이들일수록 매 순간 타박이나 해대며 살아가고 있기에 하는 소리다. 산속에서 자유를 부르짖는 이들이나 타박이나 일삼는 이들이나 더 나은 삶을 기대할 수 있을까. 참는다고 해봤자 자기 생각의 틀에 갇힌 셈법으로 보호하려 들 텐데 이유를 밝힌다고 해도 자기변명으로 일관하지 않을까 싶다. 노력을 했다면 그만한 대가를 기다린다고 하겠으나 이도 아니라면 백마 탄 왕자를 기다린다는 소리밖에 안 된다. 아참, 바람둥이 푸시킨이 한 여인을 사랑하는 데에서 비롯된 시라 자신을 그렇게 묘사한 모양이다.

마음은 미래를 바라느니　　　2연 1구
현재는 한없이 우울한 것　　　2연 2구

　꿈을 이루기 위해 노력하는 현재가 마냥 우울하다면 어떻게 돌아가는 것일까. 물론 육생의 기본 자리에 오르기 위해서라도 부단한 노력이 필요하겠지만 그만한 열정에도 불구하고 현재가 우울하다면 무엇이 잘못되어도 단단히 잘못된 것 같다. 미래를 위해 노력하는데도 활기차지 못하다면 이룰 수 없다는 소리와 별반 다르지 않으니 말이다. 분명 즐겁고 기쁘고 신이 나야 할 판국에 청순가련의 여인이라 해도 그렇지 현재가 우울하다면 미래도 우울할 수밖에 없는데 아련하고 애잔한 시 구절의 감성에 젖어 아무 생각 없이 고개를 끄덕대며 비련의 주인공마냥 가슴으로 받아들인 시절이 있었다. 반드시 육생의 기본 자리는 올라야 하는 자리이고 오르는 과정에서 절박하고 절실함의 궁지로 몰렸다면 모를까. 그렇지 않다면 잘 보이려는 수작의 사탕발림밖에 안 된다.
　이치가 만약 그러하다면 아픈 만큼 성숙해지겠지만 정신량이 배제되었다면 사서 고생한 것이지 아니한가. 본의 아니게 타의에 의한 것이라면 상황은 전혀 다를 수도 있다. 아무리 그래도 그렇지 미래를 위해 살아가는데 현재가 한없이 우울해서는 아니 될 일이다.
　현재가 우울하다. 그래서 슬프다는 식의 표현은 자기연민에 사로잡힐 때 나올 법한 소리인데 방법을 구하지 못해 자기방황을 고스란히 읊조리는 듯싶다. 이다지도 못난 삶을 살아가고 있노라고 말이다. 그렇지 않다면 아무런 대책도 없이 무조건 참고 견디면 시간이 해결해 줄 것이라는 소리를 무책임하게 내뱉을까. 거의가 나밖에 모르는 삶을 살아가다보니 '나만은 아니겠지'라는 매우 이례적인 사고가 자리한 듯싶으며 이 상황에서는 너나 나나 우리 모두는 예외가 없다. 꿈꾸는 내일을 성취하기 위해서라도 지금 여기에서 심히 생각해볼 문제는 어떻게 해야 하루하루가 즐거울 수 있느냐에 대한 문제다. 자식이 부모심정을 모를 때, 남편이 부인 심정을 모를 때, 일이 뜻대로 풀리지 않을 때, 너무나 개성들이 강해 합의를 이룰 수 없을 때 심기 불편하기 마련이라 즐거울 수만은 없다. 그리고 즐겁지 않은 것이 우울한 것인가.

답답할 수도 근심스러울 수도 있다. 세상의 일이 뜻대로 해결된다면야 나 하기 나름의 법칙을 운운하지도 않을 것이고, 적대보완적인 관계로 너는 내 앞에 다가오지도 않을 것이다. 이기의 육생량은 이타의 정신량의 발판으로서 '해하니 독이 되더라'는 양양상충과 '무덕하니 무익하더라'는 음음상극은 '덕이 되고 득이 되는' 상호상생 인생량의 토대마련을 위한 관계라고 할까. 언제나 상극상충은 너보다 나를 우선할 때 발생하므로 상호상생을 원한다면 나보다 너를 우선해야 한다. 아울러 우울하고 근심스러운 일은 반쪽반생의 상극상충이 우려되는 바라, 자신의 행위를 뒤돌아보지 않으면 매사 불안하여 염려스러울 수밖에 없는 일이다. 물론 너를 위한 사람으로 승화되기 전의 인간은 나를 위해 살아가야 함에 따라 결과를 기다리는 일에 있어서는 불안 초조할 수밖에 없겠지만 말이다. 한편 선천질량으로 후천질량을 창조해야 하므로 기초교육에서부터 육생량 지식개발 차원을 넘어 정신량 지혜창출 차원으로 다가서도록 적극 유도해 나가야 한다. 언제나 육생량은 나를 위한 차원에서 개발되어 이기의 소산물로 자리하였고, 정신량은 너를 위한 차원에서 창출되는 것이므로 이타의 발로로 자리하였다. 무엇보다 정신량 창출은 내면 깊숙이 자리한 지혜의 보고 마음에서 비롯되듯이 삶을 육생량 창출을 위한 생각차원의 지식에만 의지한 다면 물질은 풍부할지 몰라도 정신량 빈곤으로 사랑을 하나 행복할 수 없는 일들로 무수한 난관에 봉착하게 된다. 물론 좌파·우파, 보수·진보, 민주·공산의 이원화체제도 진화의 폭을 넓혀 가기 위한 일련의 과정이지만 활동주체 양의 질량이므로 화합을 위한 합의에까지 이른다 해도 모순만 산재할 뿐이다. 운용주체 음의 기운을 혼화하지 않으면 양과 양의 충돌은 불가피하다.

합의도 네 뜻을 받아줄 때 가능하겠지만 군림하려 들지만 않는 다면 수용은 얼마든지 가능하다. 그렇다고 얼토당토않은 뜻까지 받아주라는 소리가 아니다. 뜻을 존중하여 함께 나가자는 것으로써 상대방의 요구에 귀 기울이는 것이 운용주체의 권리라면 승낙과 거절도 운용주체의 권리인 만큼 하나 되어 나가는 일도 운용주체 하기에 달린 문제다. 또 권리행사 의지를 드러내 보였다면 지혜를 쓸 줄 알아야 한다. 지식은 육생량을 담는 그릇이라면 지혜는 정신량을 담은 그릇이다. 이기의 육생량을 담당하는 지식은 나를 위한 셈법을 내세운다면, 이타의 정신량을 담당하는 지혜는 너를 위한 셈법을 분출한다. 따라서 내 뜻을 먼저 주장하기보다 네 의사를 먼저 존중하고 반영하고자 할 때 자연스럽게 합의점을 도출하게 된다. 아울러 아쉬워서 찾아간 활동주체인가 이로워서 맞이하는 운용주체인가에 따라 주고받는 행위의 차원이 다르므로 활동주체 입장은 아쉬운 만큼 자신의 소신을 솔직 담백하게 밝힐 줄 알아야 한다. 선택의 권리는 운용주체의 몫이므로 원하는 바를 취하고자 한다면 진술해야 하는데 이때도 활동주체가 해야 할 일이 있다.

기업 이념과 CEO의 인생관을 아는 일이다. 자신의 가치관과 부합이 어렵다면 백약이 무효라고 할까. 이것이다 싶으면 기다리는 일만 남았다. 운용주체도 소신을 밝히는 활동주체의 목소리에 끝까지 경청하지 못하고 중도에 잘라 말하면 지혜에 다다르기도 전에 지식의 셈법이 끝을 낸 상태라 거기까지다. 참견·간섭은 내 속 편키 위한 행위다. 지혜는 상대방의 말을 끝까지 듣고 난 후에 알게 모르게 발휘되는 법이다. 이처럼 너를 우선하는 행위는 육생활동에 있기보다 정신활동에 있으므로 생각차원의 지식만으론 결코 쌍방이 이로울 수 없다. 애완동물을 왜 키우는가를 이쯤에서 생각해 보자. 반려동물로 함께하는 것이겠지만 먹을 것(육생량)만으로도 얼마든지 내 뜻대로 부릴 수 있기 때문이 아닐까 싶다. 그러나 내 앞의 인연은 정신량이 첨가되지 않은 육생량으로는 어림도 없다. 내 욕심대로 해보려는 이기와 네 욕심대로 해보려는 이기가 화합치 못해 부딪칠 적마다 화가 치밀어 오를 터이니 대리만족 대상이라고 할까. 내 뜻대로 부릴 수 있다는 유혹에 빠지면 소통치 못하는 고독에서 헤어나기 힘들다.

육생량을 주는 만큼 따르니 귀엽고, 그 행위가 사랑스러워서 키우는 것이겠지만 어떠한 결정권도 없는 애완동물 입장에서 생각해 보자. 먹이를 주는 주인을 따르지 않으면 어떻게 되겠는가. 야생동물이라면 모를까. 길들어져 있다는 것이다. 그리고 과연 내 앞의 인연을 육생량만으로 함께 할 수 있을까. 경제가 지극히 어려울 때라면 가능할지 몰라도 개인주체 삶을 살아가는 인간이라 화합의 질량이 없으면 이기와 이기에서의 충돌을 빚기 마련이다. 연애보다 공부가 무척이나 쉽다고 말하는 이도 있다. 그가 말하는 공부가 과연 무엇일까. 육생물질개발을 위한 것에 있다면 지능이 높은 이들은 원하는 대로 할 수 있을 터이니 별문제 되지 않는다. 그러나 연애는 득 볼까 싶어 찾아온 이의 허한 곳을 채워줘야 하는 것이므로, 이로움의 질량이 미미하다면 말도 많고 탈도 많을 텐데 자기 뜻대로 살아온 이가 네 뜻을 받아주며 살아가는 일이 어디 쉬운 일이겠느냐마는 이로움의 에너지가 무엇인 줄 안다면 문제도 아니다. 공부도 지능이 높으면 나름 뜻대로 부릴 수 있다. 연애도 공부만큼 부릴 수 있다면 자유인이 아닐까 싶은데 육생량 개발을 위한 공부가 전부라면 화합을 위한 합의에서 숱한 고배를 마셔야 할 터, 그러니 어찌 생활의 자유가 있기라도 할까. 내 뜻대로 해보려는 이기의 육생량, 내 뜻대로 할 수 없는 이타의 정신량을 혼화시키기위한 행위가 무엇인지 안다면 공부가 쉽다고 말하지 않는다. 나라는 이기와 너라는 이기가 하나 되려면 이타의 질량이 필요하다. 누가 마련할 것인가. 내 앞의 인연과 하나 되기 위해 노력했다면 슬프고 우울할 일이 없다. 너를 우선하는 삶일 터인데 어찌 네가 나를 배척하겠는가. 그리고 이로움의 질량이 남아 있는데 우울할까. 이로움의 자원이 고갈되면 인연들도 떠나버릴 것이라 우울할 것인데 과연 바랄 것이 있기라도 하는 것일까. 육생의 술(術)에 취(醉)해 놀아나는 세상에서의 바람은 육생량일 것이고, 이로움을 취(取)하면 취할수록 부딪치고 횟수가 잦아질 것인데 "삶이 다 그런 거지 뭐 있겠습니까"라고 반문한다면 더 이상 할 말은 없다. 고통은 네가 받지 내가 받는 것이 아니기 때문이다.

'마음은 미래를 바라느니', '현재는 한없이 우울한 것', 물론 미래를 위해서라면 현재의 고통쯤은 능히 이겨내야 하겠지만 이후 어떻게 살아가야 하는 것인지를 모른다면 나아질 것이 뭐가 있을까. 이를 위해 작용반작용의 법칙 상대성원리가 자리하고 있음을 강조해 왔다. 하나 되어 나가는 공부는 누구에게 특별히 배워야 하는 것이 아니다. 내 앞에서 벌어지고 있는 일들을 바르게 바라보는 혜안을 기르는 일에 있다. 혹시나 하는 의구심을 같지 않고 설마나 우연으로 치부하려 들지 않는다면 혜안은 커져갈 것이요, 자기 잣대를 세우지 않고 끝까지 살피고 경청한다면 지혜는 스스로 열릴 것이라 이쯤 되면 그 누구를 만나도 거칠 것이 없다.

선천적 육생의 술(術)에 취(醉)한 세상에서 깨어나고자 한다면 치우치지 않은 공부, 그러니까 공(○)차원의 부(符)는 대자연의 근본원리로서, 생활 깊숙이 배어 있는 천부(天符)의 진리를 깨우치는 일이다. 중도(中道)니 공도(公道)니 공무(公務)니 공인(公人)이니 하는 말도 치우치지 않는 삶을 살거나 그에 걸맞은 행위를 하는 이들을 가리키는 말이다. 국가의 일을 도맡아 본다고 해서 공무일까. 국가를 대표한다고 해서 공인이냐는 것이다. 연예인은 연예인일 뿐 공인이 아니다. 행위가 치우쳤다면, 철밥통 지키기에 혈안이라면, 인기몰이에 급급하다면, 만백성의 피와 살로 국가의 일을 보는 자, 만백성의 피와 살로 국가를 대표하는 자, 자신을 따르는 인연의 기운으로 먹고사는 자에 불과하다. 공부는 이로운 운용주체로서 아쉬운 활동주체와 하나 되어 나가는 삶을 배우는 일에 있다. 왜 나는 이로운 운용주체일까. 그리고 너는 왜 아쉬운 활동주체이냐는 것이다. 정신량의 소통과 육생량의 활기는 때가 되면 하나 되기 위해 만나는데 근본행위는 화합의 운용주체가 활기의 활동주체의 손을 잡고 나가야 하는 데 있다.

☾ 모든 것 하염없이 사라지나 지나가 버린 것 그리움 되리니

"삶은 답이 없으니 부메랑의 칼을 맞지 않으려면 남 탓하지 말고 내가 잘해야 한다"고 말하는 이가 있다. 어딘가에 분명 모순이 깃든 말인 듯싶지만 너와 내가 만나서 살아가야 할 그만한 이유가 있기에 방안을 모색해야 하지 않겠느냐는 소리로 들려왔다. 나만의 육생에서 너와 내가 만나 인생을 살아갈 때 하나 된 삶을 살아가는 데 있어 나를 우선한다면 네가 시비를 걸 것이요, 너밖에 모른다면 내가 태클을 걸 것이라 채워주는 이로움이 화합의 단초가 된다는 것이다. 분명 합의든 사랑이든 이럴 때는 이러해야 하고 저러할 때는 저러해야 한다는 명확한 답을 제시할 수는 없겠지만 화합과 행복을 위해서라면 이로워야 한다는 단서가 붙기에 그에 걸맞은 방법론은 제시할 수 있다. 이로움의 질량이 상황에 따라 육생량이 될 수도 있고 정신량이 될 수도 있지만 분명한 것은 육생량만으로도 안 되고 정신량만으로도 안 된다는 것이다. 육생량이 필요한 이에게는 어느 시점에서는 행복을 위한 정신량을 부여해야 하고, 정신량이 필요한 이에게도 생기 돋는 삶을 위하여 어느 정도 육생량이 부가되어야 한다는 것이다. 가정의 행복과 사회단체의 화합은 육생량과 정신량이 혼화될 때 가능하므로 정신량을 배제하면 양양이 상충을 칠 것이요, 육생량을 배제하면 음음이 상극을 일으킬 것이라 부메랑의 칼은 이에 비유하지 않았나 싶다. 네가 나를 따르지 않는데 나만 잘한다고 될 일이 아니요, 내가 너를 신임하지 않는데 너만 잘한다고 될 일은 없다. 부메랑의 법칙은 나 하기 나름에 달린 문제로서 '잘해야 한다'는 의미가 무엇인지 바르게 알고 있어야 한다. 한결같이 잘해 보려다가 부메랑을 맞는다. 잘했다면 맞을 리 있겠느냐만 모르기에 맞아야 하는 것이고, 너한테 잘하려다가 맞은 것은 상충이요 나한테 잘하려다가 맞은 것은 상극이라. 이러한 이유를 맞는 내가 잘 알까 그러한 나를 쳐다보는 네가 잘 알까. 진정 피할 방법이 있는 것일까. 이를 강구하지 못해 인생은 고뇌와 고통이 가득 찼다고 말하다가 위안을 삼으려고 굴곡 없는 인생은 무의미하다는 핑계를 댄다.

무엇보다 너한테 잘하는 것 같은데 부메랑의 칼을 맞아야 한다면 잘해야 할 이유가 없지 않은가. 정녕 그러하다면 참으로 불공평한 일이다. 실제 아무런 이유 없이 이와 같은 일이 벌어질 리는 없고 무엇이 문제인가를 나를 위하는 관점과 너를 위하는 차원으로 각각 나누어 생각해보자. 나를 위한다는 것은 내 욕심대로 부리려는 것이고 너를 위한다는 것은 네 방식에 맞춰 함께하는 일이다. 이로움은 잘못된 네 방식을 깨우치는 일에서부터 시작되므로 어떻게 할 것인가에 따른 문제다. 먼저 화합을 위한 일이므로 누구의 방식대로 도왔는가. 미리 결론을 내리지 않았는가. 상대방의 의견을 끝까지 듣고 합의한 사항인가를 되돌아 봐야 한다. 결정권이 운용주체에게 있다고 해서 참견·간섭으로 일관한다면 이로울 것이 있을까. 도와주고 욕을 먹어야 하는 경우를 보면 태반이 자기 생각만을 가벼이 앞세울 때임을 알 수 있다. 네 소리에 귀 기울이지 않고 내 의견을 고수하려들 때는 알음알이 지식에 의지하는 것이고, 합의하지 못하는 데 있어서는 너 또한 다를 바 없다. 너의 욕심과 나의 욕심이 하나 되어 나가고자 하는 데 있어 이타의 질량이 필요한데 화합이 불분명할 때는 거절도 하나의 방법이다. 21세 성인이 되어 가정을 꾸리기까지 젊음을 밑천으로 얼마든지 도전할 수 있지만 뜻을 세운다는 입지의 나이 30세는 파종의 시기라는 점을 감안해야 한다. 그리고 미혹되지 아니한다는 불혹의 나이 40세는 생장(生長)의 시기이므로 여러모로 심사숙고해야 할 부분이 많지만 관건은 부부화합을 이루는 일이다. 그렇지 못하면 하늘의 뜻을 안다는 지천명의 나이 50세에 수장(收藏)이 순조롭지 않다. 만약 50세에 들어 의지할 곳이 없거나 찾아오는 이가 없다면 40세에 부부화합을 이루어 생장시키지 못한 결과로서 아쉬운 활동주체가 되어 버린 노년에 들어 부메랑의 칼을 맞았다고나 할까. 그야말로 노년의 아름답지 못한 삶은 지울 수 없는 과오다. 2연 3구에서 '모든 것 하염없이 사라지나'라고 했지만 이쯤 되면 추억마저 고통으로 자리한다. 2연 4구에서 '지나가 버린 것 그리움 되리니' 했지만 아마 천추의 한으로 남지 않을까.

모든 것 하염없이 사라지나   2연 3구
지나가 버린 것 그리움 되리니 2연 4구

청춘 때 실패와 시련은 생장과 수장을 위한 토대로서 한순간이고 또 시간이 지나가면 성장의 추억으로 자리하겠지만, 중년에 수장의 결과가 없다면 나날이 고통스러울 텐데 그래도 어쩌하리오 나처럼 살면 이 꼴 면치 못한다는 본보기의 삶이라도 살아가야 하니 말이다. 베이비부머가 꿈을 파종하던 젊은 날의 시였다. 50세를 훌쩍 뛰어넘은 작금엔 흙수저 금수저 논란으로 꿈을 잃은 에코부머 세대가 먹고살기에 급급한 나머지 공무원이 선망이다. 베이비부머 어린 시절의 꿈과는 너무나 대조적이라 풍요 속의 빈곤은 세대 간의 격차를 확연히 드러내 놓고 있다. 1세대 기계식은 개척이요, 2세대 아날로그는 창출이고, 3세대 디지털은 메신저라 이처럼 업그레이드 세대 메신저의 숙명은 육생량에 정신량을 부가시키는 일에 있으니 꿈을 잃은 세대의 미래는 없다. 애국을 강요하고 효도를 강요할 수 있을까. 늘그막에 염치를 넘어 빌붙는 요량이라면 충효의 윤리부터 재정비해야 할 것이다. 풍요 속에 빈곤의 시대를 맞이하여 국가가 국민을 보호하지 않고 애국만을 호소한다면 허울 좋은 넉살이요, 디지털 자식에게 물려줄 아날로그 정신량 없이 효도를 부르짖는다면 빛 좋은 개살구라 세대 간의 불신은 더욱 깊어만 갈 것이다. 그리고 '삶'이라는 푸시킨의 시가 디지털 메신저 세대의 가슴에 과연 자리하고 있을까. 자리한다면 어떠한 모양새일까. 자신의 꿈을 스스로 먹고 자라나는 2세대의 가슴과 꿈을 먹여줘야 자라나는 3세대의 가슴에서 피어나는 사랑의 향기가 같을 수는 없다. 물론 기계식 시대와 아날로그 시대 그리고 디지털 시대 간의 차이겠지만 메신저 세대는 개척과 창출을 위한 세대가 아닌만큼 자칫 돌연변이 사고(思考)를 양산할까 심히 두렵기도 하다. 이 문제는 다른 유형에서 다루었으니 이쯤하자.

한편 내 욕심으로 너를 붙잡으려고 하는 행위를 사랑인줄 알고 있다. 내게 필요할 것 같은 너니까 사랑한다고 말한다. 그러한 나는 너에게 얼마나 필요한 존재일까. 너는 나에게 이로움의 대상이고, 나는 너에게 이롭지 않은 대상이라면 내가 하는 사랑은 무슨 사랑일까. 혹자는 서로를 아끼고 이해하며 감싸 주는 것이 사랑이라고 말하지만 서로를 아낀다는 것도 이로움의 조건이 같아야 하는데 육생량이어야 할까. 아니면 정신량이어야 할까.

풍요와 빈곤의 시대에서는 동정마저도 이로움의 자원이 있을 때서나 가능하다. 행복이나 화합이나, 사랑이나 합의나 조건은 다르지가 않다. 고픈 곳을 채워줄 때 허한 곳이 채워지는 원리에 따라 조건과 조건은 협의사항으로서 이로움의 에너지원이 다르다면 합의를 이루더라도 후에 낙담이 따른다. 상호 이로움의 에너지는 선천적 육생량일 수도 있고 후천적 정신량일 수도 있다. 그러나 합의나 사랑은 내가 만들어 나가야 하는 차원이므로 욕심과 욕심 그리고 이기와 이기가 만날 때 화합의 분명한 의지를 드러내는 자에게 행운이 따르기도 한다. 예나 지금이나 행복을 위한 덕담은 여전하지만 어떻게 살아야 행복하게 살아가는 것인지에 대해서는 묵묵부답이다. 새해가 되면 어김없이 "복 많이 받으세요"라는 덕담을 주고받는 것처럼 말이다. 언제부터인지 모르게 "부자 되세요"가 대세인 듯싶었는데 그 차원을 넘어 "대박 나세요"로 바뀌었다. 복도 받고 싶고, 부자도 되고 싶고, 대박도 나고 싶겠지만 이보다 먼저 해야 할 일은 받아온 육생의 기본금을 지키는 일이 아닐까. 기본금을 지키지 못하여 부자의 꿈을 넘어 대박의 꿈을 안고 살아가는데 인연을 맞이할 줄 모른다면 그저 뜬구름일 따름이다.

　그렇다면 과연 받아온 육생의 사주(四柱)와 복(福)을 받는 행위에 대한 상관관계가 있는지를 살펴보자. 둘 다 받아온 질량이긴 하지만 기본금 사주는 노력한 만큼 때가 되면 오르는 자리이다. 복은 일정 부분 주어지기도 하지만 살아가면서 쌓는 부분도 있고 또 받아왔다고 해서 누구나 다 받을 수 있는 것만도 아니다. 행운(幸運)도 다를 바는 없겠으나 음덕(蔭德)과 치적(治績)과 행적(行績)이 어우러질 때 주어지는 부분도 없지는 않다. 기복과 우상에 매달린다고 가능할까. 그에 따른 공적(功績)이 없다면 상황은 더욱 악화될 터이니 말이다. 선천적 이기의 육생량인 관계로 그 쓰임은 나 하기 나름이라, 정신량을 부가시켜 인생량으로 쓰임을 다하지 못하면 되레 패가망신한다.

입신(성공)의 자리는 근기마다 다소 차이가 나겠지만 받아온 육생의 기본금의 자리로서 노력하면 누구나가 올라갈 수 있는 선천의 자리이다. 반면 양명(출세)은 육생량을 바탕으로 정신량을 부가시켜 스스로 만들어 나가야만 하는 후천의 자리이다. 입신을 통한 양명의 단계는 육생의 성공을 거쳐 인생의 출세가도를 달리는 차원으로, 음양이 하나 되는 차원이자, 운용주체가 활동주체와 하나 되어 나가는 차원이다. 사랑과 부자와 행복을 누구나가 소원하는 바라 인간이기에 만복을 염원하였다. 허나 부자는 될 수 있을지 몰라도 사랑하지 못하면 행복을 영위하지는 못한다. 그러나 사랑을 하면 받아온 기본금이 빈약하더라도 행복하므로 남부럽지 않은 삶을 구가한다. 이처럼 부자와 행복은 불가분의 관계인 듯싶지만 사실 불가분의 관계는 사랑과 행복인지라, 사랑을 통해 행복을 영위한다면 부자의 조건은 덤이라고 할까. 산다는 것은 행복하기 위한 것이듯, 사랑의 감정도 행복을 위해 솟아나는 것인데도 불구하고 삶은 육생의 만족에 촉각을 세우고 있다. 양의 기운 육생량은 해가 거듭할수록 장족의 발전을 이루지만 진보하지 못한 정신량은 퇴행만 거듭하므로 인류는 획일적인 문제에 봉착되고 말았다. 더군다나 육생물질문명만이 삶의 질을 높일 수 있는 것으로 간주하는 실정이라 정신량을 육생물질문명 안에서 모색하고 있으니 양양상충이 일으키는 쏠림의 원인을 밝혀내지 못하고 있다.

각설하고, 2연 3구에서는 '모든 것 하염없이 사라지나'라고 운을 띠면서 2연 4구에서는 '지나가 버린 것 그리움 되리니'라고 하였다. 인간으로 제아무리 후회 없는 삶을 살아간다 하더라도 그에 따른 아쉬움과 미련을 남기기 마련이다. 왜 그런 것인가. 바로 아쉬운 활동주체로 자리하고 있어서인데 태초부터 운용주체 음의 기운 자연에서 허한 그 무엇을 메우려고 들었다. 그러나 채워도 채워도 양의 기운 육생량만으로는 결코 채울 수 없기에 뒤안길에는 아쉬움의 흔적이 표적으로 자리한다. 허한 곳을 메우고자 나는 아쉬움의 기대주머니를 차고 너를 만나는 것이고, 고픈 곳을 채우고자 너도 아쉬움의 기대주머니를 차고 나를 만나는 것인데, 그러고 보면 너를 향한 사랑은 사실 한 송이 꽃을 피우기 위한 자기 사랑을 위한 것에 있다고 할까. 첫사랑이 아름다운 것은 이루지 못한 아쉬움 때문이라고 하겠는데, 나이 먹을수록 만남에 큰 기대를 걸지 않는 것은 아쉬울 것도 그리울 것도 많지 않기 때문이며, 기억까지도 오래 남지 않기 때문이라고 할까. 기대가 클수록 아쉬움의 주머니도 커지기 마련이라 아쉬움과 그리움이 자리하지 않을 수 없다.

그러고 보면 아쉬움과 그리움은 진화의 촉진제로 기억 속에 자리하고 있었다. 행위는 늘 아쉬운 법, 그 뒤를 돌아볼 때마다 자신의 연민을 알기 때문이 아닐까 싶은데, 과연 실수와 실패가 난무하는 행의 현장에서 욕구와 욕망을 충족시키는 이들이 얼마나 있을까. 몇 해 전인가 자신은 하나도 행복하지 않았다는 유언을 남기고 행복 전도사라는 타이틀로 많은 이들에게 용기와 희망을 주었던 여류명사가 자살했다. 이보다 행복할 수 없는 일이 또 어디에 있을까. 이는 불행하다는 소리가 아니다. 행복하지 않다는 소리다. 아니 불(不), 행할 행(行), 즉 이롭지 않은 짓을 할 때 불행한 것이지, 아니

불(不), 행복할 행(幸), 즉 본래의 삶은 불행이 자리하지 않았다는 것이다. 오직 나라는 이기의 욕심쟁이와 너라는 이기의 욕심쟁이가 만나 행복을 위한 사랑의 의지를 불태울 이타의 신념이 필요하다는 것이다. 그런데 문제는 이타를 무조건적인 희생쯤으로 생각한 나머지 자기 손해로 생각한다는 점이다. 가뜩이나 육생량과 정신량을 구분하지 못하면 인생량을 논하기 어려운 데다가 선천질량 육생의 술에 취한 형국이라 다들 육생만족을 인생행복인줄 알고 육생량 축척에 혈안이다 보니 제각각 놀아나는 형국이 빚어질 수밖에. 그러나 사랑으로 행복한 가정을 꾸려나간다면 건강도 덤이라 걱정해야 할 이유가 없다. 왜 그런 것인가. 가정에서 하나 되어 나가지 못하면 안팎 모두 막히는 형국이 빚어진다는 데 있다. 먼저 부메랑의 표적으로는 사업상의 문제가 생기거나 건강상의 문제가 발생한다. 부부화합은 안팎이 하나 되는 것으로 물질과 정신의 조화로서 '덕이 되니 득이 되는' 인생방정식에 따라 정신량의 운용주체가 육생량의 활동주체와 화합을 위한 합의를 이루어 나갈 때가 바로 그때다. 그리하여 거침없이 통하는 자가 자유인이라, 내 생각과 네 생각이 만나는 자리에서 화합의 이타 행위를 하려 할 때 누리게 되는 차원이라고 할까. 너를 위한 마음에서 비롯되는 자유의지는 화합의 질량이므로 행복하지 못한 것은 나밖에 모르는 생각에서 기인한다는 것이다. 애완동물이라면 모를까. 너를 내 뜻대로 해보려하는데 자유로울 수가 있을까. 사랑을 모르는데 행복이 무엇인지 어떻게 알고 논하겠느냐는 것이다.

해 지는 서쪽은 서쪽의 철학이 담겨 있고, 해가 중천에 뜬 중쪽은 중쪽의 철학이 담겨 있으며, 해 돋는 동쪽은 동쪽의 철학이 담겨 있다. 육생과 인생, 생각과 마음, 지식과 지혜, 물질과 정신, 외면과 내면 등의 차원을 통해 나누어 말할 수 있는데 해가 지는 서쪽의 담당해야 할 것이 외적 삶의 육생량이라면, 해 돋는 동쪽의 담당해야 할 것은 내적 삶의 정신량이요, 해가 중천에 뜬 중쪽의 담당은 내외적인 삶을 위한 교역에 있다. 사상이든, 철학이든, 문학이든, 예술이든 해가 뜨고 지는 방식에 따라 애환이 담겨 있을 터, 이를 바탕으로 대륙세력과 해양세력 사이에 위치한 반도의 입장과 한(韓)민족 특성에 맞춰 잠시 나아갈 바를 논하여 봤다. 러시아 시(詩)일망정 베이비부머와 함께해 왔다. 인연맞이 시대에 해 지는 서양의 육생량에 놀아나 해 돋는 땅의 정서는 메마르고, 고향은 육생살이 공단에 잠식당하고, 주(主, 운용주체)가 객(客, 활동의 주체)을 맞이하는 예법마저 잊어가고 있다. 오히려 주객이 전도 되어 여과 없이 육생물질문명을 고스란히 받아들이는 통에 모순의 꽃을 피웠다. 이리하여 해 돋는 땅의 이념을 흡수하지 못한 에코세대에게 어느덧 베이비부머는 힐난과 조소의 대상이 되어가고 있다. 1연 2구의 '슬퍼하거나 노여워하지 말라'는 문구에 현혹되어 감성에 젖어 살아갈 세대가 아니라는 것이다.

참고 견디면 이룰 수 있는 세대와 참고 견디면 오히려 난관에 봉착하게 되는 세대와의 괴리감은 참고 견디어 봤자 설움의 날 뿐이라는 것에 있지 않을까. 개척세대의 기쁨은 분명 창출세대의 성장에 있었듯이 창출세대의 기쁨은 메아리 세대의 성장하는 데 있다. 보아하니 논란밖에 물려 줄 여지가 없는 듯싶은데 사랑하며 살아가기에는 너무나도 형편없지 아니한가.

1세대의 행복은 2세대 하기 나름이요 3세대의 행복도 2세대 하기 나름이라, 하늘의 뜻을 안다는 지천명의 나이 50을 훌쩍 뛰어넘은 2세대의 행보는 늘그막에 한 치의 앞도 내다볼 수 없는 지경으로까지 내몰렸는데 왕년만 타령한다면 어찌할 것인가. 분명 2세대의 행복은 1세대를 발판으로 3세대에서 비롯되어야 하는데 청년실업률과 노인빈곤률이 OECD국가 중에 최고로 높다고 하니 어느 세월에 근처에라도 가볼까.

땅을 개간하여 파종하는 개척세대와 생장(生長)시켜야 하는 창출세대와 수확물을 수장(收藏)시키고 퍼 날라야 하는 메아리 세대 3대가 함께 살아간다는 것은, 행복의 조건은 1, 2, 3세대 함께 공유하는 데 있다. 온 나라가 이 지경인데 그렇다고 나만 행복할 수도 없는 일이지 않은가. 개인의 발전이 사회의 발전이자 국가의 발전이라고 하지만 메아리가 숙진 세대의 몸부림이 국가체제를 뒤흔드는 마당에 개인의 발전만으로는 행복을 영위하기 어렵다. 상위 1%를 통하여 중산층 30%가, 그 30%를 통하여 70%의 서민층이 살아가고 있다. 삶은 결코 나를 속이지 않는다. 1%가 기만하면 30%가, 30%가 기만하면 70%가 진흙탕을 헤맨다. 물론 너를 기만했기에 나를 기만하는 것이라 기실 슬퍼하거나 노여워할 일도 없겠지만 민초들의 원성이 끊이지 않는다면 누구의 문제이겠는가. 애국을 거론하면 국가가 손해를 입을 수도 있겠으나 이도 엄밀히 따져보면 중심세대 하기 나름에 달린 문제다. 세상을 달관한 노련한 이해자인마냥 현재의 고통을 참고만 견디어서는 미래가 절벽이라 그리 부추기기만 하면 곤란하다.

인간 작용반작용의 법칙 상대성원리에 의하여 상호상생과 상극상충이 깊숙이 배어 있어 사회가 아프면 국가가 다칠 것이요 개인이 아프면 사회가 다칠 것이라, 개인과 사회가 병들었다면 누구의 잘못이겠느냐는 것이다. 개인이 아프면 사회가 치유해야 할 것이요 사회가 아프면 국가가 치유해야 할 것이라, 국가가 아프다면 개인과 사회가 치유해야 하지 않겠느냐는 것이다.

물론 국가는 핵심세력이 치유한다고 하겠지만 그 핵심세력들로부터 병든 것인데 그 세력의 치유는 과연 누가 담당하고 있느냐는 것이다. 사회가 치유할 수 있다면야 별문제 있겠느냐마는 국가가 병들면 사회도 따라서 병든다는 것이 문제라는 것이다. 그렇다고 한다면 종교를 자칭하는 신앙에서부터 각종단체를 이끌어나가는 운용주체들과 멘토를 자처하는 이들에 이르기까지 육생논리에 감염됐다는 소리지 않은가. 하나 된 민족국가를 이루었던 고려 474년, 하나 된 민족국가 체제를 완성해야만 했던 조선 518년, 하나 되기 갈망하였고 하나 되어 살아왔으나, 그만 하나 되는 이념을 마련하지 못하여 1천여 년 만에 남북은 민주·공산 둘로 갈리어야 했다. 물같이 일제강점기와 밭갈이 동족상잔 6.25의 파종을 마치고 치유의 세대가 희망의 싹을 틔웠다. 그들이 누구인가. 인연맞이 업그레이드 시대를 열어갈 창출세대가 아니던가. 그야말로 미래를 위해 앞으로만 치달리던 세대가 현재에 머물러 한없이 우울하다면 이는 어찌된 노릇인가. 감정과 감성을 조율시킬 이성을 잃어버린 세대에게 물려받을 미래가 있을까.

6. 너 자신을 알라

마음차원의 지혜는 너를 위해 쓰여질 선천질량이요, 생각차원이 흡수하는 지식은 나를 위해 쓰여질 후천질량이다. 생각차원의 지식을 바탕으로 선천적 육생량을 개척하고 이를 토대로 후천적 정신량을 창출한다. 그리고 육생량에 정신량을 부가시켜 나가는 차원은 인생량으로서 너와 내가 만나 우리가 되어 살아가는 삶의 차원이라고 할까. 나를 위한 선천의 육생량과 너를 위한 후천의 인생량을 이해코자 한다면 나를 위해 생각이 쌓는 지식과 너를 위해 자리한 마음의 지혜를 이해한다면 정신차원은 그다지 혼란스럽지는 않다. 다시 말해서 내 욕심이 개척한 육생량을 바탕으로 육생을 살아간다면 너를 위한 마음은 지혜의 보고라 이를 토대로 정신량을 마련하기만 한다면 모두 함께 살아가는 인생차원의 삶이 시작된다는 것이다. 또한 육생의 기본금 사주와 생각 그리고 인생의 자본금 지혜는 같은 선천질량이더라도 생각과 마음의 차원이라 쓰임부터 다르다는 사실이다. 왜 그런 것인가. 선천의 사주는 후천적 생각과 지식으로 육생량에 기여하기 때문이고, 선천의 마음은 지혜로서 후천적 정신량의 발로이기 때문이라고 할 수 있는데 자칫 생각차원을 선천질량으로, 마음차원을 후천질량으로 오인하기 쉽다. 즉, 지식은 후천질량으로서 나를 위한 선천의 육생량에 기여하기 위한 것이고, 지혜는 선천질량이지만 너를 위한 정신량 마련에 기여하기 위한 것에 있다는 것이다. 그리고 육생기본의 자리에 올라설 수 있는 것도 선천적 사주를 토대로 후천적 생각이 쌓아가는 지식이 있어 가능하다. 육생량은 선천의 사주와 후천의 지식이 혼화되어 개척 가능한 것이고, 한편으론 후천의 인생살이를 위한 것이므로 육생량을 통하여 정신량을 반드시 마련해야 한다는 것이다. 무엇보다 선후천의 질량은 음의 기운 운용주체와 양의 기운 활동주체의 화합을 위한 것이므로 사주와 지식은 육생량 활동주체이고 마음의 지혜는 정신량의 운용주체로서 혼화되어 화합을 일으켜야 한다는 것이다.

개척한 육생량이나 올라선 육생의 기본의 자리나, 나를 위한 자리로서 머물러 봐야 자기만족이 전부다. 게다가 인생량 앞에서의 성공은 선천 이기의 만족질량에 불과하므로 후천 이타의 행복은 사랑을 통해 영위하는 차원이라 어떻게 정신량을 마련할 것인가가 관건이라는 것이다.

무엇보다 육생은 힘이 가미된 자기만족 차원의 삶을 살아간다는 것이고, 인생은 도와 덕으로 하나 되어 살아가는 삶의 차원이라는 것이다. 분명한 것은 생각의 지식은 나를 위한 차원이라 언제라도 쓰임이 가능지만 마음의 지혜는 내 앞에 네가 있을 때만이 쓰인다는 것이다. 이처럼 내 안에 생각과 마음, 지식과 지혜, 이기와 이타가 함께하는 것은 너를 위해 살아가야 하는 내 자신을 위한 것에 있다고 할까. 하나 되기 위해 유유상종, 끼리끼리 살아가는 것이 삶이라 내 앞의 인연이 내 모습으로 자리하고 있다. 이는 나 하기 나름의 근본을 일깨우기 위함이라 이기의 육생량을 위해 살아간다면 너에 대해 몰라도 그만이겠지만 인생을 위해 이타의 정신량을 추구해야 한다면 너를 위해서라도 내가 누구인지 알아야 한다. 자신의 일도 처리하지 못하는 주체에 남의 일에 참견·간섭을 해대는 이들이 들어먹는 소리가 너 자신을 알라는 소리다. 사실 사람으로 승화되기 전의 인간들이 하기 가장 손쉬운 행위가 이래라 저래라 가르치려 드는 일이다. 반면 거북해 하는 일은 너의 행위를 존중하고 인정하는 일이 아닐까 싶은데, 내 뜻과 전혀 다른 행위를 한다고 일갈하면 못 마땅하다는 행위이고, 그러한 너를 통해 자신을 돌아본다면 그 자체가 바로 하나 되려 하는 행위다. 물론 자신의 인격과 품위 함양에 힘을 쓴다면 결별하다시피 하는 폭언을 삼간다. 허나 초점이 육생량에 맞추어 있어 원하는 바도 너를 통해 구하려 들 터, 힘들다 싶을 때에는 대립과 반목의 놀음판일 수밖에 없고, 정신량에 맞추었다면 이해와 관용으로 하나 되기 위해 노력하지 않을까. 물과 기름 사이라면 적대보완적으로 이어가겠지만 이도 결코 쉽지만은 않다. 상대방이 배타적 시험지를 숱하게 들이밀 것이고 그때마다 극복해야 하는 난관이 적지 않을 텐데 허나 그만한 인격과 품위를 배양하였다면 문제가 있을까.

나밖에 모르는 이들이나 "너 자신을 알라"는 소리를 주고받지 않을까 싶은데 내 가정보다 이웃을 너무 챙기려드는 이에게도 해대는 모양이다. 사상, 논리, 이념, 가치, 사고 등이 다르다 보니 충분히 오갈 수 있는 말이다. 대부분 자신을 안다고는 하지만 내 안에 분명 나만 모르는 그 무엇이 자리하고 있다. 과연 그 무엇이 무엇일까. 아마도 육생을 먼저 살아야 하는 관계로 이기와 욕심이 숨어 있는 것은 아닐까. 욕심과 자존심으로 나를 숨기다 보니 자연스럽게 내 앞의 네 모습도 가려지는 법이라 인간사 별의별일들이 벌어지고 있는 이유다. 세 개의 차원으로 나뉘어 운행되는 이유도 있겠지만 너 따로 나 따로 놀아나는 것도 욕심 때문이고 보면 그에 따른 불이익을 모르지는 않을 텐데 당하고 나서도 우매함을 면치 못하고 있다. 육생살이는 이기와 욕심으로 점철된 모순투성이로서 너를 위해 살아가는 인생살이는 어떠할까. 바르다고 말하는 정(正)에 대한 이로움의 행위에 대한 분별이 선다면 문제가 되겠느냐마는 서지 않기에 들어먹는 소리다. 한편 "나는 아테네의 양심"이라 부르짖었던 소크라테스(Socrates, B.C. 470~B.C. 399)는 "만물(萬物)은 조물주(창조신)가 목적을 가지고 빚은 것이므로 인간은 자신을 연구하기만 하면 내면에서 신을 인식할 수 있다"고 하였다. 그리고 "너 자신을 알라"라는 말은 소크라테스의 말은 그리스 델포이(Delphoe)의 아폴론(Apollon) 신전 기둥에 새겨있던 문장을 인용하였다고 하는데 이는 자신이 무지(無知)를 알고 외웠던 단어라고 전해 온다.

석가(釋迦, B.C. 563?~B.C. 483?)와 공자(孔子, B.C. 551~B.C. 479)와 예수(Jesus Christ, B.C. 4년경?~A.D. 30년경?)와 더불어 4대 성인으로서 "악법도 법이다"는 말을 남기고 세상을 떠났다고 하는데 학계에서는 그런 말을 하지 않았다는 주장을 제기하고 있다. 그만큼 고대 그리스에는 많은 현자와 철학자가 살았다는 방증이며 특히 '지혜가 있는 사람'을 뜻하는 소피스트(Sophist)가 대거 활동하는 시대라

변론술을 가르치기도 하고 법정에서 변론 원고를 써주었다고 한다. 한편, 당대 소크라테스가 가장 현명한 사람으로 꼽히는 이유 중에 하나는 이 세상 사람들은 자신이 모른다는 사실을 모르고 있지만 소크라테스만은 자신이 모른다는 사실을 알았기 때문이라고 한다. 그것은 바로 자기가 모른다는 사실을 스스로 깨달아 알았다는 '무지(無知)의 지(知)'로서 '아는 것이 없는 게 아는 것'이라는 것이다.

역시나 그런 모양이다. 나를 위한 생각과 너를 위한 마음차원을 모르면 나밖에 모르는 것이라 그것은 결코 아는 것이 아니라는 것이다. 무슨 소리냐면, 안다함은 나를 위한 것이지만 결국 너를 위한 것이므로 모든 행위가 자기 자신을 위한 것에 국한되어 있다면 그것은 나를 위한 나의 지식일 뿐이라 결코 너를 위한 지식이 될 수 없어 모르는 바와도 같다는 것이다. 육생을 위해 개발되는 육생량은 이기의 소산물이자 모든 사고는 언제나 나를 위한 것에서부터 비롯되기에 이타의 발로 정신량이 마련되지 않는다면 너를 위한다고는 하나 결국 나를 위한 행위에 지나지 않는다. 육생 너머 인생이라, 나를 위한 생각차원을 넘어설 때 너를 위한 마음차원에 다가서게 되듯이, 이기의 소산 지식을 넘어설 때 이로움의 발로 지혜에 다가서게 되는 것이다. 이로워서 맞이하는 자가 운용주체요 아쉬워서 찾아가는 자가 활동주체라 언제나 정신량을 담당한 운용주체는 육생량을 담당한 활동주체의 손을 잡고 나가기 위한 노력이 끊임없어야 한다. 또한 그 노력은 아쉬워서 찾아온 아쉬움에 대해 알아가는 일인 만큼 아쉬워서 찾아간 자도 아쉬워진 이유를 토로해야 한다. 이때 아쉬워진 이유를 다 듣기도 전에 이로운 자의 생각을 먼저 주입시키려 든다면 상호 이로울 것이 없다. 나를 위한 생각은 나에게만 맞는 셈법인데도 너에게도 맞는 것 마냥 권유하고 있다. 그러다가 그가 실패한다면 응당 책임을 져야하는데 나 몰라라 하고 있지 않은가. 아쉬운 생각을 이로운 마음으로 받아들일 때, 그 어떠한 잣대를 대지 않고 순수하게 끝까지 받아들일 때 혜안이 열리는 것은 마음은 너를 위할 때 쓰이지 나를 위해 쓰려 할 때는 꿈적도 하지 않기 때문이다.

그야말로 듣지 않고 보지 않으면 아무것도 모르는 무지(無知)의 지(知)라고 할까. 끝까지 보고 들을 때가 생각지식 너머 마음지혜에 도달한 상태이므로 이때 물음에 답을 한다면 가뭄에 단비와도 같은 해법을 내리게 된다. 이렇듯 지혜는 소통의 해법이라 듣지 않고 보지 않으면 아무것도 모르는 무지의 상태다. 나를 위해 쓰이는 이기의 생각과 지식, 그리고 너를 위해 쓰이는 이타의 마음과 지혜의 상관관계를 알았다면 사심 없이 경청하는 태도가 필요하다.

고로 마음의 지혜는 네가 아쉬움을 토로하기 전까지는 아무것도 모른다. 이기의 생각과 지식으로 육생을 사는 것이므로 항상 자기도취에 빠져 분별력을 흩트리는데 그리고 보면 사실 "너 자신을 알라"는 말은 쌍방이 들어야 하는 소리가 아닐까 싶다. 지식을 축적시킨 생각은 수많은 육생의 논리를 양산했으나 초록은 동색이라고 끼리끼리 무리의 수준을 벗어나지 못하면서 사유화되었다고 할까. 그리하여 지혜의 마음차원으로 넘어가지 못한 지식차원의 생각은 진리에 이르기 위한 논리일 따름이다. 바르다고 말하는 정(正)은 모든 이들에게 이로움을 가리키는 만큼 전체를 지향하지 못하는 부분의 논리는 그냥 논리라는 것이다.

이로움을 추구하는 덕(德)도 바른다는 정도(正道)를 지향하는 바라, 덕으로 행한다 하나 득이 되지 않는다면 정도 아니요 덕도 아닌 치우친 사(邪)의 행위로서 사달의 표적이 나게 되어 있다.

이기적인 생각이 부분의 지식을 담당하듯, 논리도 부분을 담당하고, 육생량도 부분을 담당하지만 그 이면은 하나 되기 위한 이타의 정신량을 갈망하고 있다. 그리고 부분의 지식은 전체의 지혜를 위한 것이듯, 그 부분은 전체에서 비롯되었기에 육생이 인생을 지향하지 않는다면 정신량도 육생량에 국한된 것이라, 너를 위한다는 행위도 결국 나를 위한 행위가 된다는 것이다. 이기의 지식에는 너를 위한 삶이 없다. 너를 위해 살아가고자 한다면 지혜를 쓸 줄 알아야 하고, 모른다면 진짜 무지한 삶을 살아간다고 할 것이다. 아무리 많은 육생량을 받아온들 어려움은 지혜가 무지(無智)하여 드리우는 법이지 결코 지식의 무지(無知)로 어려워지지 않는다. 무식해도 육생의 땀방울로 얼마든지 기본의 자리에 올라서고, 또 올라섰다면 운용주체라 어려움은 활동주체와 하나 되지 못할 때 겪게 된다. 이때 필요한 자원은 너를 존중하며 너의 아쉬움의 목소리에 귀를 기울이는 것이다. 해결책이 하늘에서 떨어질까. 문제와 해결까지 모두 가져오는 것은 바로 앞의 인연이다. 무식해도 하나 되고자 한다면 지혜가 발현하므로 진정한 지혜(智慧)는 무지(無知)에서 피어나는 법이다. 아울러 소크라테스의 무지(無知)의 지(知)는 '알았다는 육생의 지(知)'이기보다 '지혜로운 인생의 지(智)'가 어울리지 않을까 하는 필자의 소견이다.

한 분야에 오래 종사하다보면 이지(理智)가 밝아지고 문리(文理)가 트인다고 말한다.

가리사니라고 할까. 그만한 지각능력이 있어야 하고, 그에 따라 가치관도 달리 나타나는 부분이고 보면, 타고난 질량이라 할 수 있는데 그러한 이들일수록 자신만의 삶을 지향한다. 만약 육생 너머 인생을 추구한다면 지자(知者)의 차원을 넘어 정신량의 현자(賢者), 즉 성인(聖人)으로 우뚝 설 것 같다. 앎 그 자체가 알았다는 뜻으로 육생의 앎에 국한되어 있다면 소속된 분야의 전문의에 불과하므로 때가 되면 전체를 아우르는 정신량의 부재로 인하여 침체기를 맞이한다. 지자의 차원을 넘어 현자의 차원이 무엇인지 안다면 벗어나기야 하겠지만 생각과 마음을 분별치 못하면 고작 한 세대만 머문다. 논리도 알음알이에서 기인되므로 육생량을 우선하는 이상 치우칠 수밖에 없다는 것이다. 이렇듯 지자는 논리로서 육생의 부분을 관장하므로 치우칠 수밖에 없고, 전체를 주관하고자 한다면 현자라고 하겠으니 치우치지 말아야 진리에 가깝다. 한편, 자식을 보면 부모의 면면을 알 수 있듯이 제자를 보면 스승의 일체를 알수 있다. 그래서 4대 성인 중에 한 분이겠지만 플라톤(Plato, B.C. 427?~B.C. 347?)은 소크라테스의 제자로서 이데아론을 명시한 아테네 귀족출신이고, 아리스토텔레스(Aristoteles, B.C. 384~B.C. 322)는 플라톤의 제자다. 마케도니아의 스타기로스에서 의사의 아들로 태어난 아리스토텔레스는 보잘것없는 용모에 말더듬이였다는 기록이지만 거의 모든 학문 영역을 탐구하였고 알렉산드로스(Alexandros, B.C. 356~B.C. 323) 대왕의 스승으로서, 고대 그리스의 가장 영향력 있는 3명의 학자가 모두 사제지간이다. 분명 셋이 하나 되었지만 아쉽게도 육생량을 추구하던 시대라 활동주체 육생의 안(案)에 국한되었다는 것이다.

무엇보다 소통의 수단은 문자보다 말이 먼저였었던 만큼 말로 전해 오는 성인들의 가르침을 후대에 올수록 추종세력들에 의해 주석까지 덧붙이고 있다. 인간생활이 진화·발전할수록 말 만큼이나 문자도 따라서 발전하기 때문에 이해하는 부분이 한결 수월해졌다고 할까. 1안의 육생의 인프라를 구축하는 데까지 기여도는 이루 말할 수 없다.

당대 소피스트(Sophist) 학파와 소크라테스(Socrates) 학파가 함께했음을 볼 때 육생질량을 한껏 끌어올릴 수 있는 계기가 마련된 것이라 철학, 문학, 과학 문명국가로서 그리스 아테네는 민주주의 발원지로서의 그만한 가치가 있었다. 한편 1999년 1월 1일 유럽연합(EU)의 공식 통화로 유로화(EUR)가 도입되어 2002년 1월 1일부터 유통되고 있다. 그러나 양의 기운이 넘쳐나는 업그레이드 시대에 양의 기운 활동주체를 위한 양양(陽陽)의 육생화합은 음의 기운을 첨가하지 못하면 상충으로 체제는 흔들리게 되어있다. 운용주체 음의 기운이라 하더라도 소명을 잃고 육생량 활동주체 행위를 해댄다면 음음상극을 일으키게 된다. 양의 기운 육생량은 음의 기운 정신량을 부가시킬 때 그 힘은 배가 되고 이로운 정신량이 아쉬운 육생량의 손을 잡을 때가 화합의 소명을 다할 때다. 천지인 세 개의 차원으로 나뉘어 운행되는 인간세상은 상중하에서 기인한 삼권분립과 삼각관계의 미스터리가 자리하였는데 이는 사실 이원화체제의 수평구도보다 삼원화체제의 수평구도가 더 안정적이기 때문이라고 할까. 물론 상호보완적인 체제는 아니지만 A가 B에 치우치면 C가 발끈할 것이요, A가 C에 치우치면 B가 발끈할 것이고, B와 C가 뭉치면 A가 발끈할 것이라 어느 쪽에도 치우치지 않는 수평구도이기 때문이라고 할 수 있다. 그런데 이기의 소산물 육생량이 늘어나면 늘어날수록 삼원화체제는 흔들리게 되어 있다. 왜 그런 것이냐면, 나를 위한 육생은 이기의 소산물 육생량을 쫓게 되어 있어 그렇다는 것이다. 이성에 호소하고 정의를 부르짖어봐야 육생량 앞에 정의의 본질을 바르게 이해하지 못하면 왜곡될 따름이다. 오늘날이 그렇지 않은가. 도와 덕이 수반되지 않은 정의는 공허한 메아리에 지나지 않으니 말이다.

덕으로 행하는 일은 모두 이롭게 살아가자는 데 있다. 그리하여 바르다는 정(正)은 어진행위 덕(德)으로서 모든 이들에게 이로워야 하는 것이지만, 바르고 어진행위가 이기의 육생량앞에 흔들린다면 삼원화체제도 치우칠 수밖에 없다는 것이다. 물론 바르고 어질지 못해 일어나는 일이겠지만 국가의 권력을 입법·행정·사법의 셋으로 나눈 삼권분립은 각각 별개의 독립된 기관에 분담시켜 상호간에 견제와 균형을 유지하게 함으로써 국가권력의 집중과 남용을 방지하려는 정치조직의 원리다. 따라서 음양양 혹은 양음음의 구도로 전개되어야 하는데 만약 양양양이나 음음음의 편향된 구도로 전개되는 날이면 상극상충의 심각한 모순이 발생한다.

이원화체제도 운용주체 정신량과 활동주체 육생량으로 나뉘었지만 정신량 부재로 저마다 육생량의 활동주체가 되어 적대적 강대강 국면을 취하고 있다. 작금의 민주와 공산으로 나뉜 남북관계를 심히 생각해 볼일이다. 누가 운용주체이고 활동주체인지 대해서 말이다. 각설하고 삼원화체제는 각각의 사상과 이념이 자리함에 따라 힘으로 득 보자고 든다면 하나의 체제는 힘에 귀속되어 이원화체제를 형성하게 되는데, 이도 일원화체제를 위한 토대로서 두 개의 사상이 적대적 관계를 유지하는 것은 육생량만을 추구하려 들기 때문이다. 즉, 이원화는 상호 견제 체제인 삼원화의 육생

논리에서 비롯된 체제로서 정신량이 부가되지 않으면 숱한 변이를 일으킨다. 난항은 합의, 협력, 협치를 이루지 못할 때마다 일으키고 자본주의나 사회주의나 육생량에서 활동주체의 영역을 모색한 것에 불과하여 체제의 모순을 피 흘리는 전쟁으로 대변하고 있다.

이를테면 민주·공산 이원화체제는 좌파·우파 보수·진보의 모순과 모순의 힘겨루기 대립상태라는 것이다. 즉, 내 부족함이 네 아쉬움을 채워주지 못하듯 네 아쉬움도 내 부족함을 채워주지 못할 것이라 민주, 우파, 보수의 이기와 공산, 좌파, 진보의 이기의 대립은 상호 부족함을 견제함에 있어 아쉬움을 발췌하고 이로움을 혼화시키지 못하면 정신문화 창성이 어렵다. 물론 이원화는 상호 발전체계이지만 아쉬운 자가 활동주체요 이로운 자가 운용주체라 이기의 육생량만을 추구한다면 변화를 구해 봤자 화합이 가능치 않다는 점이 문제다. 모든 문제는 육생량에서 비롯되는 만큼 정신량을 주관하는 운용주체 차원을 이해하지 못하면 앞으로도 싸우고 충돌하고 부딪치며 살아가야 하는 세월만 자리할 뿐이다.

서양은 해 지는 곳으로, 겉으로 무르익는 양의 기운 육생량을 담당하여 사상과 이념은 물론 신앙도 겉으로 무르익는 육생 안에 가깝다고 할까. 하나 되어 살아가는 인생살이를 위하여 육생량에 우선한 결과 육생물질문명은 장족의 발전을 이루어 업그레이드 시대를 이끌어 내었다. 그리하여 양의 기운이 넘쳐나는 시대를 맞이했다. 음의 기운을 부가키 위해 동서양이 쉴 새 없이 움직이기 시작하나 싶더니 해 돋는 땅 반도는 한강의 기적을 이루었고 음이 양의 기운을 받아들이는 업그레이드 인연맞이 시대가 시작되었다. 하지만 물밀듯이 밀려오는 양의 기운 육생량을 지금까지도 아무런 준비 없이 육생량으로만 맞이하고 있으니 소명을 잊은 처사라 시간이 문제지 상극상충의 결과는 따 놓은 당상이라고 할까.

음의 기운을 충전코자 찾아오는 이들의 호주머니만 노릴 심산이라면, 그들의 육생 인력만 착취할 요량이라면 반쪽반생을 불러일으키는 꼴이라 점차 곤란을 면치 못할 것이고, 대안을 마련해 본들 육생논리에 벗어나지 못할 것이라 엄습해오는 환란의 시대를 어떻게 극복해 나갈까. 전후 받아온 교육이라고 해봐야 양의 기운 활동 주체 전문의를 지향하는 육생교육이 전부여서 너나 할 것 없이 육생량을 우상화하였고 정신량은 남의 소관인 마냥 방치하다 만백성의 피와 살로 먹고살아가는 이들에게 우롱과 조소에 섞인 말을 듣고 살아가기에 이르렀다.

한편 동양은 봄의 동쪽에 위치하고 서양은 가을의 서양에 위치하므로, 업그레이드 시대는 양물의 수확시기로 육생물질문명은 한층 더 지식을 필두로 지혜의 정신문명까지 좌지우지하려 드는데 동양은 왜 파종의 봄인데도 불구하고 수장(收藏)의 정신량을 마련하지 못한 것인가. 지식의 육생량 너머 지혜의 정신량이다. 업그레이드 시대 전후로 꾸준히 창출해야 했으나 육생량의 안위에 빠져 망각하지 않았나 싶다. 양양상충에 혼란을 빚은 작금을 직시해 보자. 무엇이 필요한 지에 대해서 말이다. 그리고 필자가 춘하추동(春夏秋冬) 생장수장(生長收藏)의 원리를 수차례 설명해 왔지만 재차 요약하자면 춘하(春夏)와 생장(生長)이 한 라인이고 추동(秋冬)과 수장(收藏)도 한 라인이다. 즉, 봄에 파종하여 여름에 성장시키고 가을에 수확하여 겨울에 저장하는 것은 봄의 파종을 위한 것에 있다. 나무 한 그루를 예로 들자면 가지와 몸통이 뿌리로 물을 내리는 시점이 가을걷이가 끝나고 겨울을 맞이하는 시기다. 그리고 겨울 동안 잠재된 기운을 생성시키는 일은 뿌리만이 할 수 있는 일로서 생장을 위해 춘하에 걸쳐 몸통을 통해 가지에 공급한다. 가지에 위치한 서양의 열매는 육생량으로 뿌리의 영양분 정신량을 충전키 위해 들어온다. 해 지는 곳에 가까울수록 가을기운의 서쪽이고, 해 돋는 쪽에 가까울수록 봄기운의 동쪽이며, 해가 중천에 떠 있는 곳일수록 여름기운의 중쪽이다. 또한 이기의 육생량을 담당할수록 외면의 육생논리로 힘을 위시해 왔으며, 내면의 정신량을 담당할수록 도와 덕을 중요시해 왔었다. 그리고 외적인 육신부터 건사해야 하기 때문에 육생량 개척이 우선 일수밖에 없고 이기의 소산물이라 부닥침으로 일관해 왔다. 한편 부닥침이 화합의 표적으로서 그에 걸맞은 소통의 질량을 마련해야 했으나 육생살이라 사상과 이념뿐이라 신앙마저도 육생의 안(案)에 머물러 총칼로 인류의 평화를 부르짖는 모순을 자행하였다. 무엇보다 내적 삶은 외적 삶을 토대로 추구하는 데 있어 점점 안으로 곪아 터지는 음음상극이 도지는 걸 보아하니 여성의 기세가 오르는 모양새가 만만치 않다. 운용주체로서 활동주체를 품어 안아야 하는데 이에 따른 품상을 갖추었는지 모르겠다. 상호 모순을 보완해 나가는 시대에서의 음의 기운은 동경의 대상이다. 육생량이 좌지우지하는 감정, 정신량을 선망하는 감성, 이를 조율해야 하는 이성이지만 육생논리에 이마저 놀아난다. 어이해야 할까.

이기는 감정이요 이타는 감성이라 이성을 되찾으면 정신량이 자리해야 하건만 육생량 앞에서는 그렇지 못하다. 왜 그런 것일까. 감정과 감성이 메마르면 이성을 잃어버린 야성이라고 해야 할까. 감정과 감성이 하나 될 때 이성이 자리하건만 육생량에 감정이 놀아나자 이성은 감성에 마비되어 이상가를 만들어 버린다. 남 탓이나 하는 자나 꿈에서 깨어나지 못하는 자나 다를 바 뭐가 있을까. 감정, 감성, 이성 중에 하나라도 마비 증세를 보이면 지혜가 마비된 지식의 차원은 배고프면 먹고 피곤하면 잠자는 육생살이 종족번식에 필요한 우♀ 사랑행위를 그릴 뿐이라 동물과 다를 바 없다.

무엇보다 육생살이는 감정을 실은 본능행위가 전부인지라 천륜, 지륜, 인륜이라는 촌수가 자리하지 않는다. 물론 영혼의 있고 없음의 차이겠지만, 만약 있다면 그 너머 인생살이를 위한 언어가 발달했을 터, 배움도 생존을 위한 육성(肉性)에 있는 것이 아니라 하나 되기 위한 인성(人性)교육을 바탕으로 동물에게도 효도의 개념이 자리하지 않았겠나. 생각과 마음으로 인생을 살아가야 하는 인간이기에 보이는 질량은 물론이요 보이지 않는 질량까지도 방편으로 활용할 줄 안다. 이기의 생각과 이타의 마음이 공존하는 이유라고 하겠는데 이성은 바로 내 욕심과 네 욕심의 중심을 바로잡기 위한 분별기관이다. 그리고 무얼 보고 듣고 어떻게 느꼈느냐에 따라 분별의 질량이 달리 나타나 저마다의 사고 영역도 다르다. 그러고 보면 이성이 육생량 앞에 흔들리는 만큼 사고도 어리석어진다는 소리가 아닌가. 육생량 앞에 서기만하면 양심의 가책을 느낀다는 이도 있는데 과연 느끼는 것만으로 분별이 바로 설까. 이기의 감정과 이성이 갈등을 빚고, 감성에 도취되어 이상가가 되어 버린 이들일수록 도(道)를 구하고자 산속으로 들어간다. 아마 이성이 감정과 감성을 조율할 즈음에 나타나지 않을까.

☾ 나는 누구인가

물은 구석구석 흘러들어 만물을 소생시키고, 만물은 육을 가진 생명체의 풍요와 번식을 안겨 준다. 육은 물 번식하나니 음의 기운 운용주체로서의 양의 기운 활동주체 만물이 숨 쉬는 곳이라면 그 어느 곳이든지 스며든다. 즉, 생명의 순환 고리로서 육의 생명체가 숨 쉬는 그곳에 흘러 흘러 스며들기에 삶이 생동하는 것이다. 이처럼 양의 기운 활동주체의 활력을 불어넣는 것이 음의 기운 운용주체이듯 물이 만물을 주관함에 따라 정신량 음의 기운 없이는 육생량 양의 기운 존립은 있을 수도 없다. 그만큼 인간생활의 홍망성쇠를 좌지우지한다고 할까. 많은 이들이 모여 사는 곳일수록 큰 강이 큰 산을 휘감아 돌고, 적을수록 그에 걸맞은 작은 강이 작은 산을 휘감아 도는데, 활동주체 산과 들의 비율에 따라 삶의 질이 달리 나타나는 것이며 특히 운용주체 물이 얼마나 흐르느냐에 따라 육생물질문명의 차이는 현격하다. 그만큼 양의 기운 활동주체는 음의 기운 운용주체 하기 나름이라는 것인데 '운용주체 천지 기운 가만히 계시사 활동주체 인이 동'하여 세상은 움직이고 있다. 이에 따라 여자는 출가하면 외인이라 하였던 것도 시집은 양의 기운 활동주체이므로 음의 기운 운용주체 며느리 손에 달려있기에 하는 소리였다. 게다가 활동주체의 번식은 종(種)이 종을 낳을 때 생명과 활기는 운용주체가 불어넣는다고 하지만 사실상 번식의 고리는 음의 기운에 있기에 가능한 일이다. 따라서 시집을 가더라도 본래 여인의 종은 소멸되는 것이 아니라 흡(翕)의 되는 것이다. 본디 여인은 물과도 같아 활동주체 양의 기운을 위하여 운용주체로 태어나는 것이며, 그리하여 활동주체 남편과 양의 기운 시집의 홍망여부는 운용주체 음의 기운 며느리 하기에 달려있다고 하였다. 이처럼 철학적 개념의 음양은 자연의 이치를 근거로 하여 소통, 화합, 융합 등의 발전을 도모하기 위한 것에 있다면, 생물학적 개념은 종의 번식을 위한 것에 있다. 그렇다면 두 개의 개념을 철학적 정신량과 생물학적 육생량이라고 할까. 음의 기운 운용주체가 육생량에 빠지면 양의 기운 활동주체도 기본영역을 배회하다 이내 좌절하는데, 아내가 이때라도 정신량을 부여한다면 나름 시련은 극복하지만 정신량이 부재하다면 시간이 문제지 정체성은 반드시 드러난다. 부모자식지간도 그렇고 특히 사제지간에 발생한다면 발전은 더 이상 없다. 그리고 자식은 10세 전까지 부모의 품에서 자라난다면, 21세 성인이 되기까지 스승의 가르침의 품에서 성장한다. 즉, 가치관, 사고, 꿈 등을 고취하는 시기에 스승의 개념이 육생 안의 범주를 벗어나지 못한다면 어련할까마는, 나 하기 나름에 따른 인생방정식을 무시하고 죽는 날 까지 습관처럼 인생무상 삶의 회의를 외치지 않을까. 물론 사람답게 살고 싶어 하는 소리겠지만 미래가 불안하다 생각할수록 '나는 누구인가'에 대한 화두를 잡다가 희망이 보이지 않다거나 한 치 앞도 못 볼 지경에까지 이르렀다면 극단을 택하기도 한다.

누가 깨우쳐 줄 것인가. 화합만이 희망이라 하겠으니 합의의 관점을 생물학적으로 보려하는가, 철학의 관점에서 보려하는가에 따라 행복을 위한 사랑의 행위도 달리해 나간다. 부모님 품에서 자라나는 충년(沖年) 10세에 나는 누구인가를 생각이나 해 볼까. 천륜의 품인데다가 나를 위해 살아가는 어린 육생시절이다. 사제의 연을 맺는 충년 10세부터 뜻을 세우는 지학(志學) 15세를 지나 21세 성인이 되기까지 한두 번이야 해보지 않을까. 부분의 육생량을 위한 공부인가, 전인적 정신량을 위한 공부인가에 따라 사고를 달리해 나가는 만큼 차이가 나겠지만 무엇보다 어떠한 스승을 만나느냐가 중요하다. 인륜지간이지만 천륜보다 중요하므로 선택은 신중해야 한다. 그러나 현실은 직장을 염두에 두므로 선택의 여지가 크지 않다. 또 문제의 발단은 이기의 소산물 육생량으로 비롯되므로 해결책은 정신량일 터, 이를 품은 자를 찾았다면 선택만 남았다.

간혹 "죽으면 그만인데 그만 걸 알아서 어디에 써먹습니까", "남이야 어떻게 살던 피해 안 주고 살면 그만 아닙니까"라고 반문하는 이도 있다. 사제의 인연을 맺은 후에 나는 누구인가를 생각한다면 자신의 가치관을 높이고자 하는 일이다. 그리고 거의가 행의 현장에서 소통이 막히었거나 육신이 지쳐있을 때이다. 혹자는 자주한다고 하는데 아마도 신앙에 귀의하거나 도를 구하고자 조만간 떠날 이가 아닐까 싶다. 왜 삶에 지치는 것일까. 막히어 활동의 영역이 좁아진다거나, 안팎으로 하나 되어 가지 못할 때로서 음의 기운 정신량을 요하는 시기라고 할까. 행의 현장에서 운용주체더라도 아쉬운 육생량을 위한 운용주체이므로 이로운 정신량이 묻어나는 운용주체를 찾아나서야 할 시기라는 것이다.

이때를 놓치면 호미로 막을 것을 가래로도 막지 못할 일이 터진다. 아쉬운 육생량은 이로운 정신량을 충전시키면 원기를 회복할 것인데, 스스로 아무것도 아닌 것이라고 저하시키면 나아질 것은 없다. "피해 안 주고 살면 그만 아닙니까"라고 반문하는 이에 있어서도 만찬가지다. 과연 피해를 안 주고 사는 방법을 알고나 하는 소릴까. 아니면 그저 막연하게 피해 안 주고 살아갈 수 있다는 자신감 때문에 하는 소리일까. 언행이 일치하지 못하면 부메랑의 곤욕을 치른다. 물론 그만한 고통도 감수해야겠지만 피해 안 주는 경지에 이르렀다면 지자(知者)를 넘고 현인(賢人)을 넘어 성인(聖人)의 경지에 다다른 자로서 이쯤 되면 나는 누구인가를 찾지 않는다. 이미 자신이 누구인지 알았을 터이니 말이다. 무슨 소리냐면 내가 누구인지를 안다면 적어도 남 탓은 하지 않을 터, 내가 누구인지 모르기 때문에 부딪치는 것이고, 그리고 이때 어려움이 찾아들고 깊어지면 이별까지 한다. 남 탓이나 하던 이가 어느 날 갑자기 내 탓으로 돌리기 시작한다면 인생살이 감을 잡았다고 할까. 이러하다면 필시 너를 우선하려 들 텐데 부딪침이 있을까.

왜 그런 것일까. 신앙적 부분이 다소 연관되어 궤변이라고 할 수 있는 부분도 있으니 참작하여 요약하면, 보이는 이승은 보이지 않는 저승이 그대로 투영된 곳이라고 할 수도 있다. 더 깊이 들어가면 이승과 저승을 오가는 영혼의 윤회와 전생까지 논해야 할 터, 이 문제는 이쯤하고, 사주의 차원을 이해하면 좀 더 쉽게 받아들이지 않을까 싶다. 보이지 않는 4차원에서 받아온 사주는 보이는 3차원을 위한 인연맞이 기본금으로서 많이 받아오면 받아올수록 걸맞는 인연이 찾아들 것이고, 적으면 적을수록 적은 인연이 찾을 것인데, 운용주체와 활동주체의 인연법만 알아도 어느 정도 나는 누구인가 감을 잡는다. 보이지 않는 저승(4차원)의 차원 그대로 투영된 곳이 보이는 이승(3차원)이라 하였듯이 인간으로 태어난 것은 사람으로 승화되어 사람처럼 살아가기 위한 것이라 자신이 누구인가를 알 수 있도록 내 앞의 인연에게 자신의 채취를 묻어두었다. 반면 태시(太始) 태초(太初)를 떠올리고 빅뱅과 대우주를 따져가며 자신은 영원불멸한 대우주의 핵심원소라고 말하는 이도 있지만 너무 광대하고 획일적이며 관념적이라 자신이 누구인가를 어필하기에는 턱없이 부족이다. 산다는 것은 선천의 육생량으로 인연을 맞이하는 행위로서 어제를 통하여 오늘의 내가 사는 것은 그에 따른 대가라고 할까. 내일도 지금 내 앞에 인연에 하기 나름이라 삶의 행보는 얼마든지 바뀐다. 인연이 많으면 많을수록 육생량은 풍부하겠지만 그만한 행위를 다하지 못할 때마다 그 기운에 눌리어 풍상고락을 겪으며 살아간다. 겉으로 드러나지는 않지만 집집마다 구석구석 눈물 안 나는 집이 없다. 간혹 부자들이 행복할까 싶어 절망에 빠지기도 하는데 도전하는 청춘이라면 본연의 자리를 찾아가는 일련의 과정일 수도 있다. 그리고 받아온 육생량에 불과하다는 사실을 안다면 집집마다 구석구석 눈물 나는 이유를 알 수 있지 않을까. 이를테면 아쉬워서 찾아온 이들과 손잡고 나가지 못하는 인연의 수만큼 고통이 수반된다는 소린데, 상위 1%의 삶을 잠깐 엿보면 보이는 육생량을 더 준만큼 그에 따른 근기도 최상층이라 운용주체의 길을 가더라도 근기에서부터 차이가 난다. 그만한 인연의 무게를 견디어 내야 할 이들이므로 초일류 기업의 CEO의 자리에 올라선 것이다. 나라 일을 보는 대통령이나 장관이나 국회의원 등은 상위 1% 조건과 다르지 않다.

문제는 정신량 부재로 하나같이 자리에 오르고서 홍역을 치른다는 것인데, 보다 많은 인연과 하나 되어 나가려거든 기업이념 혹은 국가이념을 실천키 위한 품성을 함양해야 한다. 만약 작은 시련에도 당장 죽을 것 마냥 엄살이나 부리고 그럴 듯한 말만큼이나 행위가 따르지 못한다면, 약속을 어기기를 밥 먹듯이 한다면 끊임없이 표적을 받아야 할 터, 기껏 해봐야 인상 쓰며 소규모 업장을 꾸리다가 결국 나는 망했네 하는 소리나 해대지 않을까. 각료들도 다르지 않다. 소임을 잃은 표적의 강도는 양의 기운 활동주체보다 음의 기운 운용주체에게 더 크게 들어가고 육생량을 추구하는 운용주체보다 정신량을 추구하는 운용주체가 더 크게 받는다. 무엇보다 정신량을 추구하는 운용주체는 거친 파도와 모진 바람은 물론이요 산들바람마저도 가슴에 고이 담고 살아야 하는 이들이므로 선순환의 표적을 받는다는 것은 따르는 이들의 기대를 저버린 결과임을 알아야 한다. 언제나 사람답게 살고자 찾는 것이므로 따르는 이들의 바람은 행실은 물론 과오를 범하지 않기를 바란다. 또한 정신량의 운용주체는 육생량을 담당한 운용주체의 나아갈 바를 밝혀야 하므로 그들의 품행은 그 무엇과도 비교되서는 안 된다. 왜 그런 것인가. 육생량으로 받은 상처는 시간이 약이지만 정신량으로 받은 상처는 영혼이 되어서도 치유불가능하기 때문이라고 할까.

그리하여 뜻을 세운다는 입지의 나이 30세는 고난마저도 성공의 지표로 삼아야 한다는 것인데, 얼마든지 오뚝이처럼 다시 일어날 수 있는 시기라 한편으론 나는 누구인가를 끊임없이 되묻는 때다. 이 시기에 아내가 정신량의 지주가 되어준다면 받아온 기본의 자리에 오르는 일이 그다지 어렵지 않다. 물론 오른 후의 행보를 위해서 내조를 아끼지 않는다면 선천의 입신(立身)을 넘어 후천의 양명(揚名)할 것이다. 음의 기운이 이로운 정신량을 담당한 것은 언제나 아쉬운 육생량은 양의 기운이기 때문이며, 그리고 이로운 정신량이 아쉬운 육생량을 품을 때가 운용주체가 활동주체의 손을 잡고 나가는 때라고 하겠으니 성공 너머 출세가도를 달리는 일에는 지장 없다. 이와 같이 정신량이 육생량을 주도할 때가 하나 되어나가는 시기로서 정신량의 아내가 육생량의 남편의 손을 잡고 나간다면 무슨 걱정이 있을까마는, 과연 있을까. 있다면 얼마나 될까. 미혹되지 않는다는 불혹의 나이 40세에 좌절한다면 재기하는데 상당한 기간이 걸린다. 이 시기에도 나는 누구인가를 되묻지만 점차 희망이 소멸되는 시점으로 자성의 시간을 필요로 한다. 아마 30세 즈음에 나는 누구인가를 깨우쳤다면 혼신의 힘을 쏟아붓지 않았을까. 물론 40세이더라도 다하지 못한 정신량을 쏟아붓는다면 얼마든지 토대는 마련하지만, 30세 입지는 분명 양의 기운 생(生)을 파종해야 하는 때이므로 각별히 음의 기운의 보살핌이 있어야 하는 시기다. 그런데 40세에 꺾였다는 것은 30세에 파종한 생의 씨앗이 움트지 못한 결과로, 미혹되지 않는다는 불혹의 나이에 장(長)의 성장이 순탄하겠는가 말이다. 재기의 꿈을 꾼다면 가정의 화합부터 이루어야 한다. 특히 지천명의 나이 50세는 결실을 맺고 저장하는 수장(收藏)의 시기로서 40세에 재기하지 못한다면 노후에 삶의 낙이 있을 리가 만무하다. 나는 누구인가를 찾는다고 해도 회한만이 엄습할 뿐이라, 궁핍과 함께하는 세월이라 늙은 말년에 비굴하게 시리 육생량에 목숨 걸어야 한다는 것이다. 그나마 가정이 유지된다면 나름의 궁상을 면할 수 있겠지만 갈라섰다면 나처럼 살면 이렇게 된다는 본보기 삶을 면치 못한다.

60세 예순을 넘어섰다면 60갑자 한 바퀴를 돌아선 만큼 자신이 누구인가를 생각하기보다는 야속하게 흘러버린 세월을 아쉬워한다. 나름의 소임을 한 노인에게는 남은 인연이 찾아들겠지만, 잃어버리고 살아온 노인들의 일상은 눈치와 구박뿐일 텐데, 노후자금을 마련했다면 남은 생 즐기려 하겠지만 사실 이도 녹록치만은 않을 것 같다. 황혼재혼에다가 해외여행 그리고 실버타운과 귀농에 이르기까지 다양한 방면의 길이 열려 있다고는 하지만 청춘 때나, 중년 때나, 노년 때나 하나 되어 살아가는 방법을 모르는데 노후의 삶이 평안할 리 있겠느냐 말이다. 백세인생 운운하지만 이는 노후 자금이나 찾아올 인연이 있는 노인들에게나 국한된 일이고, 이도 자칫 쓸 줄 모르면 되레 노년에 화근을 초래한다.

자식들을 먹고 살기 위한 육생살이 공부만 시켰다면 당할 수밖에 없는 일이고, 하나 되기 위한 인생의 공부도 시켰다면 여생을 즐길 수 있다고 할까. 도시나 농촌이나 노인문제가 심각한데 방도를 마련하지 못하고 있다. 사실 소외계층이나 소외계층 노인이나 마지못해 살아가는 형국이라 백세인생이 그다지 즐거울 리만은 없을 것 같다. 죽을 때 죽어야 하는데도 죽지 못해 살아가야 하는 것보다 고통스러운 삶이 있을까. 내 앞의 인연이 내 모습이라 교육이 여전히 나 먹고 살기 위한 육생량에 치우쳐 자칫하다간 자신도 그리 될 수 있다는 사실을 알아야 한다. 물론 에코부머 세대가 헬 (hall)과 충(蟲)의 시대에서 살아가겠지만, 헬과 충의 시대가 바로 베이비부머의 노년시대라는 점이다. 그리고 어느 세대가 만든 것일까. 없다가 있는 세대와 있어도 없는 세대와의 차이는 무엇일까. 애국과 효도일 듯싶은데 그러고 보면 언제인지 모르게 효도를 구걸해야 하는 지경에까지 이르고 말았다. 아마 이쯤 됐으면 애국 또한 마찬가지가 아닐까 싶은데, 정말 누가 이 지경으로 만들어 놨는지 모르겠다. 공휴일과 연휴만 되면 전국의 도로가 행락객과 여행객으로 몸살을 앓고 있다. 어디로 향하는 것일까. 보아하니 힐링의 차원으로 떠나는 것 같기는 한데, 음의 기운 넘쳐나는 고향 산천 부모님 품을 찾는 것 같지는 않다. 분명한 것은 저마다 자연이 부르는 곳으로 달려가고 있다는 것이다.

그리고 역시나 득 될 성 싶은 곳을 찾아가는 것이 인지상정 아닌가. 고향 산천의 부모님은 언제부터 득이 되는 차원에서 멀어진 것일까. 물려받을 재산이 있다면 이따금씩 찾아가기야 하겠지만, 천륜마저도 짐이 될 성 싶다면 멀리하는 실정이라 육생량에 육생량만을 부가시킨 폐해가 여기저기서 드러나고 있다. 그리고 가는 곳마다 자연의 풍경만이 반겨 맞이할 뿐이지, 육생량에 혈안이 된 나머지 아쉬워서 찾아가는 이들을 진실로 품어 맞이하는 곳이 없다. 양의 기운 이곳이나 음의 기운 그곳이나 사람답게 살아가는 모습을 엿볼 수가 없으니 하는 소리가 "인연보고 찾는 것이 아니라 자연이 거기에 있어 찾아가는 것"이라고 말한다. 고향 산천은 적어도 부모님이 반겨주기라도 하건만 힐링의 차원을 달리 생각하고 있는 모양이다. 언제까지 선천질량 자연풍광에만 의존하고 살아갈 것인가. 숱한 인연을 불러들였건만 호주머니만 노렸으니 한 번 찾은 인연은 두 번 찾지 않는 곳이 되어가고 있다. 그러니 어찌 한류열풍으로 밀려오는 인연들을 품어 맞이할 수나 있겠는가. 내 집에 찾아온 인연을 돈으로만 계산한다면 후천질량 마련은 어렵다. 무엇을 느끼고 돌아갈까. 아니 무엇을 보고 무엇을 배우기 위해 구석구석 찾아다니고 있겠느냐는 것이다.

인연맞이 후천질량을 마련하지 않고 감성을 자극하고 이성에 호소해 본들 아무 소용없다. 기껏 해봐야 꽃밭과 이상야릇한 조형물과 놀이기구를 설치해 놓은 것이 전부일 터이니 말이다. 좋다 싶으면 한 번이야 더 찾겠지만, 인연을 맞이하는 자가 운용주체라는 정신량의 보약을 섭취하지 않고서는 백약이 무효일 것 같다. 고향 산천의 부모님을 찾지 않는 이유를 본보기 삼으면 대안마련은 그다지 어렵지만은 않을 것 같은데 고향 산천에 육생살이 공단이 소리

없이 잠식하여 사라진 곳도 적지 않듯 찾아오는 인연을 반겨 맞이하는 곳이라면 잠식당했을까. 정신량과 함께 한다면 모를까 육생살이 공단이 양양상충의 원흉으로 자리하는 만큼이나 도움이 되지 못한다. 이름난 바다의 주변도시는 조선소가 잠식하여 천혜의 풍광을 가로막았다. 얼마나 갈까. 많은 일손이 필요하겠지만 결국엔 정신량의 부재로 밀려나야 하는데 이들은 어디로 가야 하는 것일까. 있다가 없다면 문제는 심각해진다는 사실을 알고 있을까.

자연이 가져다주는 선천적 풍요로움과 후천적 정신량과 어우러진다면 사람 사는 세상이라 이 모습을 보기 위해 전국은 물론이요 해외에서까지 인산인해를 이룬다. 그리고 이쯤 되면 중국에서 먼저 배우고자 달려오지 않을까 싶다. 기실 배 한 척 수주하여 차 때고 포 때고 상까지 때고 나면 얼마나 남을까. 한시적으로나마 많은 일거리를 제공한다는 면은 있겠지만 이보다 인연맞이 사회를 열어간다면 그보다 더 많은 일거리가 창출된다는 사실을 왜 모를까. 삼천리금수강산 구석구석 파헤쳐 흉물스럽게 육생공단이 들어서지 않아도 충분히 글로벌코리아의 위세는 당당할 것인데 어찌된 노릇인가. 삶의 질량이 육생량에 국한되어 기업 하나만 무너져도 국가 전체가 휘청거리니 말이다. 그때마다 만백성의 피와 살로 메워야 하는 무시무시한 모순이 벌어지는데도 그 행위자체가 모순이라는 사실을 알고도 모르는 척 하는 것일까. 누굴 위한 것일까. 만백성 아니면 일개의 기업. 육생량에 취하다 보면 모순이 대안처럼 보이는 요요현상이 일어난다. 술(術)에 취한 세상이라 술(酒)에 취한 줄 어찌 알겠느냐마는 제아무리 사이버 공간이 뛰어난들 힐링을 위해서라도 모든 인간은 양의 기운 활동주체이므로 음의 기운 자연의 품속을 찾게 되어 있다. 선천의 육생량을 위한 육생을 살아갈 것인가 아니면 후천의 정신량을 마련하여 인생을 살아갈 것인가. 예순을 넘어서기 시작한 베이비부머에게 주어진 소임이었다. 각설하고 천륜지간 부모님의 품속에서 충년(沖年) 10세가 되기까지의 시간 흐름은 기어가는 것만큼 더디기만 한 시절이다. 부모님의 품에서 벗어나 사제의 연을 맺고 척도에 따라 천륜지간 이상이 되기도 하는 가르침 속에 약관의 나이 20세가 되기까지의 흐름은 걸어가는 정도라고 할까. 입지의 나이 30세가 되기까지는 결혼도 하고 사회로 진출도 해야 되는 시간의 흐름은 뛰어가는 정도가 아닐까 싶은데, 30세는 파종의 시기라 최소 스쿠터(scooter)라도 올라타야 한다. 불혹의 나이 40세는 장수(長收)의 시기라 시간의 흐름은 자동차와도 같다고 할까. 때가 때이니 만큼 자가용은 있어야 하고, 지천명의 나이 50세는 수장(收藏) 시기라 소통이 거침이 없어야 하는 만큼 시간의 흐름은 KTX급이다. 예순이 넘어서부터는 하늘을 날아가는 비행기와도 같아 무엇을 남겼느냐는 것이다. 찾는 이가 얼마나 되느냐는 것이다.

이렇듯 21세 성인이 되어 가정을 꾸리고 사회로 진출하여 예순이 넘어 일흔이 되기까지의 세월은 유수와도 같다. 왜 이리 고리타분한 소리를 하냐면, 청년 때나 중년 때나 노년 때나 그리고 죽는 그날까지 시련의 연속이었다면 삶의 변화를 일으키지 못해 받아야 했던 표적이었다는 사실을 알리기 위해서다. 나를 위한 육생량에 취해 살아가면 상충의 불똥은 쉴 사이 없이 튀기 마련이고, 너를 위한 정신량을 부가시켜 하나 되기 위해 노력한다면 이기의 사랑이 이타의 행복이 될 터이니 나름의 삶을 산 것이 아니겠는가. 그러나 시련을 안겨 주는 상극상충은 이로울 수 없는 고통인지라 먹고 살만하니까 몹쓸 병에 걸린다거나, 사고사로 죽지 못해 살아가야 한다면 이도 그에 따른 결과물이다. 먹고 살만 할 때가 육생의 기본 자리에 올라설 때 즈음이고, 사고는 제일 가슴 아파하는 이에게 주어지는 표적의 일환이라, 아픈 만큼 성숙해지기 위해서라도 후천의 행위를 달리해 나가지 않으면 고난의 행군은 끝은 없다고 할 것이다. '설마'나 '혹시'로 의심부터 한다면 원인조차 알 수 없을 터, 일은 이유가 있어 일어나는 만치 다하지 못한 행위를 뒤돌아본다면 표적의 원인도 드러나게 되어 있다. 인생이 안 풀린다는 이들이 허다하다. 왜 안 풀리는 것일까. 다들 육생을 인생으로 알고 하는 소리겠지만 자신의 삶이 행복과 화합을 위한 인생이 아니라 동물처럼 나밖에 몰랐던 육생이라는 사실을 안다면 답은 얼마든지 구할 수 있지 않을까. 그리고 한 번도 기회가 찾아오지 않아 하는 소릴까. 아니면 주어진 기회를 놓치고 하는 소리일까. 받아온 육생의 기본금은 근기에 따라 차이는 나겠지만 선천질량은 후천질량을 위해 주어지는 것이므로 대부분이 기회를 잃고 나서 하는 말이다. 물론 주어지지 않을 수도 있다. 그렇게 태어난 이들이 과연 인간구실이라도 할까. 부모에게 깨달음을 주기 위해 본보기로 태어난 이들로서 생과 사는 부모 하기에 달려있다. 간혹 이상하리만치 안 풀리는 경우도 있지만 보여 지는 행위가 안 풀릴 때는 보이지 않는 곳에서의 행위도 막혀 있다. 일심동체(一心同體)라고 할까. 하나 되어 나가지 못할 때라든가 화합을 위한 합의를 이루지 못할 때 반드시 문제가 발생한다는 것이다.

그런데도 막혔다, 실패했다, 기회를 놓쳤다는 소리를 그저 재수가 없어서 일어난 것인 마냥 거리낌 없이 해댄다. 그렇게도 자랑거리는가. 자기 얼굴에 침 뱉는 소리인줄 모르고 말이다. 은근히 자기 합리화를 시키는 행위이겠지만 막혔다는 것은 앞길이 막막하다는 뜻으로 신의나 신용을 잃어버릴 때 받는 표적이다. 육생량에 막힌 것일까. 아니면 인간관계에 막힌 것일까. 실패는 그로 인해 주어지는 고통으로 원인은 화합을 위한 합의를 이끌어 내지 못한 데 있다. 이때도 운용주체가 누구인가에 대한 문제가 제기되겠지만, 실패했다는 말은 아쉬워서 찾아오는 인연과 하나 되지 못한 결과물이라는 것이다. 그리고 분명 어느 자리에서는 자신도 아쉬운 활동주체가 되기도 할 터, 아쉬운 자의 손을 잡지 못하면 이로운 자의 손도 잡지도 못한다. 이렇게 인간관계에서 막히면 사업의 실패는 따 놓은 당상이고, 재기도 그만큼 어렵다. 태산 같은 육생량이 앞을 가로막더라도 하나 되어 나가고자 한다면 문제될 일이 없을 것이고, 그만한 정신량을 머금었다면 막혔다, 실패했다, 기회를 놓쳤다는 소리는 좀처럼 하지 않는다는 사실이다.

소통부재는 욕심과 자존심에서 기인하는 만큼 자신의 못난 면을 고해봤자 기회하고는 거리가 멀어질 따름이다. 성공하려거든 그리고 출세가도를 달리려 한다면 항상 이로운 자로서 아쉬운 자가 내미는 손을 잡고 나갈 줄 알아야 한다. 이러한 삶을 살아갈 수 있겠는가. 이로운 삶을 위해 육생의 기본금을 받아왔다. 무엇보다 쓸 줄 알아야 하는데 자기 호주머니부터 챙길 요량이라 가질수록 질타와 힐난의 대상이 된다. 일의 성사는 이기와 이기, 내 욕심과 네 욕심에서 비롯되므로 이로운 정신량이 없다면 아쉬운 소리나 해대다가 그렇게 주저않는다. 왜 아쉬운 육생량일까. 그래서 정신량이 이로움으로 자리한 모양이다. 이로움의 질량을 스스로 생산하지 못하면 이로울 것이 없으니 즐거울 것이 있겠는가. 육생량을 늘리지는 못할망정 잃지는 말아야 할 텐데, 궁지에 몰릴 때마다 내 셈법을 들이미는 나는 과연 누구인가.

☏ 군군신신부부자자(君君臣臣父父子子)

"정치란 무엇이냐"고 제나라 경공이 공자에게 물었을 때 "왕은 왕다워야 하고, 신하는 신하다워야 하며, 부모는 부모다워야 하고, 자식은 자식다워야 한다"고 답하였다. 실제 이리 살아갈 수 있다면 무엇이 부러울까마는 받아온 기본금 선천적 육생량을 어떻게 써야 하는지를 몰라 육생량 앞에 설 때마다 이성은 흔들린다. 분별이 가능하다면 좋으련만, 이기의 육생량 앞에서면 나를 위한 생각이 먼저 움직이기 때문이라고 할까. 영웅호걸의 이성을 마비시키는 것도 육생량과 절세가인이다. 물론 육생의 기본의 자리에 오르기까지 냉철한 이성에 의해 움직이겠지만 육생의 본능이라고 할까. 때론 이성에 의지하다가 심한 갈등을 겪곤 하는데, 대부분 과도한 경쟁과 욕심, 그에 따른 참견과 간섭이 원인이라 할 수 있다. 그리고 태반이 자존감보다 자존심을 들먹이는데 이때 이기의 감정에 이타의 감성을 부합시킨다면 이성을 곧추세울 터 이쯤 되면 기본항목에는 막힘이 없다. 진로는 선택사항이라고 하지만 이승을 위해 저승에서 부여받은 것이므로 본인보다 항로를 잘 아는 이가 있을까. 이성이 줏대를 잃으면 자존심이 몰고 온 부담감으로 절망에 이르기까지도 하는데, 대리만족이라고 해야 할까. 간섭보다 신선한(창의적) 바람을 불어넣어줘도 모자를 판에 육생의 술(術)에 의한 과도

한 기대치로 자식을 그르치는 경우를 왕왕 봐왔다.

선천질량은 기본금으로 받아온 것이라 노력하면 얼마든지 오를 수 있는 자리다. 문제는 오른 후에는 내가 만들어 나가야 하는 후천의 질량이라 그 무엇도 정해진 바가 없다는 것이다. 따라서 나를 위한 육생량에 맞추어진 이성의 질량을 업그레이드하지 않으면 잃게 되므로 기본의 자리에서 좌초한다는 것이다. 선천질량에는 생각의 지식과 감정이 자리한다면 후천질량에는 마음의 지혜에 따른 감성이 자리하므로 선천의 감정과 후천의 감성을 조율해 나가는 이성이 무엇을 보고 배웠느냐에 따라 가치관을 달리한다. 이른바 성공했다고 이르는 육생의 기본 자리에서 맛보는 좌절도 이성의 차원 육생량에 맞추어 있기 때문이라 승승장구는 정신량을 부가할 때 가능하다. 즉, 감정의 육생량에 감성의 정신량을 부가한다는 것은 이성의 중심을 잡아나가는 일로서 기본의 자리에서 태반이 실패하는 이유라고 할까.

갖춤의 의미는 선천의 감정에 후천의 감성을 부가하는 행위라고 할 수 있다.

대다수의 사자성어도 활동주체 육생량과 운용주체 정신량으로 나뉘어 있다는 사실을 인식한다면 나답게 사는 행위에 한 발 다가서지 않을까 싶다. 세 가지의 예를 들어보겠는데, 첫 번째 '맺은 자가 풀어야 한다'는 결자해지(結者解之)의 예를 보면 결자(結者)란 맺는다거나, 일으키거나, 저지른 자라는 뜻으로 내 욕심에서 기인한 육생의 안건이다. 득이 되는 일이든 해가 되는 일이든 해지(解之)란 정신량으로 해결해야 할 일이므로 하나 되기 위해서라도 저지른 자가 해결해야 한다는 것이다. 즉, 저지름은 이기에서 비롯됨이요 해결함은 이타의 행위라, 과연 이기와 이기가 만났을 때 합의를 누가 이끌어 내야 하는가. 바로 운용주체가 해야 한다는 것이다. 정신량의 언(言)과 육생량의 행(行)이 일치(一致)할 때 신의를 얻는 것처럼 말이다.

두 번째 '공평하여 사사로움이 없다'는 공평무사(公平無私)를 살펴보자. 공평(公平)은 치우치지 않을 때가 무사(無私), 즉 사사로움이 없을 때라는 것인데 기실 이때 필요한 것은 이로움의 정신량이다. 언제나 공평하지도 무사하지도 못한 일은 이기의 소산물 육생량 앞에서 벌어지므로 이타의 정신량을 마련하지 못한다면 공염불이다. 아쉬워서 찾아온 활동주체와 이로워서 맞이하는 운용주체와의 관계가 공평무사하길 바란다면 '나'라는 절대의 이기가 원하는 바가 무엇인지 알고 있어야 한다. 그리고 그것은 바로 너의 고픈 곳과 나의 허한 곳을 채울 질량이 아닐까.

세 번째 '총명하고 사리에 밝아 일을 잘 처리하여 일신을 보존한다'는 명철보신(明哲保身)이다. 총명하고 사리에 밝다고 말하는 명철(明哲)은 마음차원의 지혜(智慧)이기보다 생각차원의 지식으로서 보신(保身), 즉 일신을 위해 지혜(知慧)를 쓸 줄 알아야 하는데 쓸 줄 아느냐를 물어보는 소리다. 나의 명철함은 받아온 것이고, 삶의 안위는 너를 위할 때 취하게 되는 것이므로 지식과 지혜가 하나 되어 나가는 차원을 가리킨다. 그리고 총명하고 사리에 밝은데 일신 보존이 어렵다는 것은 이기의 육생량 앞에서 이성이 흔들린다는 소리다. 지혜는 이성이 바로 설 때 가능하다.

한편 자의건 타의건 만백성이 피와 살을 조정에 거두어 바치는 것은 사람답게 살아가고픈 염원이 서려 있어서다. 그 길을 밝히어

보겠다고 문무대신들이 자리하였고 육생량의 활동주체 만백성의 행복을 위한 사랑의 에너지를 불어넣어 주겠노라고 정신량의 운용주체를 자처한 이들이다. 따라서 만백성과 문무대신과의 화합은 이론상으로 가능한데 문제는 이기의 소산물 육생량 앞에서는 대립과 반목이 식을 줄 모른다는 데 있다. 왜 그런 것인가. 대안부재로 따로국밥이 되어 버린 여야 모두 포퓰리즘(populism) 정책이 고작이라서 그렇다고 할까. 감정과 감성을 조율하는 이성을 정신량으로 알고 있는 것도 그렇고 붕당의 진정성을 잃고 행정을 이성에 호소하여 양심을 거론하는 것이 전부인 것 같아 하는 소리다. 그런데 누가 누구에게 양심을 호소한다는 것일까. 소액 탈세자들에게 악착같이 차압딱지 붙여 거둬들이고서는 국고를 눈먼 돈 마냥 물 쓰듯이 하는 것을 보노라면 누가 내고 싶어 내겠는가 이 말이다. 정녕 사람 사는 세상을 위해 쓰인다면 무엇이 아깝겠느냐마는 세금을 악착같이 받아내는 근성으로 만백성의 삶의 질을 향상시키려든다면 대안은 이미 마련되지 않았을까 싶다. 뿌리민족의 혼(魂)이 한(恨)인지 모르고 아무리 육생살이 교육에 전념한 결과라 하더라도 그렇지 신의마저 헌신짝처럼 저버린다면 인터넷과 SNS가 대세인 세상인데 온전할 것이라고 생각한 모양이다. 정신량은 산술적 육생교육에 있지 않고 창의적 인생교육에 있듯, 사람답게 사는 차원도 계산된 육생량에 있지 않고 하나 되어 나가는 창의적 정신량에 있다. 또 육생량으로 해결할 수 있는 일이 무엇이 있을까. 이는 입으로 먹고 육을 건사시킨 후에 삶을 어떻게 살아갈 것인가에 대한 물음이다. 귀로 듣는 정신량이 미미하다면 나밖에 모르는 육성(肉性)의 이기가 기승을 부릴 터, 나답게 사는 차원이라고 해봐야 내 뜻대로 해볼 심산으로 참견이나 해대지 않을까. 육생량 앞에만 서면 왜 나답게 살 수 없는 것일까. 나답지도 못하는 주제에 너답게 살아가야 한다고 간섭이나 해대는 꼴을 보아하니 육생량 앞에서 얼마나 비굴했을까.

과연 2,500년 전의 정명사상(正名思想)과 덕치사상(德治思想)이 업그레이드 시대상에도 맞을까. 물론 바르다는 정(正)과 어진행위 덕(德)을 적극 표방해야 하겠지만 육생량을 추구하던 시대와 정신량을 지향해야 하는 시대상과는 현저히 다르다는 점이다. 즉, 육생량만으로도 충분히 이로움을 가져다 줄 수 있는 시대와 정신량이 부가되지 않으면 되려 양양상충을 빚는 시대와의 차이는 아쉬운 육생량과 이로운 정신량으로 역할이 분담되었다는 것에 있다. 당대는 육생량을 위한 시대라 바르다는 정과 어진행위 덕도 육생 안(案)에 가까운 정신량이었을 터, 추위와 배고픔과 정신적인 면도 육생량만으로도 해결이 가능했다.

농경사회라는 점을 감안하면 힘의 논리에 휘둘려도 육 건사를 위해서라도 별문제 삼지 않았다는 것인데, 입으로 먹는 육생량보다 귀로 먹는 정신량이 극히 미약했기 때문이었다. 이 문제는 이쯤하고, 절세가인과 육생량의 상관관계를 들여다보자. 여성은 음의 기운 운용주체로서 정신량 내조의 영역은 외부가 아닌 내부에 있다. 남성은 양의 기운 활동주체로서 육생량 활동의 영역은 내부가 아닌 외부에 있다. 세 개의 차원으로 나뉘어 운행되는 세상이라 농경사회더라도 논마지기가 있다면 본처 외에 나름의 여인을 찾았을 터 목구멍이 포도청인 민초들이야 겨우 과수(寡守)나 주모와 정분나는 정도지 않나 싶다. 가뜩이나 육생량이면 천하를 쟁취하는 시대이기도 했으니 남녀불문하고 이성을 비롯한 지성마저도 이기의 육생량을 찬양하지 않을 수 없다. 권력과 절세가인은 불가분의 관계이듯 미인과 육생량과도 불가분의 관계다. 왜 그런 것인가. 물이 흘러 흘러 만물을 소생시키듯, 출세를 갈망하는 양의 기운 활동주체는 음의 기운 운용주체를 오매불망하기 때문이라고 할까. 물론 육생 우♧ 행위를 위한 것에 있다고 하겠지만 이면은 이목구비 오행(五行)이 수려한 절세가인일수록 영웅호걸을 감싸 안을 수 있는 정신량까지도 머금고 있지 않나 싶어 찾는 사실이다. 신언서판 (身言書判)이라, 남자는 활동주체인 까닭에 풍채, 말솜씨, 문장과 서체, 판단력 등 두루두루 갖추어야 할 덕목이 꽤 되지만 여성은 운용주체로서 미모 하나였으니 그 거룩한 품에 정신량까지 머금었다면 천하를 호령하지 않을까.

절대 권력자에 가까울수록 절세가인을 취하려는 이유가 이와 같은 연유에서라고 할까. 당대에도 권력을 주무른다거나 경제를 주무르는 이들에게 절세가인은 아니더라도 버금가는 미모의 여성들이 주변에 끊이지 않는 이유도 다르지 않다. 상층일수록 아쉬워서 찾아드는 인연이 많을 터, 그에 따른 책임도 막중하므로 지혜의 정신량을 항시 요하기 때문이다. 돈 몇 푼 받을 요량으로 육생 우♧ 행위만을 해댄다면 선천적 육생행위에 국한되었는데 나아질 것이 있을까. 그리하여 군군(君君)의 도리는 분명 왕이 해야 할 일이겠지만 여의치 못하다면 문무대신들의 몫인데 이 또한 여의치 못하다면 누구의 몫이겠느냐는 것이다. 그야 물론 왕비가 우선이겠지만 미치지 못하면 후궁의 몫이지 않느냐는 것이다. 왕은 양의 기운이자 운용주체의 명으로서 타고났기에 가능하다. 왕비도 음의 기운 운용주체로 타고났기에 가능한 것이겠지만 왕을 품어 안을 정신량을 배양하지 못하였다면 왕권은 흔들리게 되어 있다. 만백성의 안위를 보살피는 것은 왕이요, 그의 안위를 보살피는 것은 왕비다. 이처럼 양의 기운 왕의 권위는 음의 기운 왕비 하기 나름이라, 문무대신의 규합여부도 이에 따른 문제로서 정신적인 스승을 두었다면 이보다 좋을 수는 없겠지만 과연 왕다운 행위가 무엇인지 알고 보필하는 신하가 몇이나 있었을까. 왕도 몰라서 못하는 것이거늘, 이를 돕자고 문무대신들이 같이하는 것이거늘, 예나 지금이나 조정이 말도 많고 탈도 많은 곳이 되어 버린 이유는 만백성의 안위를 보살피는 이들이 자신들 뿐이라는 생각으로 이합집산하고 있기 때문이다. 신하들의 의견을 수렴하고 만백성을 위한 결정권은 왕의 권한이기에 선천적으로 모든 방편을 부족하지 않게 내려주었다. 이는 사람답게 살아가는 세상을 구현하기 위한 것인데 대체로 선천질량의 무게를 이겨내지 못하여 왕다운 행위를 다하지 못하였다. 누구의 책임이겠는가.

소임을 잃어버린 왕의 책임이 제일 크다고 하겠지만, 바르다는 정과 어진행위 덕의 기운을 불어넣어주지 못한 왕비의 책임이 어찌 작다고 하겠으며, 신하된 도리를 다하지 못한 문무대신들의 책임이 어찌 작다고 할 것인가. 물론 도(道)로서 어진행위 덕을 다하고 바르다는 정을 위해 살아갈 때 왕이 왕다운 법이고 신신(臣臣) 신하도 신하된 도리를 다하게 되는 법이다. 그러나 동인서인, 보수진보, 주류비주류, 여야붕당으로 만백성을 우선하기 보다는 의석수 채우기 위해 혈안이니, 화합을 위한 합의에 다가서지 못할 때마다 왕은 물론 문무대신의 신뢰는 깨지고, 혈세는 새고, 수탈은 거듭되고 사람답지는 못할망정 인간답게라도 살아가야 하건만 동물의 행태를 답습하는 모양새다. 문무대신들은 '답게'의 맛을 봤을까. 그 맛을 안다면 만백성에게 조금이나마 나'답게' 사는 맛 좀 보여 줘야 할 것이 아닌가. 왕은 덕망을 쌓아야 하겠지만 정신량을 충전하지 못할 때마다 분별력 저하로 암투에 휘둘리는데 감정과 감성을 조율해 나갈 이성의 에너지를 준비한 대신이 있기라도 한 것일까. 신하가 신하다울 때 왕의 분별도 바로 서는 법이다. 동인서인 여야 문무대신들이 만백성을 위하고자 하는 데 있어서 화합을 위한 합의를 이루지 못하면 선택도 빗나가기 일쑤, 그에 따른 고통을 만백성이 고스란히 짊어진다. 누가 책임질 것인가. 문무대신들이 민초들이 당하는 고통의 맛을 보기라도 했단 말인가. 최소 인간답게 사는 맛이라도 보여주지는 못할망정 고통은 안겨 주지 말아야 하는 것이 아닌가. 허나 육생량에 눈이 멀었으니 어찌 알겠는가 말이다. 누가 이 꼴로 만들어 놨는가. 하긴 왕이 왕다운 모습을 보일 때 신하도 신하다운 모습을 보이겠지만, 신하가 신하다울 때 왕도 왕다운 모습을 보인다는 사실이다. 전자든 후자든 만백성을 위해 대신의 자리에 올라선 것이므로 적어도 만백성을 위할 때가 가장 신하다울 때가 아닐까. 이조차 모른다면 군림을 신하다운 행위로 알고 있는지 모르겠다. 여전히 육생량을 통해 사람답게 살고 싶어 하는 만백성의 열망을 찾으려 든다면 화합을 위한 합의에 다가서기까지의 여정은 멀고도 험난할 것 같다.

정치의 정의를 간단명료하게 요약하라니까 나라를 다스리는 일이란다. 그런데 그 나라에는 누가 살고 있는 것일까. 사람답게 살고 싶어 하는 만백성이 아닐까 싶고, 대체로 1안의 육생량 생산에 몰두하며 살아가고 있다. 이에 따라 2안의 정신량을 생산하는 곳이 있다면 좋으련만, 철학과 인문학과 도와 덕으로 살아온 민족의 혼 소생에 일말의 희망을 걸고 하는 소리로서 국가가 받쳐주지 않는 다면 생장(生長)조차 가능하지 않다. 만약 국가가 사회의 안녕을 보장한다면 사회는 가정의 행복을 위하여 힘을 쏟을 것이고, 가정은 가족의 사랑을 위해 힘을 쓸 것인데 이쯤 되면 국가가 국가다운 법이고, 사회도 사회다운 법이며, 가정은 가정다울 수 있는 법이다. 말하자면 가정의 안녕은 사회 구성원의 기반이 튼튼할 때 가능하다는 것이고, 이를 위해 국가는 사회 구성원들의 다양한 이해관계를 조성해야 하고, 정부는 그에 걸맞은 정책과 목적을 실현시켜 나가기 위한 대안 마련에 몰두해야 한다는 것이다. 이때 정책이 추구하는 바가 무엇인지 바로 알 필요가 있다. 여전히 육생의 안에 골머리를 싸매고 있다면 사회는 사회답지 못할 것이고, 가정도 가정답지 못할 것이다. 이는 신하가 신하답지 못할 때 벌어지는 일로서, 신하는 바로 만백성의 일꾼이기를 자처한 문무대신들로서 민초들이 갈망하는 바를 꿰뚫지는 못하여도 적어도 무엇을 원하는지 정도는 알고 있어야 하지 않을까. 대신이 대신다울 때 사회는 사회답고 가정은 가정다워질 터이니 말이다.

과연 가정이 가정다워질 때가 언제인가. 가장이 가장다울 때로서 양의 기운 활동주체 아버지가 행의 현장에서 소임에 다하고 있을 때다. 응당 음의 기운 운용주체 어머니의 내조가 뒤따라야 하겠지만 사회가 활동주체 아버지의 활동량을 보장해 주지 않는다면 가정에서 아내의 내조도 그다지 큰 힘을 발휘하지 못한다. 사회에서 활동주체 행위를 보장받을 때 가정에서 운용주체 행위도 보장받는다. 만약 운용주체 어머니가 활동주체 아버지의 일을 해야 할 지경에까지 몰렸다면 가정은 무너지고 있다. 기업이라면 부도 일보직전까지 내몰렸다고 하겠으니 이쯤 되면 사회나 가정이나 내일의 안녕이 있을까. 그러고 보면 역시 대신이 대신다울 때 사회는 사회다워지고 가정은 가정다워지는 법이다.

물론, 아버지가 아버지다운 행위를 할 때 가정이 가정다워질 때인데 그렇다면 부부(父父), 즉 아버지다운 행위가 무엇이고 모모(母母), 어머니다운 행위는 또 무엇인가. 운용주체 왕이 활동주체 대신들의 활동을 보장해 줄 때 군신(君臣)이 하나가 되듯, 운용주체 어머니가 활동주체 아버지의 활동을 보장해 줄 때 부모(父母)도 하나가 된다. 여기에서 '보장해 준다'는 의미는 대신들은 만백성의 질적 삶을 향상시키는 일이며, 어머니는 아버지가 거침없이 소통해 나갈 수 있는 여건을 마련해주는 일이다. 그리하여서 아버지가 아버지다울 때가 언제이냐고 물어온다면 돈 많이 벌어올 때가 아니라 아쉬워서 찾아온 인연과 하나 되어 살아가기 위해 노력할 때라고 말할 것이다. 아마 이정도의 삶을 살아간다면 돈은 덤이 아닐까 싶으며, 어머니가 어머니다울 때가 언제인가를 묻는다면 밥 잘하고 빨래 잘하고 애를 잘 키우는데 있는 것이 아니라, 아버지가 보다 많은 인연과 소통하는 데 걸림이 없도록 하는 데 있다고 말하리라.

이쯤 되면 밥과 빨래는 덤이겠지만 애 키우는 일은 어머니 혼자만의 일이 아니다. 누군가는 엄마 아빠가 잘 놀아주는 일이라고 하는데 이는 보이는 1안의 육생 안에 불과하다. 행의 현장에서 살아가는 활동주체 아버지의 자원이 육생의 힘이라면, 가정을 이끌어 나가는 운용주체 어머니의 자산은 지혜라 음양의 소임이 다르다는 점이다. 맞벌이라면 경우는 달라지겠지만 뭐니 뭐니 해도 자녀 교육은 부부화합에 있다. 군신이 화합을 위한 합의를 이루어 나갈 때 만백성이 안녕하듯이, 부부가 사랑으로 행복을 영위한다면 자식의 정신건강은 풍부해질 터, 육생량을 위한 식충이가 되기보다 정신량의 군자로의 성장은 당연하다. 이처럼 문무대신들이 만백성의 소리에 귀를 기울인다면 사회는 사회다워지고, 가정은 가정다워지는데 결론은 활동주체의 영역이 커갈수록 이끌어 나가는 운용주체도 그만큼 성장해야 한다는 것에 있다.

국가의 정사를 도모하는 왕이나, 가정의 행복을 책임지는 어머니나 다를 바 없는 운용주체라, 지위가 격하된 활동주체의 행위를 해대면 고통만 추가될 뿐 이로울 것이 없다. 만백성을 위한 활동주체 문무대신들이나, 가정의 생계를 책임진 활동주체 아버지나 운용주체와 하나 되어 나갈 때 소임을 다하게 되듯이 말이다.

그러면 과연 만백성이 만백성다울 때와 자식이 자식다울 때가 언제인가. 문무대신들이 만백성의 소리에 귀를 기울여 왕과 화합을 위한 합의를 이루어 나갈 때이듯, 어머니가 아버지에게 행복을 위한 사랑의 정신량을 불어넣을 때이다. 해서 부부(父父), 즉 아버지답게는 어머니 하기 나름이며 자자(子子), 즉 자식답게는 부모 하기 나름이라는 것이다. 그리고 부부(夫婦)다울 때가 바로 사랑의 정신량을 불어넣을 때인데, 남남이었을 때는 인류지간이고, 결혼하였을 때가 지류지간이며, 등 돌리면 남남의 인류지간으로 되돌아간다. 그러나 지류지간 부부가 낳은 자식은 떼래야 뗄 수 없는 천류지간으로서 앞선 장에서도 밝힌 바와 같이 21세 성인이 될 때까지의 모든 책임은 부모에게 있다. 그러니까 충년 10세가 되기까지는 부모의 품에서, 21세 성인이 될 때까지는 스승의 가르침 속에서, 이후 부부인연을 맺었다면 임의 품속에서 인연맞이 활동을 시작한다.

　부부는 지륜지간의 순간부터 선천질량은 후천질량을 위한 것이므로, 모든 책임량은 양의 기운 활동주체 남편을 위해 음의 기운 운용주체 부인이 짊어지고 있다고 할까. 성인 이후부터 부모와 자식은 분가하여 각각의 삶을 살아가지만 천륜지간이므로 부모 하기 나름이라 자식내외의 행위도 달리 나타난다. 믿지 않겠지만 이를 작용반작용의 법칙 인생방정식에 대입해보면 여실히 드러난다. 물론 왕과 대신의 관계도 그렇고, 대신과 만백성의 관계도 그렇고, 만백성과 사회관계도 그렇고, 사회와 부부관계도 그렇고, 너와 내가 인연 맺은 순간부터 그렇게 된다고 할까.

　또 한편으론 정치는 한 사회의 가치를 권위적으로 배분하는 것이라고 정의하고 있지만 저마다의 가치를 어떻게 발휘해야 하는 것인가. 또 어떻게 해야 인정받을 수 있는 것인가. 이에 대해서는 구체적인 방안이 제시되어 있지 않다. 그냥 선천질량에 의해 정사를 돌보면 만백성이 동물처럼 따를 줄 아는 모양인데 앞으로는 사람답게 살아갈 방법을 바르다는 정(正)과 이로움의 덕(德)된 행위로 제시하지 않고 여전히 정사 정(政)과 다스릴 치(治)로 국정을 도모해 나가는 대신들이 있다면 곳곳에서 한계를 맞이할 것이다. 과연 만백성을 힘이 가미된 아쉬운 육생량만으로 다스려 나갈 수 있을까. 이로움의 정신량으로 하나 되어 살아가야 할 개체이자 주체로서 바르다는 정(正)으로 나아갈 바를 도모한다면 정직한 치(治)로 거듭 태어나 모두 함께하지 않을까 싶다. 그야말로 이로워야 하는 것이 정치다.

　'누구한테', '바로 앞에 있는 너한테', '아니 만백성한테' 어떻게 해야 가능할까. 이 대안을 마련하라고 문무대신의 자리에 앉혔다. '덕이 되고 득이 되는' 상호상생 선순환 법의 정사가 육생량에 국한된다면 '해가 되고 독이 되는' 상황만 연출될 것이다. 만약 나 하기 나름의 작용반작용의 법칙 상대성원리를 무시하지 않는다면 '무덕하니 무익하더라'는 차원은 적어도 넘어선다. 위에서 아래로 물이 흐르듯, 상층에서 1명이 무시하면 중층에서는 100명이 곤란을 겪고 하층에서는 1,000명이 등가죽이 달라붙는다. 그리하여 바르다는 정(正)은 어질다는 덕(德)이 함께할 때 행위가 이로워지는 것이므로 만백성에게 이롭지 않은 정치는 독재라고 해야 하지 않을까. 하층에서 몇 천 명이 죽어라 소리쳐 봤자 중층에서 몇 백 명이 소리치는 것에도 못 미치며 상층에서 불과 한 명이 소리치는 것에도 미치지 못한다. 인생방정식을 만백성을 위해 살아가겠다는 문무대신들부터 인지하지 않으면 겉으로는 코피 터지는 양양상충이요, 속으로 곪아 터지는 음음상극의 원인에 접근조차 용의하지 않을 터, 하루아침에 쫄딱 망하는 일은 그 누구라도 예외일 수는 없다.

☾ 타락

세상에서 가장 의미심장한 말이 타락이 아닐까 싶다. 분명 자기 나름의 삶을 살아가는 것이라고 하겠지만, 순환의 이치에서 벗어난 삶은 자기 욕심에서 기인한 행위로서, 그다지 너에게 이롭지 않은 삶을 살아가는 이들을 가리키는 소리다. 타락은 대체로 선천적 이기의 육생량에서 비롯되는데 후천의 삶, 즉 바르다는 정(正)의 길에서 벗어나 치우친 사(邪)의 길로 들어갔다는 뜻으로 풀이할 수 있다. 그러나 문제는 바르다고 말하는 길이 어떠한 길이며, 치우쳤다는 길 또한 어떠한 길인지를 타락을 운의하는 이들조차 모르고 있다는 것이다. 일정 궤도를 벗어났거나 동선에서 이탈했다면 탈선이라 하는데, 바르고 다른 게 뚜렷치 않은 상황을 모면하고자 한 행위가 타락일까. 고통의 굴레에서 벗어나고자 선택한 삶이라면 타락이 죄일 수만은 없다는 것이다. 관념을 어디에 두느냐에 따른 문제이겠지만 모두 함께하는 자리에서 이탈하여 피해를 입혔다면 죄라 할 수도 있겠지만, 왜 이탈해야만 했는지 그 이유를 인생방정식에 대입하면 알 수 있을 터 단정 지어 말하면 곤란하다.

고리타분한 신앙논리에 죄를 표명하자면, 대자연의 이치를 거스른 원죄만이 성립된다는 것이다. 자신의 의지와는 관계없이 태어나면서부터 죄의 상태에 놓였다고 말하는 본죄(本罪)는 원죄(原罪)의 투영이라고 할까. 화합을 위한 합의를 도출해 내야 하는 이유와 사랑을 통해 행복을 영위해야만 하는 이유가 있다. 그러하다면 저승에서 받아온 육생의 기본금 사주는 이승에서의 죄(업) 소멸을 위한 방편임을 알 수 있지 않을까. 선천질량 나 하기 나름에 따른 후천질량과도 같아 소통이 원활하지 못할 때마다 쌍방이 주고받게 되는 표적의 진정성을 바로 알아야 한다. 득 될까 싶어 내 욕심과 네 욕심이 만나는 것은 업 소멸을 위한 것이고, 사랑의 감정이 솟는 것도 업 소멸을 위한 것이라, 이때 이로움의 에너지를 누가 먼저 발산하느냐에 따라 행복의 질량을 달리 해나간다. 물론 후(後)에 보답하는 행위도 업 소멸이지만 선(先) 행위보다는 농도가 다르다. 때문에 해를 끼치거나 상극상충을 일으킬 때 타락했다는 소리를 듣지만 표적의 일환이라 극단적으로 죄로 단정 짓기에는 다소 무리가 있지 않겠느냐는 필자의 소견이다. 이를테면 누가 운용주체였느냐에서부터 행위 여부가 달리 나타나므로 어떠한 방식으로 함께하려 했으며, 네 방식을 무시하고 무조건 내 방식을 따르라고 한 것은 아닌지, 혹은 마지못해서거나 어쩔 수 없어서거나, 아니면 너를 위한 듯싶으나 내 득보자고 한 것은 아니었는지 등의 다방면으로 생각해 볼 문제가 있기 때문이다.

정녕 도움이 됐는데 해코지를 했다면 인간논리의 죄가 성립된다. 그렇지 않다면 생색내기에 불과한 것밖에는 안 된다. 이때 감사함을 표명하지 않는다하여 타락한 자라고 해야 할까. 이롭지 않아 답례를 하지 않은 것뿐이라 가치관의 차이가 아닐까 싶은데 사기를 치고, 도둑질을 하고, 살인을 서슴지 않는다고 해도 부메랑법칙 상대성이라는 사실을 염두에 둔다면 일방적인 행위였을까. 하나 되어 나가지 못했을 때라든지, 너를 위해 살아갈 때인데도 나를 위해 살아갈 때라든지, 하여튼 나밖에 모른 삶을 살아갈 때 타락을 하든 배신을 당하든 등의 일이 일어난다는 것이다.

사자 역할 또한 적대보완적인 관계로서 전후사정을 무시한 채 손가락질만 해댄다면 자신도 그렇게 될 수 있다는 사실을 알아야 한다. 그는 왜 사자가 되었으며, 아무 연관도 없는 이들에게 못된 짓을 해대는 것일까. 못된 짓만 골라 해대는 듯싶은 이들이 사라진다면 삶이 한층 수월해질 것 같지만 사자 역은 나밖에 모르는 내가 만들어 내는 것이라, 당해야만 하는 이유를 밝히지 못한다면 유사한 역할자는 다시 자리하기 마련이다. 표적이 표적을 낳고 사자가 사자를 부르는 이유는 어디에 있을까.

이기의 육생량을 위해 살아가는 만큼 이기와 이기의 만남 속에

득이 되지 못한 만큼 트러블이 생길 터, 다하지 못한 만큼의 표적을 부메랑으로 받게 되는 데 있다. 성경에서는 비극과 불행은 인간 타락에서부터 시작된다고 하지만 타락했다고 해서 표적을 받는 것이 아니다. 상호상생을 일으키지 못할 때마다 주고받게 되는 것이므로, 불경에서는 도심(道心)을 잃고 속심(俗心)으로 떨어지는 것이라고 말한다. 분명 도심은 너를 위한 길이요 속심은 나를 위한 길인데 반쪽 반생 혹은 상극상충을 일으키는 이들을 가리키고 있다.

불통(不通) 너머 무통(無痛)이라면 관계는 끝난 상태이고, 화합을 위한 합의점을 찾지 못해 부딪치는 일은 소통을 위한 표적이라 나하기 나름이다. 그래서 인간은 동물도 아니고 그렇다고 승화된 사람(성현)도 아닌 어중간한 삶을 사는 것이라 혹자는 이 세상은 타락한 인간이 살고 악이 득세하는 곳이라고 표현하였다. 순리에 역행한 만큼 부딪치며 살아가야 하는 것이라고 하겠지만 내 안에는 나를 위한 생각과 너를 위한 마음이 공존한다는 사실을 어떻게 받아들일까. 앞서 설명한 바처럼 하나 되기 위한 것에 있다. 그런데 생각 너머 마음을 쓸 수 있을까.

갈등은 나밖에 모르는 생각이 일으킨다. 화해와 타협은 하나 되기 위한 과정으로 너를 위한 마음차원으로 넘어간다면 사랑 너머 행복으로 한 뜸 다가선다. 행복은 이기와 이기가 사랑으로 하나 되어 살아갈 때 만끽하는 것이라고 할까. 별의별 일을 겪는 것도 너보다 나를 우선할 때마다 치러야 하는 일로서, 화합은 고민에서 비롯되지만 이타의 질량을 배제한다면 하고 나서 후회하게 된다. 생각의 지식과 마음의 지혜가 공존한다는 사실을 받아들이면 선악의 농도가 새롭게 다가오지 않을까 싶다. 한편, 삼대세습이 뜨거운 감자의 시대라서 그런지 때는 때대로 가는 세상이 도래했다고들 한다. 개척1세대와 창출2세대와 에코3세대의 삶을 이해한다면 "삼대거지 없고, 삼대 부자 없다"는 속담과 "가난뱅이 조상 안 둔 부자없고, 부자 조상 안 둔 가난뱅이 없다"는 속담의 깊이를 알 수 있지않을까. 치우쳐 살아가는 것은 타락해서 벌어지는 일이기보다 순리에서 벗어났기에 일어나는 일이라는 것이다.

즉 1대가 나를 위한 육생량을 개척했다면 2대는 너를 위한 정신량을 부가시켜 3대에게 물려줘야 하는 법이나 1대가 개척한 이기의 육생량에 2대 마저도 이기의 육생량을 첨가했다면 3대에 이르러 정신량 부재가 일으키는 충돌로 곤란을 겪게 된다는 것이다. 이처럼 순리에서 벗어나면 음의 기운을 공급을 받지 못하여 양양이상충을 치게 되는데 사실 타락을 했다고 해서 꼭 망하는 것만도 아니다. 3대는 2대에게 물려받지 못하면 자연 타락하는 것이라, 패륜과 부패와 타락은 별개의 차원인 듯싶지만 3대에게 만큼은 그렇지않다. 선천적 육생량을 개척해야 하는 1대, 후천적 정신량을 창출해야 하는 2대, 육생량에 부과된 정신량으로 살아가야 하는 3대다. '해야 하는 세대'와 '이루어야 하는 세대'와 '물려받아야 하는 세대'와의 차이는 무엇일까. 자기 뜻에 어긋나면 타락을 운운하지만 똥묻은 개가 겨 묻은 개를 나무라는 형국이라 그 어디에 타락하지 않은 이가 있을까. 소통의 시대가 무통하나 싶더니 어느덧 불통의 시대가 되어가고 있다. 너보다 네 것이 옳다고 주장하는 만큼 불통할것이라 불통이야 말로 타락이 아닐까 싶다.

소통은 맑다고 할 것이요, 무통은 흐려졌다 할 것이고, 불통은탁해졌다 할 것인데 과연 티 없이 맑고 깨끗한 이가 있을까. 그 누구와도 거침없이 소통하며 살아가는 이를 가리키는 말인데 신앙마저 배척하는 듯싶다. 즉, ✠십자가를 앞세우면 卍만자를 배척할 것이요, 卍만자를 앞세우면 ✠십자가를 배척할 것이라 종교의 차원을 넘지 못하고 신앙에 머무른 이유라고 할까. 불통으로 탁해졌다는 것은 소통으로 맑히기 위함이라, 하나 되는 일은 기운을 맑히는 일이라고 하겠으니 진정으로 하나 되어 나가고자 한다면 소통에 방해되는 형상부터 내려놓는 일에 있다. ✠십자가도 사방팔방 동서남북 하나 되어 나가자는 뜻이요, 卍만자도 사통팔달 하나 되어 나가자는 뜻인데 예언자의 가르침이 다르다는 이유만으로, 저마다 자기셈법이라 피 흘리는 전쟁의 끝은 보이지 않을 수밖에 없다. 자기만의 해석으로 사랑을 한다고는 하나 사랑하는 방법이 달라 물리적 충돌을 일으키는 것이므로, 인간의 역사와 같이한 전쟁의 역사는 곧 자기 맞춤형 신앙의 역사이다.

하나같이 기독교는 ✠십자가와 가시관을 쓴 예수의 형상에, 불교는 卍만자와 불상의 형상에 빠져 1안의 육생 그 너머를 보지 못하고 있다. 2안을 보는 형상을 필자의 견해로 피력하자면, 가시관을 쓰고 ✠십자가를 짊어진 예수의 상에서 잘 나타나다시피, ✠십자가는 사통팔달 하나 되어 나가야 한다는 뜻이자 사랑을 가르치고자 함이요, 또 이를 짊어졌다는 것은 인류가 하나 되는 길은 사랑밖에 없다는 뜻으로 다하지 못하고 떠남을 괴로워하고 있다.

머리에 쓴 가시관은 하나 되려거든 생각의 차원을 바꾸어 나갈 때서나 가능하다는 메시지를 싣고 있지 않나 싶다. 그리하여 예수의 사랑을 전하려 하거든 그 무엇에도 구애받지 않은 품성을 키워나가야 한다는 것이다. 구애받지 않는 품성이란 어떠한 형상도 품어 안을 줄 알아야 한다는 것으로, 진정성은 너의 행위를 티 없이 받아들일 때 자연스럽게 묻어난다.

卍만자와 석가의 형상도 별반 다르지 않다. 불교를 형상하는 卍만자를 가리켜 길상만덕(吉祥萬德)이라 하여 행복이 충만한 곳을 뜻하며 태양이나 물의 흐름 또는 신령한 빛을 상징한다. 무엇보다 좌선(坐禪)은 내 욕심에서 기인한 발상으로 두 다리를 포개고 사량분별(思量分別)을 끊고 무념무상(無念無想)으로 들어가기 위해 무진장 애쓰는 행위로서 진리의 도달을 위해 화두(話頭)를 들기도 한다. 선정삼매에 들어서도 나밖에 모른다면 주화입마(走火入魔)에 걸렸다고 할 것이요, 너와 함께 우리가 되어야 한다는 사실을 깨달았다면 주화입마에서 벗어난 것이다. 물론 들고 나는 숨을 세는 수식관(數息觀) 호흡법을 하는 이들이 걸리는 상기병(上氣病)이지만 이쯤 되면 좌선을 멈추어야 한다.

화두를 들건 안 들건 내 욕심에서 기인한 행위였던 만큼 나밖에 모를 때 주어지는 표적을 받았다면 방편의 수행은 끝났다. 그리고 사통팔달이 卍만자에서도 잘 나타나 있듯이 석가의 좌선도 하나 되어 나가는 법을 구하기 위한 과정이었듯, 기도와 좌선과 명상이 비록 내 욕심에서 비롯되었지만 너를 위한 염원이 서려있어야 한다. 그 행위로 되레 멀어진다면 가치가 있을까. 나를 위한 어린 육생시절을 바탕으로 너를 위한 성인 인생시절을 살아가야 하는 이치와 다를 바 없다. 때문에 수행은 너를 위한 것에 있었다는 궁극에 도달하지 못하면 마장(魔障)이 일게 된다. 왜 그런 것일까. 도와준다고 해서 찾아갔는데 자기 방법만을 제시한다면 도운 것이라고 할 수 있을까. 너의 고통을 함께 풀어 나갈 때 사랑이 자리하는 것이므로 어려움을 풀지 못하였다면 도움을 받은 것이 아니다. 거룩한 행위가 형상에 매달리는 것이라면 인간의 삶이 추악하지 않아야 하는데 오늘날 요 모양이라면 다시 생각해 봐야 한다. 설마 믿음이 부족했다는 유치한 변명을 늘어놓는 일은 절대 삼가 해야 한다. 게다가 공동체에서 이탈했다고 타락을 거론하면 곤란하다. 나하기 나름에 따른 작용반작용 법칙 상대성원리로 생성되는 것이 인과율이지 않은가. 자신의 의지대로 살아가 보겠다는 행위가 타락이라고 한다면 창의력을 어떻게 표명해야 하는 것일까.

삶을 거의 포기한다는 의미가 내포되어 있는 패륜은 가장 저질스러운 삶을 떠올리게 만든다. 그런데 처음부터 자신의 삶을 포기하고 인류질서를 어그러트리고자 하는 자였을까. 부패 또한 마찬가지다. 나름 자신의 삶을 살아가다 빠져버린 굴레로서, 불통이 만들어 낸 사자의 역할은 내가 될 수도 있고 네가 될 수도 있다. 물론 받아온 육생 기본금의 영향도 있고, 고조모나 조모가 다하지 못한 후한이 표적으로 주어지는 경향도 없지는 않지만 타락에서 비롯된 부패와 패륜으로 낙인찍힌 이들은 육생논리가 만연하다면 꾸준히 양산된다. 즉, 사자 역은 본보기로서 업(죄) 소멸(사랑)을 하다가 벌어지는 일이라 죗값은 쌍방이 져야 하는 것에 있지 않나 싶다.

민심은 천심이라, 다수의 의견을 따라야 하겠지만 아쉬워서 찾아가는 활동주체와 이로워서 맞이하는 운용주체와의 소통 원리를 이해한다면 민심의 흐름도 달리 나타난다. 물론 선택은 운용주체의 몫인 만큼 하나 되어 나가지 못할 때마다 크고 작은 분란으로 애를 먹다가 화합을 위한 합의를 이끌어 내지 못하면 쌍방이 사자로 돌변하는 데까지 이른다. 하나 되지 못해 받는 표적은 쌍방 모두 받는다는 것인데 선택하지 않았더라도 도의적인 책임이 따른다. 그리고 운용주체의 타락이 활동주체의 책임일까. 물론 하나 되지 못한 활동주체의 타락으로 운용주체의 부패가 시작될 수도 있겠으나 음의 기운 정신량을 충전시킬 운용주체가 있지 않은가. 숯이 검정나무 나무란다고 하더니만, 자기 흠이 더 큰 이가 도리어 흠이 적은 이를 나무라는 일이 허다하게 벌어지고 있다. 동물처럼 먹고살기 위한 육생교육에 전념한 결과라고 할까. 혹자가 말한다. 꼭 필요할 때 육생량의 부족으로 실패했다고, 이쯤에서 생각해보자. 과연 육생량이 없었던 것인가. 아니면 주변의 인연이 떠나가 버려 어려워진 것인가를 말이다. 하나 되어 보자고 선택한 이와도 하나 되어 나가지 못하면 소통할 수 있는 인연이 주변에 얼마나 있을까. 육생량이 고갈이더라도 인연이 남아있다면 어떤 경영인의 말대로 시련은 있어도 실패는 없다. 함께하고자 하는 인연이 남아있는 한은 말이다. 없다면 재기를 하더라도 실패의 이유와 원인을 밝혀내지 못하였으니 아픔은 또다시 소리 없이 찾아든다.

최소 십 수 년 동안 교육을 받았는데 정신교육이 배제된 육생교육이라 어려움을 직면할 때마다 인간관계에서 고통을 면치 못하고 있다. 나를 위한 교육에 너를 위한 교육을 병행하면 하나 되어 나가는 정신량이 자리할 터, 뜻밖의 재난을 당할 때 '마른하늘에 날벼락' 맞았다고 한다. 분명 마른하늘의 날벼락은 청천벽력일 텐데, 과연 뜻밖의 일을 당한 것일까를 되돌아보자. 인간사 나하기 나름이라 무엇 하나 정해진 것이 없다는 것은, 받아온 육생의 기본 자리도 노력 여하에 달린 문제라는 것이다. 게다가 기본 자리에 오른 후에 정신량을 부가하지 않으면 더더욱 어찌 될지 모른다. 즉, 기본금은 나를 위한 것이므로 혼자의 힘만으로도 가능하다는 것이고, 오른 후에는 너를 위한 자리이므로 혼자의 힘만으로는 어려움도 없다는 것이다. 아쉬운 활동주체 위치에서 이로운 운용주체의 위치로 올라선 것이므로 그에 상응한 인연이 따를 터인데, 그에 걸맞은 정신량을 배양했다면 하나 되어 나갈 수 있다는 것이다.

오늘날 우리 민족이 아쉬워서 찾아가는 활동주체에서 이로워서 맞이하는 운용주체의 입장이 되었는데도 불구하고 아쉬운 활동주체인 마냥 오히려 육생살이 육생량에 혈안이 되었다. 쏠림은 당연지사, 이보다도 더 큰 문제는 이로움의 운용주체라는 사실을 깨달을 때까지 고통의 표적이 점진적으로 커져간다는 사실이다. 그러니까 맑은 하늘에 날벼락도 이유가 있어 내리친다는 것이다. 개개인의 타락이야 자신의 의지가 반영된 행위일수도 있고, 욕심에 사로잡힌 행위일수도 있지만 실수는 잘해 보려다가 저지르는 행위라는 점이다. 대체로 너보다는 나를 위하다가 벌어지는 일로서, 자신의 실수를 인정하고 용서를 구해도 진정성을 운운하며 보복적 행위를 서슴지 않는다면, 사과와 용서의 차원을 달리해 나가야 한다. 육생량에 빠져 살아온 터라, 상호간에 주고받는 표적의 강도는 갈수록 극악무도하다 못해 잔인해지고 있다. 사자 역할을 해대는 이들이야 그렇다고 치자. 물론, 보복적 행위를 가하더라도 나무랄 자격도 없지만, 보복을 서슴없이 하는 만큼 하나 되어 살아가고자 하는 이들까지도 발전이 멈춘다는 사실도 알아야 한다.

아주 사소한 티끌(부딪침)에까지 묻어 있는 발전의 씨앗은 덕의 영양소를 공급받을 때 싹트게 되어 있다. 작은 티끌로 소통이 막히고, 부딪쳐 폭발했다는 것은 불통요인을 터트려 소통을 갈망하는 바라, 폭발은 하루아침에 태산이 가로막아 일으키는 것이 아니라 불통의 티끌이 쌓이고 쌓여 폭발한 것이다. 화의 폭발도 다를 바 없다. 너의 행위를 받아들이지 못한 내 셈법이 폭발한 것이므로 실패의 원인도 너를 받아들이지 못한 나만의 생각에서 기인한 것에 있다. 누군가는 미쳐버릴 지경이라고 하는데 '미쳐버린다'는 것은 바르다는 정(正)의 기운에 '못 미친다'는 것으로서 참나(에고)의 생각차원이 자기 쪽으로 치우쳤을 때 하는 소리다. 그리하여 미쳤다는 것은 생각차원에 마장(빙의)이 씌운 것이므로 잠시라도 안정을 요한다. 분명한 것은 '미쳤다'는 차원과 '정신이 나갔다'는 차원과는 확연히 다르다는 점을 앞서 밝힌 바 있다. 재차 설명하건데 정신이 나간 차원은 정의 기운 참나가 빠져나간 유체이탈의 상태로서 동물처럼 분별차원이 매우 단순하여 행동을 본능에 의지한다. 즉, 육신에서 참나(정의 기운, 지식)가 빠져나가면 에너지 차원의 마음(지혜)은 쓸 수 있는 그 무엇이 아니다. 육생량을 통해 정신량을 이루듯이 참나의 생각차원이 육신에 안착을 해야 마음차원도 안착하는 법이라 절대분별의 삶은 생각과 마음을 통하여 살아가게 되는 것이므로 미쳤다면 그나마 희망은 있어도 정신이 나갔다면 문제는 심각하다. 구별법은 미친 이들은 나름의 생각과 지능을 쓸 수 있어도, 정신이 나간 이들은 가르치면 흉내 내기에 급급하다.

한편 갓난아기에 참나(에고)가 안착되지 않으면 마음에너지도 생성되지 않아 대체로 50세를 넘기기 힘들다. 부모의 깨우침을 주기 위한 표적이라고 할까. 참나는 바르다는 정의 정신(正神)으로 구성되었기에 '돌아버렸다'는 것은 그럴만한 이유로 잠시 벗어났음을 뜻함이고, '돌아가 버렸다'는 것은 이승에서 저승으로 돌아가 버렸다는 것(죽음)을 가리키는 말이다. 이때 에너지 차원의 마음은 본래 대우주의 에너지로 분해되어 돌아가고, 영혼은 집착이 강할수록 매우 단순한 상태로 죽음을 맞이할 그 순간 그때의 상태로 머문다. 이승에서의 집착이 강하면 강할수록 구천을 떠돌 것이요, 집착이 약하면 약할수록 저승으로 돌아갈 것이다.

욕심이 고착된 집착 귀(鬼)는 생전의 원한을 풀어보려 구천을 떠돌다가 이승의 자손에게 빙의하는데 망자가 어떠한 죽음을 맞이했느냐에 따라 영혼이 실린 자손은 그 고통을 고스란히 받다가 미쳐버리기도 한다. 구천을 떠도는 영가를 천도하기 위하여 제를 지내는 이유도 다른 데 있지 않다. 병명도 없이 몸이 아프거나, 미쳐서 날뛴다거나, 집안에 우환이 겹친다거나, 사업이 지지부진할 때 하는데 거의가 영혼의 본(本) 줄을 찾는 천도이기보다는 악귀라고 하나같이 떼어낼 심산으로 하기에 '천도가 천도를 부르는' 천도제를 지낼 뿐이다. 업그레이드 시대를 맞이하기 전까지만 하더라도 기복도 나름 방편이 되어주었던 때라 굿당과 기도원이 제법 성행하였다. 작금에 이르러서는 신앙의 간판을 걸어 놓은 곳일수록 되레 아우성이다. 왜 그런 것일까. 나뭇잎에도 신이 내린다는 인연맞이 시대에 참으로 아이러니하다. 정신량을 구하러 가긴 가야 하겠고, 그곳이 어딘지는 모르겠고, 갈 곳이 마땅하지 않기에 마지못해 가던 곳을 간다고 말한다. 잘되면 내 탓이요 잘못 되면 조상 탓이나 해대는 이들이 어려울 때마다 기복에 매달리는 꼬락서니를 보아하니 욕심 때문에 기복의 허망함을 어이 알겠는가.

나 하기 나름의 시대라고 일컫는 업그레이드 시대는 '하늘은 스스로 돕는 자를 돕는 시대'다. '덕이 되고 득이 되는' 상호상생법과 '해 하니 독이 되고' 상극상충법을 부메랑 원리로 주고받고 있다는 사실을 받아들인다면 자기성찰은 내 앞에 너를 통해 이룰 수 있다는 사실도 받아들이지 않을까. 사업부진 혹은 집안의 우환이 겹친다거나 병마와 씨름하는 가족이 있다는 것도 내 앞의 인연과 하나되어 나가지 못해 받은 표적이라 하겠으니 세상천지 그 누구도 부메랑 법칙은 예외가 없다. 빌어서 될 일이었다면 깨우침의 표적이 주어질까. 간혹 목적이 없이 떠도는 영가(靈駕)에게 빙의되기도 하지만 이 또한 습관처럼 입으로 내뱉었던 탁한 기운이 찾아든 것이다. 유형무형의 기운이 나를 부리는 것이 아니라 내 욕심이 나를 부리고 있기 때문이다. 왜 그런 것인가. 어린 시절에 타락의 개념이 있을까. 있다면 교육을 잘못시킨 부모에게 돌아가는 표적이다. 아마 성인 시절 즈음에 생겨난 개념이 아닐까 싶은데 너를 위해 살아갈 때인데도 나를 위해 살아간다면 내 욕심이 나를 부려 나를 타락시킨 것이라 그 대가로 병고, 시련, 고통, 좌절, 실패 등의 별의별 고통을 겪으며 살아가고 있다는 사실이다.

☾ 육생성공 인생출세

나 혼자 힘으로 이루어야 하는 것이 육생의 기본량이라면, 너와 함께 만들어 나가야 하는 것이 정신량이다. 즉, 받아온 선천질량이건 함께 만들어 나가는 후천질량이건 하나 되기 위한 인생량의 근간이므로 누구에게 얼마큼이라고 정해진 것은 없다. 그러니까 타고난 소질을 이루느냐 못 이루느냐 자기 노력 여하에 달린 문제라는 것인데 물론 누군가의 가르침을 통하여 찾아들어가는 것이겠지만 저승 4차원에서 직접 받아온 기본금이므로 자신의 나아갈 바는 누구보다도 자신이 잘 안다는 것이다. 더구나 나를 위해 가야만 하는 이승 3차원의 길이므로 반드시 이루어야 한다는 것이다. 그에 따른 숱한 경쟁자가 있겠지만 상호발전을 위해 나 하기 나름의 인생방정식이 적용되지 않나 싶다. 그리하여 선천질량은 나를 위한 육생의 시간으로 주어졌고 내가 만들어 나가야 하는 후천질량은 너를 위한 인생의 시간으로 주어졌다. 아울러 성공은 받아온 기본의 자리에 올라섰을 때를 가리켜 하는 소린데 이때가 비로소 인연을 맞이할 자격을 부여된 시점이다. 저마다의 소임이 대소경중(大小輕重)으로 나뉜 것은 근기에 따른 사항이니 이쯤하자. 이로운 운용주체로 승격했다면 아쉬워 찾아오는 활동주체와 하나 되어 살아가는 일만 남았다. 이를 위해 필요한 질량이 정신량이라는 사실을 새삼 설명할 필요가 있을까마는 그래도 해야 될 것 같다.

육생량을 위한 선천의 기본 자리까지는 혼자서 가야 하는 육생의 길이라면 정신량을 위한 후천의 길은 하나 되어 살아가야 하는 인생길이다. 내가 만들어 가야하는 운용주체의 길로서 아쉬워 찾아온 이들과 함께할 때가 출세의 가도를 달리는 때라 육생 너머 인생, 성공 너머 출세라 이기의 소산 육생량으로 만났다면 이타의 발로 정신량으로 하나 되어 살아가야 한다는 것이다.

한편 선천질량은 부분을 관장하는 이기의 육생량으로서 개개인이 개척해야 할 활동주체 전문분야라고 한다면, 후천질량은 전체를 주관하는 운용주체 정신량이므로 모두 함께해 나가야 할 인생분야다. 또한 아쉬운 육생량 양의 기운 활동주체와 이로운 정신량 음의 기운 운용주체는 인생량의 초석으로 화합을 위한 선천의 조건과 후천의 조건이 일으킨 합의의 질량이라는 것이다. 이를테면 조건과 조건은 이기의 질량이라면 육생량과 정신량의 부합은 이타의 질량으로서 이기의 사랑을 통하여 이타의 행복을 영위하기 위한 방편으로 주어졌다는 것이다. 그런데 선천의 육생량은 왜 이기의 질량이며, 후천의 정신량은 왜 이타의 질량인가. 육생량은 받아온 이기의 소산물로서 욕심과 욕심의 만남의 원인을 제공한다면 정신량은 만들어 나가는 화합을 위한 합의의 방편이라 이루었다면 인생량은 하나 되어 살아갈 때 맛보는 행복의 차원이라는 것이다. 이를 위해 성인이 되기까지 육신과 노의 용량이 커짐에 따라 생각을 성숙시킬 지식의 용량이 늘어나고 축적시킬 육생량은 내 욕심에서 비롯되기에 이기의 소산물로 자리한다는 것이다. 지금의 순간도 육생의 편의 제공을 위한 육생량이 끊임없이 개발되고 있는 듯싶지만 사실 컴퓨터가 보편화 되는 시점에 1안의 육생의 인프라는 구축된 상태라 발명보다 소통향상과 편리제공을 위해 업그레이드화하는 시대에 진입했다고 할까. 문제는 선천의 육생량은 힘이 가미된 양의 기운이라 음의 기운 후천의 정신량을 부가치 않으면 한도를 초과할 때마다 양양이 충돌을 일으킨다는 것이다.

그리하여 나를 위한 어린 시절이과 육생량 개척 시대는 너를 위한 성인 시절과 업그레이드 시대의 발판이었듯이 성인 시절과 업그레이드 시대는 하나 되어 살아가는 인생 시대의 초석으로서 외면에서 내면의 질량을 키워나가야 할 때라는 것이다. 2안의 정신의 인프라는 1안의 육생의 인프라가 구축될 무렵에서나 가능한 사항이라 외면에서 내면은 나보다 너를 위한 삶을 가리키고 있다. 무엇보다 삶의 질은 정신량에 맞춰 육생량이 발전하는 것이 아니라 육생량에 정신량이 맞춰나가는 것이므로 육생량이 너무 앞서간다거나 정신량이 뒤쳐진다면 많은 문제점이 발생한다. 한편 인간의 외적 발전에 내적 발전이 동행해야 할 때가 30세 입지의 나이로서, 인생살이 생장수장 원리를 이해하면 육생성공 너머 인생출세 가도를 달리는 데 한층 수월하지 않을까. 너와 내가 만나 충돌하는 이유가 어디에 있을까. 누구나가 이기의 육생량 앞에 서면 이기심을 드러내기 때문이 아닌가 싶은데 언제나 욕심과 욕심이 충돌할 때를 보면 이성이 이기의 자존심에게 심하게 짓밟히고 있다.

왜 그런 것일까. 육생량이 이기의 소산물이지 않은가. 내 욕심만 부린다면 어찌 되겠는가. 부딪침은 큰 티끌에서 일지 않는다. 사소한 티끌에서 화의 때인 자존심을 부리기 시작하는데 언성이 높아지기 시작하면 세 살배기보다 못해 걷잡을 수 없다. 이성이 화에 지배당하는 순간 통제 불가능한 상태가 된다. 한편 육생물질문명은 내 욕심에서 기인하여 이룩된 것이므로 힘의 논리와 함께해 온 인간의 역사는 모순의 역사일 수밖에 없다. 총칼에 들이밀려 사랑을 강요해 온 역사에 정신량이 자리해 본들 육성(肉性) 가득한 논리일 따름이라 누구에게는 맞고 누구에게는 맞지 않는 민주와 공산 둘로 갈리어야 하지 않았겠나. 이도 물론 일원화체제의 토대이겠지만, 육성(肉性)에서 논리가 태동한다면 인성(人性)에서 진리가 발현하겠지만 육성을 통해 인성이 자리하는 것을 볼 때 논리를 통해 진리에 접근할 수 있으나 진화·발전 중이라 헤아릴 수 없을 만큼의 모순에 봉착해 왔다. 어느 사이엔가 진리의 꽃은 모순의 꽃에 잠식당하여 치우쳤다는 사(邪)의 차원을 바르다는 정(正)의 차원으로 받아들이지 않았나 싶다. 정의를 역설해 본들 육생량에 앞에 불의의 기세는 꺼질 줄 모르는데 진리를 표방한 논리가 난무한 세상에 희망이라곤 육생량에 목숨 거는 것밖에 없는 것 같다.

수저 색깔을 논하는 어두운 시대에 아무것도 두려워하지 말고 도전하라고 부추긴다. 응당 기본의 자리는 올라서야 하는 것이겠지만 어떻게 해야 올라설 수 있는 것인가. 무한경쟁시대에 오르지 못한 이들이 부지기수라 고언은 고사하고 일언만이라도 애타한다. 교육이 책임지지 못하면 사회가, 사회가 책임지지 못하면 국가가, 국가가 책임지지 못하면 신앙에서 책임져야 하는데 기복이나 부추기는 바람에 총체적 난국에 빠지고 말았다.

무슨 소리냐면 육생신앙을 인생종교로 육생성공을 인생출세로 오인한다는 것이 문제라는 것이다. 어떤 연유로 정신량이 배재된 신앙을 종교로, 성공을 출세로 받아들이게 된 것일까. 손쉽게 빌어서 구할 심산 때문이 아니었는가 싶은데 해 지는 곳은 지는 것에 따른 법도가 있고, 해가 중천에 뜬 곳은 뜬 것에 대한 법도가 있기 마련이고, 해 돋는 곳은 돋는 것을 위한 법도가 있기 마련이다. 더운 곳일수록 추위가 힘들듯, 추운 곳일수록 더위가 힘들기는 마찬가지다. 그 중간에서 살아가는 삶은 수월할 터, 하지만 모든 곳의 소임은 동서남북 사통팔달 하나 되어 나가는 일이다. 그중에 가장 힘을 써야 하는 이들이 춘하추동 사계의 변화가 뚜렷이 나타나는 곳에서 살아가는 이들이라 신토불이라 강조하였다. 그런데 성공 너머에 출세가 자리한다는 사실을 알고 있는 이들이 있을까. 육생에, 생각에, 지식에, 신앙에, 성공에 머물다 보니 세간의 작태는 여전히 나 잘 먹고 잘살기 위한 아우성뿐이다. 인생에, 마음에, 지혜에, 종교에, 출세가 지향하는 바를 안다면 사랑은 행복을 위한 것이라는 사실을 알 텐데, 오직 육생성공을 위해 육생신앙에 목을 매는 것을 보아하니 인생출세를 위한 인생종교가 뜻하는 바가 무엇인지 모르고 있다.

나를 위해 걸어온 길이 입신(立身)을 위한 것이었다면, 너를 위해 걸어야 하는 길은 양명(揚名)에 있다는 사실을 알아야 한다. 육생교육은 인생교육의 토대라는 사실을 모르면 이로운 정신량도 아쉬운 육생량에서 구하려 들 터이고, 인성은 갈수록 육성화가 되어 갈 텐데, 이러다가 상극상충 현상을 으레 벌어지는 것쯤으로 받아들이는 날에는 부분을 추구하는 활동주체 육생량이 전체를 아우르는 운용주체 정신량의 탈을 쓰지 않을까 두렵다. 활동주체 만백성은 육생량을 생산하고, 조정에다가 피와 살을 바치는 것은 사람답게 살고 싶은 열망 때문이다. 운용주체로서의 조정은 정신량을 창출하여 사람 사는 세상을 열어 가야 하건만 어찌된 노릇인가. 심화되어가는 양극화로 만백성의 뼈골만 삭고 있지 아니한가.

정신량이 배제된 이성이 육생량에 앞에 서기만하면 사고마저 아쉬울 수밖에 없어서 그런 것인가. 이기의 육생량을 이타의 정신량으로 오인하는 통에 불신의 시대를 자초하였다. 총체적 난국은 총체적 부패에서 시작된다는 말처럼 만백성은 그저 이기의 육생량을 이타의 정신량으로 받아들이고 살아갈 수밖에 없는 것인가. 누구를 믿고 살아가야 하느냐는 것이다. 물갈이 일제강점기와 밭갈이 동족상잔 6.25 이후 신식공부 육생교육에 전념한 결과가 이 모양이라면 필시 놓친 부분을 민족정기에서 찾아야 하는데도 육생살이 육생교육으로 해결하려 들고 있다. 고려·조선 1천 년의 여정을 마감 짓기 위한 마른하늘에 날벼락은 이유가 있어 내리친 것이었다. 그로 인해 서양의 육생문물을 받아들일 계기가 마련되었고 뜻한 바대로 육생교육을 통하여 1안의 육생경제를 이룩하고 나름 성공을 자부한 베이비부머가 즐비하다 싶었는데 거품이 가서 중산층이 무너졌다는 소리에 여생을 뒤숭숭하게 만들었다. 양의 기운 넘쳐나는 육생량이 이기의 소산인지도 모르고 대안을 찾는 모습을 보아하니 미봉책이라도 되었을까마는 여전히 이타의 발로 음의 기운 정신량이 화합의 질량임을 모르는 듯싶다. 그런데 정신량을 어디에서 구해야 하는 것인가.

보이지도 잡히지도 않는 정신량이 무슨 대안이 되겠느냐 싶겠지만 내 욕심과 네 욕심이 이기의 육생량을 필요로 하여 만났는데, 하나 되어 나가는 행위까지도 이기의 육생량으로 결속시킬 수 있다는 생각으로 벌이고 있다. 인간의 삶이 육생이 전부이면 모를까. 그 너머 인생을 살아가야 하는지라, 인류가 신앙과 전쟁의 역사로 점철된 것을 보아하니 보이는 육생량을 선망하는 만큼 보여 지는 힘으로 결속시키려 들었기 때문이다. 이는 분명 동서남북 사통팔달 하나 되어 나가지 못한 충분한 이유가 된다.

21세기 3번째 서세동점을 맞이하여 서양의 육생량이 봇물처럼 밀려오면서 드디어 컴퓨터가 보편화되었다. 어디에다 동기를 부여해야 할까. 서양문물을 통해 동양사상을 부각시키기 위한 것에 있지 않나 싶은데 이를 해양세력 열도가 준비해야 하는 것일까. 아니면 대륙세력 중국이 준비해야 하는 것일까. 그리고 해 돋는 땅 반도는 오천여년 동안 하나 된 민족국가를 이루어 오다가 업그레이드 시대 즈음에 다문화 사회로 희석되어가고 있다. 왜일까.

양의 기운이 넘쳐나는 시대, 하나 되어 나가야 하는 시대, 내가 만들어 나가야 하는 시대, 인연맞이 시대 등의 각종 수식어가 21세기를 맞이할 즈음에 따라 붙었다. 지구촌 구석구석 삶의 모습이 적나라하게 드러나고 있다는 방증이지만 아직은 정신량보다 육생량을 갈망하는 곳도 적지 않다. 인간의 손길이 덜 닿은 산간벽지 소수민족일수록 육생량에 구애받지 않고 원시적인 생활로 나름의 행복을 구현하고 있다. 소수민족 정신량의 발원을 보아하니 사상이라기보다 윤회신앙이라고 해야 하나. 전생(前生)에 의해 현생(現生)을 살고 있다는 믿음으로 후생(後生)을 위해 현생의 삶을 다하는 것이라고 하는데, 다하는 행위가 기복의 규율에 맞추어 살아가는 일이다. 태어난 곳에 따라, 살아가는 곳에 따라 자유와 행복의 관념이 달리 나타나겠지만 후생을 위해 현생을 신앙에만 의지한다면 육생 너머 인생을 알 수 있을까. 합의는 화합을 위해 사랑은 행복을 위해 한다는 사실을 깨달았다한들 중심에 신앙이 자리하였다면 내 앞에 인연을 위해 살아가기보다 신앙을 위해 살아가는 것이 되므로 자유의지도 제한적일 수밖에 없다.

양의 문화에만 매달리면 양양상충이요, 음의 문화에만 매달리면 음음상극이라. 건강한 산은 울창한 숲을 이루었기 때문인데 조건은 수십 종의 나무와 수천 종의 수풀이 어우러졌기 때문이다. 단일민족체제도 이념만 올곧으면 건강한 사회를 이루어 나가기야 하겠지만 우수한 종(種)일수록 단일체제는 분열이 일게 되어있다는 것이다. 음악도 강약중간약의 리듬을 타야 흥에 겨운 법이듯 각기 다른 종의 나무들이 어우러질 때 생존을 위해 진정한 적대보완적 관계가 이루어지므로 저마다 아름드리로 성장한다. 영화의 예를 들어보자. 주연급 배우 한 명을 조연급 배우 여러 명이 받쳐줄 때 명작으로 거듭나는 법이지 주연급 배우가 한꺼번에 출연한다면 개성은 물론 작품이 살아날까. 조연은 주연을 위해, 주연은 조연을 위할 때 빛나는 법이므로 상중하 대중소 어우러진 사회가 건강한 사회다. 그리하여 업그레이드 시대는 인류사회 공영과 건강을 위해 하나 되어 나가기 시작하는데 그렇다고 좋은 변하지 않는다. 고유의 민족의식은 꺼지지 않은 불꽃이라 하겠으니 말이다.

한편 선천의 삶 육생을 살아가야 하는 시대는 신본주의(神本主義)가 자리하였고, 후천의 삶 인생을 살아가는 시대에는 인본주의(人本主義)가 자리하였다. 이도 물론 하나로 결속시킬 정신량이 창출될 때 가능한 일이지만 정신량이 가미된다면 신인합일(神人合一) 시대가 아닐 수 없다. 즉, 육생량 개척시대를 신본주의 시대라고 한다면, 정신량 창출시대는 인본주의 시대라고 하겠고, 신본주의에 인본주의가 부합된다면 하나 되어 살아가는 음양이 화합한 신인합일의 시대라는 것이다.

신을 흠모하면 육생의 차원이요, 내 앞의 인연과 하나 되어 살아가기를 소원한다면 정신량을 갈망함이니, 정녕 하나 되기를 갈망한다면 인생차원에서 행복을 영위하게 될 것이다.

그리고 육생량에 의지하고 살아가던 신본주의 시대의 기도는 때로는 공덕이 되기도 하였다. 신본과 인본이 부합된 업그레이드 시대는 결속의 정신량을 소원하는 터라 화합을 위한 합의를 이루어내는 만큼, 사랑을 통해 행복을 영위하는 만큼 공덕이 쌓이는 시대라고 할까. 그러니까 이로운 행위만이 업을 사할 수 있는 시대라는 것인데, 그야말로 신인합일 시대에 하나 되어 살아가는 자체만으로도 공적이 쌓인다는 것이다. 황당무계하다고도 하겠지만 내 앞의 인연과 하나 되지 못할 때마다 싸우고 충돌하고 부딪치는 일이 발생한다. 왜 그런 것일까. 만남은 욕심과 욕심에서 이루어지고 내 뜻대로 안 될 때 부딪치곤 하는 데에서 충분한 이유를 찾아 볼 수 있지 않을까.

한편 신에 의지해 온 세월만큼이나 기복으로 효험을 볼 수 있는 곳이라면 그 어디인들 마다하겠는가마는, 실상을 깨닫지 못한 신앙일수록 수시로 심각한 모순을 들춰내는데도 불구하고 자기욕심 때문에 보지 못하고 있다.

상가의 간판이나, 신앙계의 간판이나 도와주겠다고 내걸기는 마찬가지 아닌가. 그나마 상가는 돈을 주는 만큼 원하는 제품을 가져오기라도 하지만 신앙에 들어가면 원하는 이로움을 가져올 수 있는 것일까. 내·외적인 세계를 거론하고 영적으로 신과의 교감을 이루어본들 지금 여기에서 삶의 변화를 일으키지 못하면 아무 소용없다. 빌어 온 과거의 모습이나 빌고 있는 지금의 모습이나 달라진 바가 있을까. 비나리 세월이었다. 지금 여기서의 변화를 구하지 못하면 미래의 모습도 다를 바 없다. 현생에서 후생을 위해 살아가는 모습이나, 이승에서 저승을 위해 살아가는 모습이나 다를 바 하나없다는 것이다.

지금의 모습이 미래의 모습이자 후생의 모습이며 저승에서의 모습이다. 육생을 살아야 했던 신본시대는 신이 인간을 사랑하는 만큼 우매함을 깨우쳐 주기위해 숱한 방편을 써왔는데 이쯤에서 심도 있게 생각해봐야 할 점은 인간이 신을 사랑한 것은 기복 때문은 아니었는지 그리고 인간은 과연 인간을 얼마나 사랑하며 살아갈 수 있는지에 대한 문제다. 음의 기운 운용주체 신과 양의 기운 활동주체 인간과의 관계는 이타의 정신량과 이기의 육생량의 관계로서 사랑의 차원은 이루 말할 수 없지만 인간과 인간은 이기와 이기의 관계라 사랑을 빙자한 욕심과 욕심은 이기의 육생량 앞에서 무너지고 있기 때문이다. 인간이 사람으로 승화를 위해 필요한 정신량은 인본시대가 지향하는 질량으로서 신앙이 종교로 거듭 나갈 때 창출 가능하다. 이쯤 되면 육생성공 너머 인생출세 가도를 달려가려 할 터이고, 육생기업은 인생기업으로 거듭나려 하지 않을까. 이를 위해 신앙이 반드시 기복차원에서 벗어나야 하는데 사실 인문, 사상, 철학을 혼화시킬 때서나 가능하지 않을까 싶다. 제아무리 도덕사회를 지향해 봤자 지금 여기에서의 사랑은 행복을 위한 방편에 불과하다는 사실을 모른다면 가치가 없다. 이타와 이기의 관계라면 모를까. 이기와 이기의 사이에 이로움이 없으면 불통이라 육생의 차원을 넘어서지 못한다. 하나가 둘이 되고, 둘이 넷이 되며, 그 넷은 여덟이 되는 이로운 시대의 성불과 은총은 기도에 있는 것이 아니라 나 하기 나름이라는데 있어 그 뜻은 하나다. 그리고 생각해보자. 사랑하며 살아가고 싶지 않은 이들이 있을까. 노력은 부와 명예를 얻고자 하는 일이라는 것이다.

그런데 어려움에 처했다면 당최 무엇을 노력했다는 것인가. 기복은 기복을 낳고 천도는 천도를 낳는다. 욕심이 욕심을 낳듯 이기와 이기는 모순을 양산하므로 절대로 육생량은 문제의 해결책이 못된다. 한순간의 위기를 모면할지는 모르나 모면은 모면일 뿐, 유사한 상황에 맞닥트리면 어떻게 할 것인가. 어려움은 하나 되지 못한 근본원인을 밝히는 것에 있다면, 이로움은 하나 되어 살아가자는 것에 있다.

혹자는 세상천지에 믿을 놈 하나 없다고 하소연하는데 그러한 그는 믿음을 줄만한 자인가를 생각해 보았는지 모르겠다. 한 술 더 떠 하는 소리가 하나밖에 없는 자식 놈이 왜 이리 말을 안 듣는지 모르겠다고 푸념까지 늘어놓는데 가만히 보아하니 부모도 어지간 히 하지 말라는 짓만 골라 하는 듯하다. 부모자식지간은 떼래야 뗄 수 없는 천륜지간 아닌가. 지금 여기에서 변화하지 못하면 바뀔 것 이 없는데 자식이 바뀌면 부모도 바뀔 것처럼 굴고 있다. 부모의 사자 역은 자식이라, 운용주체 부모가 바뀔 때 활동주체 자식이 바 뀐다는 사실을 필자는 강조해왔다. 나라의 운용주체 군(君)이 바뀔 때 활동주체 신(臣)이 바뀌듯, 운용주체 문무대신(臣)들의 행위가 바뀔 때 활동주체 만백성의 삶의 질이 나아지듯 말이다. 운용주체 조정의 사고가 바뀔 때 활동주체 기업의 이념이 바뀌듯이, 운용주 체 CEO의 사고가 바뀔 때 활동주체 직원들의 삶의 향상되며, 운용 주체 사측의 행위여부에 따라 활동주체 노측의 행위가 달리 나타 난다. 운용주체 기업과 사원이 하나이듯 활동주체 노사도 하나라 육생량에 국한된 붉은 깃발의 강성노조는 상호 이로울 것이 없다. 만백성의 원성이 자자할 때나, 노조가 한목소리를 낼 때나 한결같 이 사람처럼 살고 싶은 몸부림이다. 운용주체 정부가 대안을 마련 하지 못하면 활동주체 기업도 어쩔 수 없지 않나 싶지만 절대 그렇 지 않다. 운용주체 기업의 이념이 올바르면 활동주체 노사분규는 일지 않는다는 사실이다.

　만백성의 삶의 질을 책임을 지는 곳이 정부이듯, 사원의 삶의 질 량을 책임지는 곳이 기업이다. 육생량 차원에서 삶의 질을 향상시 켜 봤자 고작 이기의 차원일 수밖에, 어느 정도 시간이 흐르면 상 극상충으로 균열이 생기게 된다. 만약 정부가 다하지 못한 삶의 질 을 기업이 향상시켜나가면 롤모델을 삼지 않을까. 만백성의 원성 이 자자한 것이나, 사원들의 분규가 끊이지 않는 것이나, 하나 되 고자 하는 정신량의 부족으로 일어나는 현상이다. 육생량이 간절하던 개발도상국 시대에 노조의 개념이 있었을까마는 먹고살만하니까 삶의 질을 거론하게 되는 것이고, 육생량만으로 다할 수 없기에 인간에서 사람으로 승화를 위한 정신량을 마련해 달라는 몸부림이다.

　그래도 기업은 육생량을 위해 헌신한 만큼 사원들의 육생살이를 책임지지만 사람처럼 살아가고파 만백성이 피와 살을 정부에다 갖다 바치는데도 삶이 질은 나아진 것이 없다면 어떻게 된 것인가. 기업에다 육생의 땀을 흘린 만큼 받은 수고비를 가지고, 정신량 마련을 위해 수고하는 정부에 사례하는데도 나아짐이 없다면 어떻게 해야 할까. 기업은 노력한 만큼 1안의 육생을 책임지고 정부는 세금을 내는 만큼 2안의 인생을 책임져야 하나 1안의 육생에 머물고 말았으니 인생을 지향하는 정신량을 어디에서 구해야 하느냐는 것인가. 기실 만백성의 피와 살로 운영되는 정부가 활동주체여야 할까. 통수권을 부여받은 운용주체 대통령이 자리하고 있지 않은가. 물론 국가와 사회의 질서체제를 무너뜨리는 대내외 세력을 견제해야 하겠지만 만백성의 기대에 부흥치 못하는 정부에 항의하는 군중집회를 힘으로 물리치려 든다면 곤란하다. 양의 기운이 넘쳐나는 시대에 이기의 육생량이 몰려와 벌어지는 일인데도 육생 논리에 목을 매는 것을 보아하니 뛰어놀 곳은 사이버 공간이라 메마른 인정만큼이나 불통과 불신의 시대임이 분명하다. 정부나 기업이나 육생교육을 수료한 석사박사 학위자들이 넘쳐나는데도 해결책이 없는 것일까. 음의 기운 정신량이 필요하다는 사실을 모르진 않을 텐데 말이다.

민주주의는 언제인지 모르게 신자유주의를 부르짖는다. 공산주의는 사회주의에 골몰하고 언제 터질지 모르는 양양상충 육생 논리를 껴안고 사랑과 평화를 빙자한 허구를 부르짖는 꼴이라고 할까. 민주 이기와 공산 이기가 취한 적대보완적인 관계로 상호모순을 자아내는 것은 하나 되고자 이타의 질량을 흡수하기 위해서가 아닌가. 육생량만으로 누리는 자유는 폭발할 것이고 정신량만으로 누리는 자유는 곪아 터질 것이라 민주·공산주의나 자본·사회주의나 지향하는 바는 오직 하나 되고자 함인데 제 잘난 모습에 도취된 꼴을 보아하니 하나 될 재간이 없어 보인다. 어제가 지나 오늘이듯이 오늘이 지나면 밝은 내일이 올까. 모든 사건의 발단은 이기의 육생량에서 비롯된다는 것인데 정신량이 부여된 인생교육이 절실하지만 부닥침의 모순을 알 때 가능한 일이다.

결과물 인생량에 다가서기 위한 과정이 정신량이다. 육생의 모순을 풀어내는 일은 육생량에 부합될 문제를 마련하는 데 달렸다. 육생교육으로 육성이 자리하였다면 방자 교만한 안하무인(眼下無人)일 것이요, 인생교육으로 인성이 자리하였다면 누구에게나 잣대 없이 친근하게 다가서는 평역근인(平易根人)이 될 것이다. 육생교육으로 육생물질문명을 일으켜 왔으니 정신량 마련을 위해 인생교육을 일으켜야 할 때다.

그리고 주변의 인연들이 멀리하면 외롭다고 할 것이요 가까이하면 신난다고 할 것인데 늘그막에 누구에게도 구속받고 싶지 않은 자유인이 되겠다고 그나마 인연까지 멀리하면 어떻게 될까. 인간은 사회가 동물은 자연이 자유를 만끽하는 공간이다. 사람답게 사는 일은 사람으로 승화되어 사람들과 살아가는 일이므로 이미 떠났거나, 떠나려고 하는 인연을 애원하여 붙잡은들 이로움의 자원이 고갈되었다면 소용없다. 소통이 불통이 되는 만큼 이로움의 자원도 고갈되어갈 터 혼자라는 외로움과 상실감에서 어떻게 벗어날 것인가. 자유인도 받아온 기본금이 있어야 가능하겠지만 자원의 고갈은 하나 되어 나가지 못해 받은 표적이다. 입신 너머 양명, 성공 너머 출세라는 사실을 깨우쳤다면 손잡고 나가는 차원을 공부해야 하지 않았을까. 숱한 좌절 속에 올라선 기본의 자리 운용주체는 '덕이 되고 득이 되는' 상호상생을 일으켜야 하는 선순환의 자리로서 난관에 봉착했다면 반쪽반생의 결과임을 알아야 한다. 그 난관은 양명과 출세의 가도를 달리기 위한 표적으로 극복하지 못하여 입신과 성공에서 묻힌다.

음양합의는 사랑이요 화합을 이루는 것은 행복이라, 즉 사랑과 합의 너머 화합과 행복이 자리한다는 것이다. 실연은 상처이듯 시련은 고통이요 불통은 실패이다. 원인은 이로움의 자원을 고갈시켰다는 것에 있는데 방도를 육생의 안에서 구하려들면 어떻게 될까. 오를 때까지야 활동주체 육생의 안에 머물러 있겠지만 오른 후에는 운용주체 인생의 안을 펼쳐야 한다는 것이다.

좌절은 입신 성공을 위한 청량제라면 봉착은 양명 출세를 위한 영양제라고 할까. 좌절과 봉착의 원인을 모르면 입신과 양명에 대한 뜻을 바로 알까. 성공을 위해 걸어온 과거로부터 지금의 내가 존재하듯이 행복한 미래를 소원한다면 지금 여기에서부터의 행로는 출세로 치달리는 일이다. 그 일이야말로 너를 위해 살아가는 인생일 터이니 말이다.

외적 육생물질문명이 발달할수록 내적 삶이 황폐해지는 이유는 다른 데 있지 않다. 양의 기운이 넘쳐나는 이기의 육생량만을 추구해 온 결과다. 인성이 이타가 되기도 전에 이기의 육생량의 육성에 길들여지면 정(情)마저 메마르지 않을 수 없다. 물론 정으로 살아가는 것도 아니요 무조건 너를 위해 살아가야 한다는 것도 아니다. "내 인생은 나의 것"이라는 노랫말도 있듯 나아갈 바가 무엇인지를 돌이켜보자는 것이다. 무한경쟁시대라고 말한다. 무엇을 경쟁하라는 소리일까. 너의 실패가 나의 희망이요 너의 고통이 나의 행복이라고 입방아를 찧는 것도 불확실성한 미래 때문이 아닌가 싶다. 하나 되기 위한 정신량을 공부한다면 기본의 육생량은 덤인데도 불구하고 두려움에 육생량에 매달리다보니 과정에서 좌절하고 오른 후에 실패한다. 대자연의 섭리를 안다면 이치에 거스른 삶을 살아가지 않을 터, 모르기에 행복과 화합을 일으키지 못하고 있다.

과연 성공한 이들이 가져다주는 이로움이 클까. 고통이 클까. 그리고 실패는 왜 하는 것일까. 성공했기 때문에 실패하는 것이라고 말하는데 그러한 성공을 왜 하려는 것일까. 성공과 입신이 하나 되기 위한 육생의 기본금이라는 사실을 알았다면 하나 되어 나가는 출세와 양명의 길을 찾으면 되지 않겠는가. 하나 되려고만 했지 하나 되어 나가는 방법을 몰라 실패의 표적을 받아야 했다.

에필로그

내 앞의 인연은 나 하기 나름이라는 표현을 줄곧 써왔다. 작용반작용의 법칙과 상대성원리를 운운하며 '인생방정식'에 대입해 보자는 말도 심심치 않았다. 무엇을 가려보자는 말이었을까. 육생량은 선천적 1안으로서 보이는 물질만을 대입시켜 육생문화를 발전시켜 왔다면, 인생량은 후천적 2안으로서 보이지 않는 정신량을 첨가하여 하나 되어 살아가자는 것이다. '작용반작용의 법칙'은 아이작 뉴턴(Isaac Newton, 1642~1727)의 물체의 운동을 다루는 세 개의 물리 법칙 중에 제3법칙이다. 제1법칙은 '관성의 법칙'이요 제2법칙은 '가속도의 법칙'으로서 갈릴레오 갈릴레이(Galileo Galilei, 1564~1642)가 실험으로 증명하였고, 뉴턴이 공식화했다. '상대성 이론'은 특수 상대성 이론과 일반 상대성 이론으로 나뉜 시간과 공간에 대한 물리 이론이다. 1915년에 알버트 아인슈타인(Albert Einstein, 1879~1955)이 제창 발표하였다. 모든 육생량은 서양에서 비롯되어 인류역사와 함께 업그레이드 시대를 열어갈 동양으로 항해 중이었다.

입으로 섭취하는(보이는) 1차 육생량의 인프라가 구축되고서야 귀로 청취하는(보이지 않는) 2차 정신량에 주목하듯이, 육생량을 담당한 서양의 모든 법칙은 보이는 1안의 물질량을 가리킨다면, 인생량을 담당한 동양의 모든 법도는 보이지 않는 2안이 정신량을 가리키고 있다. 그리하여 업그레이드 시대란 1988년 전후로 컴퓨터가 보편화될 무렵으로서 1안의 인프라가 구축될 즈음에 2안의 인프라를 구축하여 하나 되어 나가는 인생량을 마련하지 못하면 양극화 현상을 빚게 마련이다. 상대성원리와 작용반작용의 법칙 등이 '육생문화'에 기여했다면, 정신량은 '인생문화' 발전을 위한 요소다. 어린 육생시절을 통해 성인 인생시절을 맞이하듯, 육생 넘어서면 인생이 기다린다. 어떻게 맞이할 것인가. 어떻게 살아갈 것인가. 만남은 선천적 육생량을 통해 이루어지고 하나 되어 사는 일은 후천적 정신량이 가미될 때 가능하다. 상호상생은 정신량이 부합된 후천적 행의 결과라고 한다면, 반쪽반생은 선천적 육생량 힘의 논리에 따른 결과라고 하겠다. 이는 반드시 작용반작용의 법칙으로 드러나게 되는데 이 법칙을 가리켜 나 하기 나름에 달리 나타나는 인생방정식이라고 명명하였다.

상호상생은 먼저 주고 후에 받는 선순환의 이치로서 '덕 되게 사니 득이 되더라', '해 하니 독이 되더라', '무덕하니 무익하더라'는 정의(正義) 순환법이라고 할까. 육생량에 육생량만을 부가한다면 외부적 '양양상충'을 일으킬 것이요, 정신량에 정신량만을 가미한다면 내부적 '음음상극'을 일으킬 것이다. 육생량은 활동주체 양의 기운이다. 정신량은 운용주체 음의 기운으로서 육생 너머 인생을 연결해주는 가도라 할 것이다. 선천적 육생량을 관장하는 이들이 활동주체요 후천적 정신량을 주관하는 이들이 운용주체인데, 인생량은 바로 선천적 양의 기운 육생량을 관장하는 활동주체와 후천적 음의 기운 정신량을 주관하는 운용주체가 하나 되어 살아가는 차원을 가리킨다. 나를 위한 선천적 육생살이 인간에서 정신량을 부가하여 너를 위한 후천적 인생살이 사람으로 승화시킨 순수 삶의 질량을 말한다. 정신량을 창출치 못하면 인생량은 없다. 업그레이드 시대에 이쯤 된다면 좀비들의 세상이 아닐까. 사랑을 통해 행복을 영위치 못한다면 내 가정은 물론 이웃과 사회와 조국을 위해 살아갈 방도가 없다.

이로울 법하니 찾아가고 아쉬우니 찾아간다. 맞이하는 자가 운용주체요 찾아가는 자가 활동주체다. 간판을 내건 자가 운용주체요 간판보고 찾아가는 자가 활동주체라는 것인데, 이 문제를 어찌해야 풀 수 있을까. 운용주체와 활동주체는 부부지간이자 부모자식지간이며, 주종지간이자 사제지간이며, 이웃지간이자 노사지간 등을 뜻한다. 음양이든 의논이든 합의하여 나가야 하는 것이 인생인지라 본디 내조는 부부지간에만 국한된 것만이 아니다. 삼라만상 음의 기운 운용주체가 양의 기운 활동주체를 이끌어 음양화합을 일으키는 법이 본래 자리하였었다. 이를 깨우치지 못했을 뿐인데, 사회는 곧 행의 현장으로서 자유인이란 그 누구와도 거침없이 통하는 자를 가리키는 말로서, 내 앞에 옆에 뒤에 하나 되어 나가는 차원이 무엇인가에 대하여 『생활의 도, 자유인이 되기 위하여』에 서술하였다.

지위고하를 막론하고 참견과 간섭은 스스로를 결박하는 꼴이라 상호지간 이로울 게 없다. 나 하기 나름에 달리 나타나는 소통법은 본래부터 적용되었기에 이래라저래라 말할 자격은 그 누구에게도 주어지지 않았다. 사람처럼 살아가기 위해 인간으로 태어났다. 이를 위해 해야 할 일은 인생방정식 작용반작용의 법칙을 깨우치는 일이다. 네게 자유롭지 못한 행위는 내게도 결코 자유로울 수 없다. 너를 인정하지 못하는 나를 인정할까. 자유인이 되고자 한다면 자유롭지 못한 행위부터 알아야 한다는 것이다. 거의가 제 속편키 위한 행위를 해대고서는 너를 위한 행위였다고 우긴다. 도와 달라 청하지 않았다. 그런데도 나섰다면 자기 뜻대로 해보겠다는 것밖에 더 되겠는가. 그 누구와도 거침없이 통하는 이야 말로 자유인이다. 사회라는 행의 현장에서 자유롭게 소통하는 이야말로 자연과 하나 되는 이다. 운용주체가 지 속편키 위한 행위만 해댄다면 활동주체와의 화합은 어렵다. 활동주체야 운용주체 하기 나름이라 그에 따른 소임을 다할 때가 사람답게 살아가는 때다.

2016년 4월에 발간된 제1편 『뿌리민족의 혼, 업그레이드 시대, 역사의 동선』은 업그레이드 시대의 대안을 밝힘으로서 전체를 주관한다면, 2016년 9월에 발간된 제2편 『내조, 지혜의 어머니』는 운용주체와 활동주체를 통해 화합과 소통의 질량을 다루었으며, 2016년 12월에 발간한 제3편 『생활의 도, 자유인이 되기 위하여』는 사람들과 사람처럼 살아가고자 한다면 사람으로 승화되기 이전의 인간의 모순부터 바라봐야 하는데 아마 육생과 인생의 분별을 위한 주석일 수도 있고, 운용주체와 활동주체를 위한 주석일 수도 있다. 이를 분별치 못하면 정신량을 마련한다 해도 육생량에 가까울 터이니 갑질 논란으로 심화되는 쏠림현상을 그저 바라볼 수밖에. 타박이 일상화되어 버린 사회는 불신이 유세를 떨 터이니 상식이 통할 리 만무다. 무엇보다 우리 민족이 나갈 바는 3편이 하나의 권(券)을 이룰 때 뿌리의 대안이 비치지 않나 싶다.

저자소개

1980년대 초 입대를 앞두고 우연히 들어간 암자에서 역서(易書) 몇 권을 훑어본 덕택에 선무당 짓을 해야 했었나보다. 속빈 강정 채워보려 애 썼지만 태반을 기억하지 못한다. 인연도 예외는 아니었다. 그러다가 불쑥 튀어나오는 말문으로 현혹시킨 모양인데, 역시나 사람을 잡는 것은 선무당이다. 30세 즈음인가. 두어 평짜리 역술원 간판을 걸고 병원에 실려 갔었다. 무식한 게 용감한 것이라나 어쩼다나, 그 길로 나와 피 토하도록 술을 마셨다. 꼴에 역술원 장이라 꿀리긴 싫었는지 온갖 잡서를 닥치는 대로 읽었다. 내용을 기억하지 못하는 점에선 별반 다르지 않다. 잘나가는 이들만 찾는가 싶었던 어느 날 찾는 이들마다 형편이 어려워졌다는 소리가 들린다. 왜일까. 글문이나 영통으로 상대방의 앞날을 내다본다 하더라도 때가 되면 어쩔 수 없는 모양이다. 그러던 어느 날 60대 후반의 노파의 사연을 들었다. 막내 다섯째가 세 살 먹은 해에 남편은 죽고, 큰 아들은 서른 즈음에 돌연사 하였다. 둘째 아들은 뇌성마비에 셋째 아들은 유치장을 제집 드나들듯이 한다 하고 넷째 아들은 집 나가 몇 해째 소식이 없다는 것이다. 그나마 막내를 의지하며 살아왔는데 척추를 다쳐 장애등급을 받았다는 것이었다. 소설을 쓰는 것일까.

1990년 기와 명상 열풍이 전국을 강타할 무렵 함석헌 사상을 접하면서 괴테와 쇼펜하우어를 알았다. 헤겔과 키에르케고르와 니체를 알고 에리히 프롬을 통해 라마나 마하르시, 지두 크리슈나무르티, 오쇼 라즈니쉬 등을 접하였다. 새천년을 두어 해 앞두고 동해 바다와 마주한 태백산, 두타산, 청옥산을 쉽게 오갈 수 있는 곳에 마련된 터전에서 힐링과 웰빙 바람이 불 무렵 정선 움막으로 거처를 옮겼다. 그러다가 사제의 인연을 맺었다. 나름 난다 긴다는 산속인연들이 극구 만류했었다. 인간 스승을 두어서는 안 될 이가 두려한다면서 말이다. 정법을 논하는 분이시다. 입 닫고 눈으로 보고 귀로만 듣고 생활하던 어느 날이었다. 나가라고 한다. 2년 남짓 됐는데 쫓겨난 것이었다. 애제자의 항명소리가 들려왔다. 지체 없이 뛰었다. 대다수가 떠나버린 도량은 황량하기 그지없다. 3년이 채 되기도 전에 이상한 소리가 들려온다. 이번엔 내 발로 걸어 나가야 할 차례인 모양이다. 지리산에서 집필을 시작하여 계룡산을 거쳐 소백산에서 탈고할 때까지 7년의 세월이 흘렀다. 『뿌리민족의 혼, 업그레이드 시대 역사의 동선』, 『내조, 지혜의 어머니』, 『생활의 도, 자유인이 되기 위하여』 도합 세 권이 출간되기까지 19여 년의 세월이 흘렀다.